New History Salon
新史学沙龙

陈启能
王学典
姜芃
主编

过去之谜

The Riddle of the Past

[法] 保罗·利科　等著

《过去之谜》
[法]保罗·利科　著　綦甲福　李春秋　译

《二十世纪末的历史思考（1945~2000）》
[德]汉斯—乌尔里希·韦勒　著　傅天海　刘颖　译

《理解、批评、认同——阐释学知识构成中的自我与他者》
[德]于尔根·施特劳布　著　吴华英　李菊芬　译

《第五个维度——原始文化中的社会性时空及对历史的理解》
[德]克劳斯·E·米勒　著　陶卓　译

山东大学出版社

图书在版编目(CIP)数据

过去之谜/(法)利科等著;綦甲福等译. —济南:山东大学
出版社,2009.4
(新史学沙龙)
ISBN 978-7-5607-3689-1

Ⅰ. 过...
Ⅱ. ①利... ②綦...
Ⅲ. 史学-文集
Ⅳ. K0-53

中国版本图书馆 CIP 数据核字(2008)第 199574 号

出版发行:山东大学出版社
地　　址:山东省济南市山大南路 27 号(250100)
经　　销:山东省新华书店
印　　刷:山东新华印刷厂
规　　格:720×1010 毫米(1/16)
印　　张:17.5
字　　数:330 千
版　　次:2009 年 4 月第 1 版　第 1 次印刷
定　　价:34.00 元

《新史学沙龙》编委会

总 序

毋庸讳言，眼下的中国史学正经历着一场巨变，这一巨变因同时构成为中国社会巨变的一部分而显得异常深刻。

事实上，这一巨变已延续了近三十年之久。只是，在进入新世纪后，巨变在悄然加速。巨变不要紧，关键是要有个基本的方向。而此时的中国史学，却失去了度量变动的参照本身，如同茫茫大海中的一叶扁舟，正不知该划向何处。

方向不明，且道路崎岖，我们不得不承认，这就是当前的史界情势！

"历史学往何处去?"从"文革"结束后就一直是个问题。最初我们想回到前"文革"时代，很快发现不行。八十年代我们急切地拥抱现代化，"反传统"，向往所谓的"西方文明"。九十年代，"西方"虽未淡出，但"传统"却卷土重来，与传统互为表里的"国学"也随之复兴重光。出于对所谓"国学"的向往，九十年代的知识界集体向民国学术走去。近若干年，我们的学风又在调整之中，回归考据的势头有所减弱，"西学"特别是其中的"西方汉学"或美国中国学重又抬头，乃至有成为"显学"的迹象。但"西方汉学"能成为未来史学界的稳定方向吗？回答显然无法立刻作出。

实际上，史学界仍处在摸索和徘徊之中。

史家的天职让我们懂得，巨变的时代，巨变中的史学，需要一份清楚的历史记录，或者说一份实录。这份记录或实录必须要贴近时代，要同"本土化"与"全球化"交相辉映的学术现实共脉动；要尽可能多地容纳大家对其历史去向的望闻问切，尽可能全面地反映人们特色各异和角度不同的病情诊断与症候分析；还要能引领史学走出当下的迷茫，要竭尽所能地寻找中国史学前行的新航向。其中，富有洞察力、穿透力和概括力的审视和扫描必不可少，而基于不同审视和扫描的批评与专深分析显得尤为重要。当然，第一位的，是必须要有一份对中国史学存续承继的厚重责任感和使命感，这应是人们进行相关思考的起码的心理基础或共识。

我们发现，能同时体现上述追求的期刊和出版物，不是说没有，而是太过其少。对于巨变中的史学而言，这不能不说是一种遗憾！

因此，“新史学沙龙”出焉。

陈启能　王学典　姜　芃

2008年4月

目 录

过去之谜

[法]保罗·利科著

二十世纪末的历史思考(1945～2000)

[德]汉斯—乌尔里希·韦勒著

理解、批评、认同
——阐释学知识构成中的自我与他者

[德]于尔根·施特劳布著

第五个维度
——原始文化中的社会性时空及对历史的理解

[德]克劳斯·E·米勒著

过去之谜

Das Rätsel der Vergangenheit

[法]保罗·利科　著
綦甲福　李春秋　译
綦甲福　校译

前言[①]

历史的终结，这一观点已经频繁甚而是太过频繁地被提出，但是对历史之意义这一问题我们却始终不能释怀——尽管如此，一种古典历史哲学或一种纯粹的历史理论却还都不能对此给出一个令人满意的答案。在其充满思考的自传《反思集》中，利科承认，从一开始这个问题就在“意义”(sens)之多义性这一角度上纠缠着他。[②] 意义和历史的这种关联难道不是在回指一种先验的陷于历史之中(In-Geschichte-verstrickt-sein)吗？是否一定要从此处挖掘该问题的根源并探讨该问题之所以不可推卸的原因呢？但是究竟该从何处着手对此关联中个体的和集体的或文化的维度进行研究？利科认为，过去与将来可以在记忆、回忆和历史中实现二者的相互指涉，但是他也反对对这一关联进行话语式和科学式缩略。毕竟，历史思维和历史认识是以一种历史性的、具体化的受激(être affecté)为前提的。这一棘手的历史之意义问题汇集于对历史的、事前的(vorgängig)感觉之上；历史作为感官经验以及遭际(Widerfahrnis)先于被重构的意义，人们试着从这一意义出发去解释所经历时代的意义。这样一来，历史哲学和(作为历史批判理论的)史学就回指了一种有关历史性的阐释学。与之相对，本书中利科将在文化视阈中对此问题进行阐明，从而达到一种不同寻常的系统性的影响，这也正是利

---

① 本前言主要由贺克协助翻译完成，在此表示感谢。——译者

② 该书最先出版的是英文版，L. E. Hahn 主编，*The Library of Living Philosophers*，Vol. XⅫ，Chicago/Lasalle，Illinois：Open Court，1995；法文版本：Réflexion faite，Paris：Seuil，1995，参见第 63 页及以下。

科这些思考所取得的效果。[①] 在如此众多的、以密集的形式表达出来的主题——历史与想象、对记忆的伤害、创伤、遗忘与宽恕等等中，可以很明显地看出 20 世纪集体的暴力体验所留下的痕迹；这仿佛是在历史反思中留下抽象伤疤并“引发思考”的痕迹。早在 1955 年，他第一次发表历史哲学回顾作品《历史与真理》[②]时，利科就深信：在面对这种体验之时历史地存在意味着什么，这个问题不应该被其他问题（如历史地思考或思考历史意味着什么等）所取代。哲学“生发于这些问题的统一之中，而死于对它们的分割之时”。[③] 利科试图抽象地思考这些体验，但他并不建议我们回归古典历史哲学。在他看来，后者似乎由于过早地涉及历史的终结问题而声名狼藉，因为这种草率事先将任一将来都简化为这一终结的过去。与这种草率相对立，是否只有在“历史”将自己局限于作为关于过去者或“曾在者”的知识时，将来的开放性、它原本的将来性（Zukünftigkeit）才能得以保存？这一推论正是利科所要反驳的，不过他并不是要回归一种预先被理解为整体的历史目的论。

“历史所具有的回顾性特征不是历史之认识的全部”，利科写道。历史中“历史哲学”的节制性、它的回退于死亡（Rückzug auf Nekrolog）（这种回退只述说已经结束的过去）认识不到我们对过去的这种探讨所具有的“辩证地”指涉将来的意义。[④] 从这个意义上看，一种把自己的研究对象预设成结束的“历史”认识理论，是不能自圆其说的。把历史当成“辩证地”指涉将来

① 他所作的题为《过去之谜》的报告以 La marque du passé（《过去的记号》）为题刊于 *Revue de Métaphysique et de Morale*（《形而上学与伦理学评论》）杂志 1998 年第 1 期。该文可以追溯至 1997 年在哲学国际论坛（Collège international de Philosophie）期间一次研讨会的第六篇也是最后一篇报告，这篇文章在稍作改动之后，于 1998 年 3 月 27 日在埃森文化学研究所由本人和狄塔茨（Jean-Marc Tétaz）举办的“自身—他性—历史，以利科为出发点的叙事象征与认同”的研讨会上重新以报告的形式得到发表。另一篇名为《阅读过去的时光：记忆与遗忘》的文章可追溯至由 Angel Gabilando 和 Marta Torrdesillas 于 1996 年 11 月在马德里自治大学（Universidad Autónoma de Madrid）开办的博士研究生课程中的一次以《说与不说：隐含的主体》为题的讲座。两篇文章都经由狄塔茨润色再以德文译本问世。

② 该书的德文译本《历史与真理》（München：List，1974）收录的文章不完整，缺少了重要的一篇写于 1953 年的“L'histoire de la philosophie et l'unité du vrai”，参见 *Histoire et vérité*，Paris：Seuil，1964，pp. 45-59。

③ 一般的对存在与思考之间的关系的指涉可参见利科 1963 年发表的文章“Philosopher après Kierkegaard”，德文译本参见由 Michael Theunissen 和 Wilfried Greve 主编的《关于索伦·克尔凯郭尔哲学的资料》（Frankfurt a. M.：Suhrkamp，1979）。

④ 有关这一点与利科的政治思考之间的关联，参见 *Lectures on Ideology and Utopia*（G. H. Taylor，Hg.），New York：Columbia University Press，1986.

之中的“曾在者”，这对我们来说意味着什么？利科认为，这只能从面对过去给我们带来的效果时所作出的个体或集体的回复(Antwort)中去寻找，这种效果绝不是一开始就是“具体的”、被给定的。在当前对此效果作出的回复中，出现了一种灵活的过去与将来的辩证法，历史认识必将以其本己的、将来的意义之名回忆起这一辩证法。对那种受到科学式局限的、将产生纯粹回顾性的历史理论的历史思考进行的这一批判，绝对不会转变成作为事件(与人类的历史存在方式一致)的历史的一种抽象对立物，也不会转变成史学或历史认识论。[①] 利科更多地是在思考解除这一抽象对立的要求，该要求由伽达默尔(Gadamer)提出，直到今天尚未真正实现。此抽象对立从海德格尔与新康德主义进行论战起就对阐释学与史学的张力关系产生着影响。[②] 回过头来对所经历的历史性结构进行思考恰恰能使那种超越历史科学的历史认识之意义得以更新，此处的历史认识主要指涉集体的将来。这种历史性并不像胡塞尔的“内在时间意识”(inneres Zeitbewusstsein)现象学所导致的那样，它并不产生于得到真实感知的时间；它也不仅限于一种纯粹“个我的”(jemeinig)存在(海德格尔)，这种存在可能被认为与他者无关。利科对所有表明“个我的”和集体的历史性与他者存在着一种原初关联的现象进行了探究：比如对失落感、悲痛感、罪责感和见证感的体验。对利科来说，提供见证(Zeugnisgeben)是很好的例子，在此例子中，面对他者时历史的存在受到需要给出答复的“刺激”和挑战。

在过去能够成为历史认识所设想的客体之前，它作为一种遭际发挥着作用，并对我们提出要求，“要求对叙述进行言说”。这让人想起雅各布·布克哈特(Jocob Burckhardt)[③]来，将历史作为遭际进行的、“病态的”思考不是

① 参见 Alfred Heuß, *Verlust der Geschichte*, Göttingen: Vandenhoeck & Ruprecht, 1959; Pierre Nora, *Zwischen Geschichte und Gedächtnis*, Berlin: Wagenbach, 1990.

② 参见 Hans-Georg Gadamer, *Wahrheit und Methode*, Tübingen: Mohr, 1975, p. 267; Paul Ricœur, *Temps et récit*, *tome* Ⅲ, Paris: Seuil, 1985; *dt. Zeit und Erzählung* Ⅲ, München: Fink. 1991, p. 362; Paul Ricœur, "History and hermeneutics," in Yirmiahu Yovel (Hg.), *Philosophy of History and Action*, Dordrecht: D. Reidel Publ. Company, 1978, pp. 3-20.

③ 参见 Jocob Burckhardt, *Weltgeschichtliche Betrachtungen*, Stuttgart: Kröner, 1935, p. 5.

一种对历史思维的生硬反抗，而是原本的"历史的意向性"①、历史话语的意义结构的一种基础。历史话语也只是在作为对给我们提出要求的过去的回答②这一层面上才能被理解；"不存在于历史的言说之中的"、曾经的过去成为历史话语必须接受的"一种挑战"。毫无疑问，每一种历史话语框架下的回答都必须批判地探询关于被言说之物的真相、被叙述之物的可能性、对"事件"和"事实"的描述是否适当、对它们的诠释是否具有叙述说服力等问题。这些问题并不能被简化为"所经历的"历史性。但是在利科看来，"天真的"意即未得到批判性探询的过去关联，如存在于记忆之中的那种过去关联，就已只能作为一种事前的真相问题的符号才能被理解，真相问题间接地决定了批判的过去关联。带有求真"意愿"的记忆所要面对的问题是它对什么进行解释。这种意愿存在于被记忆重现的过去者本身之中。此处可以看到利科思考中的一个重要的思维连接点——见证的概念。

利科认为见证提供了"记忆和历史间进行过渡的结构"，见证人所述说的内容之中存在着求真的要求。可是，因为我们不可能知道在何种程度上这些流传下来的见证能真正达到这一要求，所以先于历史认识的真相问题不能免除历史学家的话语对见证进行批判。利科曾谈到，在与"天真的"过去关联之间的关系中从认识论上切入此类批判是必要的。③ 不容忽略的是，在他看来，这种批判不能沦为一种毫无创造性的，即似乎不关心我们的将来的历史理论，尽管它还是被置于我们"亏欠"(schulden)过去以忠实这一符号下才能被理解。只有一种在一定程度上有点"病态地"对历史的存在遭际进行解释的、关于历史性的阐释学才"知道"这种"亏欠"(Schuld，在德文中含有债务和罪责两层意思。——译者)。只有一种关于记忆的阐释学才能给历

---

① 利科在《时间与记述》的第1卷中对此概念进行过详细的阐述。利科介入历史编纂学认识论的讨论之中，详细发表了自己对法国新历史编纂学的看法，这与当时由狄尔泰和海德格尔挑起的关于历史性和历史之间关系问题的讨论分不开。后者所产生的影响是经由 Raymond Aron (La Philosophie critique de l'histoire. Essai sur une théorie allemande de l'histoire, Paris: Vrin, 1934)和 Henri-Irénée Marrou (De la connaissance historique, Paris: Seuil, 1954; 德文译本: über die historische Erkenntnis, Freiburg/München: Alber, 1973)介绍到法国来的。参见 *Ricœurs Oxforder Zaharoff-Lectures aus den Jahren* 1978-1979: *The Contribution of French Historiography to the Theory of History*, Oxford: Clarendon Press, 1980.

② 这一基本主旨在他早期的收于《历史与真理》的历史哲学论著中就起着决定性作用。

③ 有关"认识论的断裂"(coupure épistémologique)这一概念的重要作用，参见 Paul Ricœur, *Zeit und Erzählung* 1, 第263及以下各页。利科不是从科学史的转折点意义上来理解此概念，而是在现象学的科学批判背景下将它放人文化生活世界和历史科学之间的关系中进行理解。从阐释学与史学的紧张关系这一角度来讨论这个极具挑战性的问题，我们这儿直到现在也还没有实现过。

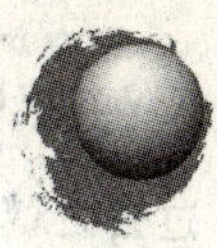

史认识以——伦理上的——意义。只有对一开始就意识到这种亏欠的记忆进行批判，才能保护它免受那种存在于最终教条化了的传统性之中的硬化症的侵害。由“历史”所实施的批判，借助公众话语被写入记忆，但反过来却不再能够把历史学真相同一种忠实分割开来。对于这种忠实，利科有一个很冒险的说法：它“最终是针对过去没有兑现的承诺而言的”，“而对于这些没有兑现的承诺而言，我们原本就难逃罪责”。

此处体现了一种缺失，所以需要我们在已经提及过的张力关系以及记忆与历史话语相互指涉的框架下重新思考历史的伦理性(das Ethische der Geschichte)。历史理论今天是否可以不仅仅是一种历史编纂学理性的科学理论或一种新康德主义意义上的认识理论？利科认为可以，不过他坚持提出系统的更具挑战性的问题：一方面，关于作为历史地生存的人类的存在方式的历史性阐释学，另一方面是历史理论或认识论，二者只能在一种文化哲学反思的框架下才能得以沟通；这种文化哲学反思必须探讨集体的经验空间(Erfahrungsräume)和期待视阈(Erwartungshorizonte)中的存在与思考、记忆与历史的张力关系；这种张力关系的焦点集中于一个问题之上，即我们是谁这一问题。这个引起争论的——总是包含了选择、排他的(不)归属性问题的——集体认同问题既不会化为一种(本体论的)自我阐释学(此处利科很明显反对海德格尔及隐藏在《存在与时间》一书中的政治含义)，而且一种把过去作为一种“完结的”(fertig)客体和死亡的时间来看待的历史认识论对于一种侵扰集体历史性的体验也是不合适的，后者是指一种“病态的”感情受伤或一种心灵创伤化的体验。利科并未便捷地告诉我们，如何使病态这个角度与忠实及真相这个角度协调一致。他尝试着重新思考历史的伦理内容，这绝不是一种毫无顾忌的在场主义(Präsentismus)，此在场主义委托一种只对自身认同的将来负责的记忆政策决定应该回忆什么、应该怎样去回忆以及普遍的“过失”(Vergehen，在德语中同时包含“消逝”和“罪行”两个意思。——译者)——套用利科的话，这是“最严重的遗忘”——最终应该承担起什么责任。人们不应该忽略的是，“理性地使用遗忘”——利科在一定界限内对此持支持态度——只能作为一种公正合理的(而不是自以为是的)记忆而存在，这种记忆不会独断专横地自己赦免自己的罪责，而是耐心地等候着无人要求的宽恕。

如果人们将利科的这些关于“过去的负累”、关于历史和遗忘的思考理解成他加入到国内相当白热化的关于“不愿消亡的”过去的论争中发表的一些滞后的、从内容上进行表态的观点，那就是误解了他。利科不单单是引入了一种新的、迄今尚未被采取的政治立场，从而使得论争再次激烈起来；他更多地是想闯入历史性这一无法探其究竟的“存在的”领域，在该领域内以其为前提的政治游戏正在上演。与伽达默尔一样，利科的出发点也是过去对我们现在的影响所具有的无法探其究竟的优先性。根据这一影响，后来者可以借助过去成为“对话”伙伴，事后他们将这一过去作为其历史变成现实。可对话性（Ansprechbarkeit）是一种衡量实际的、本体论的属于过去的归属性的标准。在这种归属性中，还不能区分那些同我们进行“对话”之物与对我们的记忆“有所要求”（瓦尔特·本雅明）之物。利科绝非在宣扬一种不可能的绝对忠实，一种面对过去对我们的现在所提“要求”的绝对公正。他没有粉饰什么：人们必须进行选择，对记忆进行取舍，从而能够在记忆中保存一些东西；人们必须遗忘，从而能够进行回忆。推动历史作为一门科学的回忆其自身不也正是一种遗忘吗？但是只有在一种事前的、尚无根据的因而是前伦理阶段的、对忠实性与真实性及正义的“要求”这一符号框架下，才能对我们如何遗忘作出一种有伦理根据的决定。利科的意图不在于对一个本身可能伦理感不强的过去关联进行事后“道德化”。这个在莱茵河此岸地区非常受欢迎的赐予假定：一种纯认知的历史意识才是与真实事件相吻合的意识，如此自然就带有倾向性地暗中预先决定了到底应该首先展示什么：我们在历史上经常受到他者的“过去”（Vergangensein）“刺激”的生活具有什么样的真相维度？历史是一门关于尘世之人（Sterblicher）“过去的”生活的科学，这又意味着什么？我们不是在面对古生物学的研究对象之时，而是在面对以前曾经存在者的命运之时，感到一种“罪责”。按照利科的信念，这个对历史学家工作的意义来说十分重要的区分最终应该定在哪里？过去时代的人们自身拥有其对现在而言“已经过去的将来”。如果我们不想沉迷于在伯格森之后遭到雷蒙·阿隆（Raymond Aron）批判的“回顾式宿命幻想”（retrospektive Fatalitätsillusion），该幻想使这种将来消逝不见，那么历史编纂学今天也必须思考这一区分。对利科所探讨的、历史的受激形式所进行的一种阐释学思考能否向我们指明，在哪种情况下这一将来（作为一种本能够或本应该以其他方式到来的将来）对我们具有约束力？单单指出人类暴力的牺牲品就足够了吗？因为我们不可能想起所有的牺牲品，那么一种“公正的”记忆或一种“公正的”历史又怎么能成为可能呢？作为一个认识到这一疑难的阐释学家，利科主张，“去阅读过去的时光”；他抛开人们对曾经发生之事的可言说性所抱有的怀疑，相信书写下来的语词；他相信，在阅读中不仅仅能够对“已终止的”、“已了结的时光”（胡塞尔）有所了解——这

一时光僵死得足以让我们只对其产生史学兴趣——而且将有更多的和其他的事情发生。难道这样一种兴趣不是在确认历史将来的死亡吗？如果历史拥有将来，那么在利科看来，那也只是因为在它与过去之间可能存在一种恰恰不是单纯历史的关系。这样看来，利科在本书中所实践的本身就是一种回忆——回忆历史之将来。

布克哈特·李卜施(Burkhard Liebsch)

过去之谜：
回忆—遗忘—宽恕

导 论

这篇论文[①]里提出的问题介于认识论与本体论之间。它之所以还是个认识论问题，是因为它牵涉到一个记忆可否合理地称自己是忠实的以及史学可否称自己是真实的问题；让我们称它作寻找所指(Referent)的问题。这个问题包含在亚里士多德(Aristoteles)在《论记忆与回忆》里提出的“回忆是过去的一部分”的观点里。[②] 它之所以又是个本体论问题，是因为这里要探讨的是过去(Vergangenheit)的过去性质(Vergangenheitscharakter)问题：过去了(Vergangen-sein)是什么意思？当然本体论并不意味着等同于实体性(即便从“存在”的广义上来理解也不是这样)。法语词“passé”是一个名词化的形容词：就某一确定的事实而言，它表示该事实过去了的性质。维特根斯坦(Wittgenstein)会说，人们因为一个语法错误把“过去了”(vergangen)这

---

① 本文是1997年哲学国际论坛(Collège international de Philosophie)期间一次研讨会的第六篇也是最后一篇报告，后以La marque du passé(《过去的记号》)为题刊于*Revue de Métaphysique et de Morale*(《形而上学与伦理学评论》)杂志1998年第1期。

② Aristoteles：*Περὶ μνήμες καὶ ἀναμνήσεως*(《论记忆与回忆》)，449b. 顿特(Eugen Dönt)的德文译文是：Von Gedächtnis kann man nur in Bezug auf Vergangenes reden(记忆只是对过去而言)。利科译为：Le souvenir (mnémè) est du passé (plus exactement du devenu)，意为：回忆是过去(更确切地说是逝去)的一部分。德译本：über Gedächtnis und Erinnerung，载Kleine naturwissenschaftliche Schriften，由顿特翻译并出版，Stuttgart：Reclam，1997，p. 87.

个词名词化了，特别是因为人们把它当作一个处所来看待，所体验的经验，一旦它们过去了，便沉积于此；像奥古斯丁(Augustinus)那样，将过去设想成一种过渡，就会导致这个派生的词形的产生。此外，更令人担忧的是：某些空间隐喻的顽固性可能还包括它们难于克服的特性——我们从未停止对这些隐喻的分析和探讨——促使名词形式占了上风：首先，印章在蜂蜡里留下印记(Abdruck)的隐喻支持了为回忆确定处所的想法；好像回忆被储存起来，放置在了某个地方。从它被保存的这个地方，人们又可以将它取出来，把它拉回到记忆里，对它进行回忆。要反对这种派生用法——日常语言对这种用法鲜有抵抗——人们必须保住“过去”(die Vergangenheit)作为名词化的形容词的词汇地位。因此，我们要探讨的是“过去了”这种性质，即过去的特性。让我们在语言的问题上再停留片刻：我必须强调另外两种值得注意的表达方式，它们也不受名词形式的统摄；首先是时间副词：然后(dann)、那时(damals)、从前(früher)、此前(vorher)、此后(nachher)、在……之前(vor)等。它们表达出了时间上的距离和深度——这一特征让我们想把记忆刻画成时间距离的守护者，还表达出了导引着先后顺序的各种此前—此后关系，并且因此与前一种关系相结合——也导引着距离的层阶和时间的深度。然后是时态。维因里希(Harald Weinrich)在其巨著《时态》[1]中展示了时态惊人的细腻：诸位只要想一下法语中“未完成过去时”和“简单过去时”的相互配合就可以了：“Il dormait encore lorsque quelqu'un frappa un coup à la porte.”[2]这里要说的是，在会话的基本单位——句子的层面上，不同的时态完成其区分和对立的职能，在会话的句子复合结构里更是如此。此外，时间副词和时态主要修饰动作、状态和位置动词。我以上对“过去”(Vergangenheit)的词汇和句法进行了一个简要的考查，目的是提醒诸位警惕一种趋势——这种趋势同时也是语言自身的趋势，即把过去当作一个实际的存在，当作一个处所来看待，而那些被遗忘的回忆则留存在这个地方，ἀνάμνησιζ(重忆)也是从这个处所把它们挖掘出来。

这一警示曾指导我拟定我的研究策略。我建议，研究分两步进行：第一步，我们将把过去，如果不是从它与现在的关系中，那么至少是从它与将来的关系中分离出来。在这个暂时性的框架内，我们将第一次探讨记忆要求忠实以及史学要求真相的问题。我们将很快清楚地认识到，这种不考虑过

---

① Harald Weinrich, *Tempus. Besprochene und erzählte Welt*, Stuttgart: Kohlhammer, 1994 (1964 年第一版)。

② “[过去的某一时刻] 他还睡着，这时有人敲门。”

去与现在、将来的关联，欲直接抽象地把握过去之所以为过去的性质的方法，只会导致真相要求的也许终不得解的神秘一面变得更加难以捉摸，这种要求注定是一场信任与怀疑间没有结果的游戏。所以，我们因为这个必须被称为失败的东西被迫重新审视关于过去的过去特性的一切思考。这一次我们赋予这些思考以三种时间取向或维度（朝向过去、现在和将来）间的辩证关系作为框架。我们将以我所谓的将来取向对过去取向——一直到历史学认识中的过去取向——的反作用来结束我们的讨论。

第一章　回忆的所指和历史学

我们并不是随心所欲地把研究的对象限定在过去特性的状态。说此前——也就是说在人们回忆它和谈论它之前——发生过某件事，是什么意思？我要重复亚里士多德的那句话："回忆是过去的一部分。"这句话无需求诸将来就可以赋予其断言以意义。的确，现在(le présent)存在于不在场者之在场(la présence)的悖论之中——此悖论是对不真实的想象(Imagination)和对此前的记忆所共有的。至于这一在场的真实本质，我后面再作论述。但是，将来却在某种程度上被排除在了考虑之外。当一个人寻找某个回忆时，他难道不是在求诸回忆活动(Erinnerungsarbeit)或者记忆崇拜(Gedächtniskult)吗？另外，胡塞尔(Husserl)发展了一套详细的关于持存(Retention)和重忆(Wiedererinnerung)的理论，对预存(Protention)却只作了简要的说明，好像这里涉及的是一个不可避免的对称似的。记忆文化作为 ars memoriae，作为记忆术(Mnemotechnik)，即以对将来的搁置为基础发展起来的。但是在方法论上，这种遮蔽将来的做法首先影响到历史。所以，我们在研究的最后，对把将来性(die Zukünftigkeit)纳入到历史学过去的理解中的做法所要说的，将会和历史学认识的明确的回顾性取向根本相反。人们可能会反对把历史学简化成回顾，认为历史学家会因为自己作为历史中的行为者和作为公民的性质而将其自身对所在的那个共同体的将来所持的态度纳入其研究的动因之中。尽管事实的确如此，但是，他没有把这种态度带入到他的研究对象中，没有带入到他限制在已逝去的过去这个范围内的主题中。历史学对过去的研究只包含三个时间位置，即目标事件的位置、介于目标事件和历史学家所处的时间位置之间的诸事件的位置以及撰写历史的时间位置。三个位置中，其中有两个处于过去，一个处于现在。[①] 布洛赫（Marc Bloch）建议把历史学定义为"研究时间中的人的科学"[②]，但是这个定义不应因此而遮蔽历史学因其回顾性立场而具有的这个方法论上的界限：时间中的人实际上是以前的人，是生活在历史学家开始书写关于他们的历史之前的人；下文要探讨的痕迹概念（Spurenbegriff）将会印证历史学把自己限制在它要撰写的那个过去的局限性。因此，在对将来进行抽象化的条件下提出探讨记忆和历史学的所指的问题暂且是合理的。那么我们这里要提出的问题是：在抽象化的界限内，我们能否为过去的过去特性之谜找到一个答案。

我曾经谈到过去之谜，但实际上所涉及的是一系列的谜。人们首先想到的一个谜便是我们在研究时间性（Zeitlichkeit）的词汇和句法的过程中产生的那个谜。所谓过去者，我们既可以说它不再（nicht mehr）存在，同时也可以说它曾经存在过（gewesen ist）。这第一种副词形式的说法是否定性的——"不再"；这第二种说法突出了时间动词的特征，它是肯定性的——"曾经存在过"。有没有一个理由，让我们从两者中作出选择或者为它们分个等级呢？我们将在论文的第二部分考查时间性的三个维度间的辩证关系时，讲一讲是什么原因促使海德格尔（Heidegger）在一个以操心（Sorge）为中心的此在本体论的框架内把曾在（die Gewesenheit）提升到本真和原初的地位上，而让过去者（意为已逝去者）退回到处于现成在手的（das Vorhandene）和当下上手的（das Zuhandene）的符号里的诸存在方式的层面上。我想现在就在这个暂时把自己限制在过去的过去特性本身的现象学框架内为两种说法具有平等地位而辩护。我们说某些东西逝去了，不只是说我们把过去的东西看作是摆脱了我们的控制、我们不能再对其产生影响的东西；它还表明，回忆的对象带有那个不可擦除的标明我们从此失去它的记号。作为逝去了的过去的对象是一个失去了的（爱或恨的）对象。从这个角度看，"失去"（Verlust）的观点是判断过去的过去性质的一个关键标准。如果确实如此，那么我们对过去了的事情的无能为力，不过是在"舍弃"的弯路上失去后的一个后果，是在失去被内化的过程中所导致的一个结果。正是在这个意

---

① 参见 Paul Ricœur, *Temps et récit. Tome I. L'intrique et le récit historique*, Paris: Seuil, 1983, p. 206; Arthur C. Danto, *Analytische Philosophie der Geschichte*, Frankfurt: Suhrkamp, 1965.

② Marc Bloch, *Apologie pour l'histoire ou Métier d'historien*, Paris: Colin, 1974, p. 36.

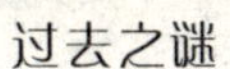

义上，我想说，把现实作为“曾在”而“置入过去”(这里借用萨特《想象》[1]中的一个说法)的做法贯穿了对那种失去的经验过程，因此也贯穿了“不再存在”的过程。正是由于这种割舍和分离，距离才获得了它的意义，“曾在”才显现出来。关于“不再存在”和“曾在”这个二位一体之谜将从此陪伴我们。

这个谜已经出现在另一个比它要古老得多的谜中，因为这另一个谜早在柏拉图(Platon)的《泰阿泰德篇》(Theaitetos)和《智者篇》(Sophistes)里就已经出现了。接着，它又出现在亚里士多德的那篇短文里，在奥古斯丁那里它也受到了重视。这个谜——我们可以这么看——就是关于εἰκών的谜，也就是关于图像的谜。但是，εἰκών的意义在这里要理解为涵盖了在场的两种方式，即作为非现实的不在场的东西的在场和作为过去了的此前的东西的在场。“纯粹的回忆”是作为图像被回忆的，可以说是被带到我们眼前的。所以，εἰκών之谜涵盖了不在场者的在场的两种方式，即非现实的东西的在场和已逝去的东西的在场。那么，这里的这个谜到底存在于何处呢?

这个谜分两个层次、两个阶段。首先令人困惑不解的是对印章压在蜂蜡里的印记这个隐喻的使用;同样令人困惑不解的是关于在场的图像和印记的凹形之间存在相似关系的假设。也就是说是印记之谜、相似性之谜。为什么会有这么一个谜，而且还是一个双重之谜?

我们首先来看这个印记的隐喻:它作为留存下来的东西而在场。但是，我们从哪里知道它是被留下来的呢?被谁留下来的呢?或者，通过什么留下来的呢?这个关于不在场者的在场之谜只是被推得更远:通过假设一个行为人留下了这个印记作为表明他曾经到过这里的一种符号，对缘由的这种再现却未能触及印记的时间功能之本质。换句话说:为了起到印记的作用，一个凹形必须已经包含了就印记的由来而言具有不同性的一个维度。在印章的印记背后是压印这一行为。我们回想一下亚里士多德在谈到《泰阿泰德篇》和《智者篇》时为解决这个问题是如何建议的:他把印章及其印记的隐喻转移到了图画层面。他说:假设我们面前有一幅画像，我们可以只看它本身，这时它是由许多描画的线条所构成的整体;但是，我们也可以把它看作是指向其自身之外的其他东西:指向一个被指称的、被描述的原型，或者指向一个——非常准确地说——被临摹下来的事物。由蜂蜡中印章留下的印记的隐喻到画像的隐喻，这个转移尽管未能揭开谜底，却让这个谜清楚

[1] Jean-Paul Sartre, *L'imaginairen. Psychologie phénoménologique de l'imagination*, Paris: Gallimard, 1940.

地显现了出来：无论是图像还是印记都有一个双重意义，即作为简单的在场以及作为对不在场者的指涉，无论这个不在场者是一个非现实的东西还是一个已经过去的现实的东西。

由此我们可以接着来谈第二个谜。“记入”的图像隐喻把它清楚地展现给了我们。这个谜是关于假设存在于画像和原型之间的相似关系的。我们记得《智者篇》里柏拉图的窘境。他建议区分两种模仿艺术：一种是“phantasmatisch”，即欺骗的；另一种是“eikastisch”，可以说是忠于事实的。[①] 但是，人们从哪里看出来一幅画就是忠实于事实的呢？整个回忆之谜的两个方面在这里得到了完整的体现：印记要成为某些其他东西的符号，就必须以某一种方式指示那个使它产生的原因。就所假设的存在于画像和模型之间的相似关系而言，在缺少第三者参照物(tertium comparationis)的情况下，人们怎样对它作出判断呢？在这一点上我们产生了怀疑。我们是不是从一开始就被作为不在场者的在场的印记(τύποζ)的隐喻引入了歧途？我们是不是再一次因为断言在场者和不在场者之间存在相似关系——这个关系由那个画像的隐喻所强加——而误入歧途？讲得彻底些，这个问题就是：回忆是与那个人们存有其印记的事件相类似的一种图像吗？现代的整个“再现表象”(représentation)的问题只是在重复这个古老的关于图像的疑难。再现，其意思是再一次表现吗？同样的东西再来一次？还是说它是和复原第一次遭遇完全不同的东西？一种重构？但是，重构和想象的，或者甚至是臆想的构建，这最终也就等于说和虚构又区别在何处呢？对过去了的现实的东西以及现实的过去的设定，又怎样在此重构中得到保存呢？

非常值得注意的是，εἰκών这个古老的疑难在历史学的认识中又重新显露出来。就拿我们在搜集事实的过程中所遵循的基本顺序来说，也就是说，在我们称为纪实历史的层面上，这个顺序是这样的：档案——文献——痕迹；档案指向文献，文献又指向痕迹。[②] 所以一切最终都指向痕迹，以致布洛赫才能把历史学定义为“诉诸痕迹的科学”；文献是痕迹，档案是被分类后立卷归档的各种痕迹的总汇。这痕迹如果不是古希腊人理解的印记在现代的对应物，它又是什么呢？隐喻的对象变了，由印章在蜂蜡中留下的印记变成了动物经过时留下的踪迹(Spur)，但道理还是同一个：留下来的踪迹同样是

---

① Platon, Sophiste, in Platon: Œuvres complètes, 由 Auguste Diès 翻译并出版，八卷本，Paris: Les Belles Lettres, 1965.

② 参见 Paul Ricœur, *Temps et récit, tome III. Le temps raconté*, Paris: Seuil, 1985, pp. 171-185.

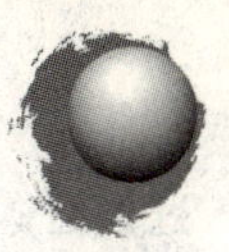

一个需待解释的印记。就像人们——根据先前的、外在的知识——必然知道有人曾经把印章按在了蜂蜡里一样，人们也必然知道曾经有动物经过，甚至还必然能够把一头野猪的踪迹同一只鹿的踪迹区别开。这样，印记的隐喻在痕迹的隐喻里重复着；人们要有一定的关于留下痕迹者的特征的基础理论知识，以及一定的关于分析和解释痕迹的技术的实用知识——这时痕迹就有了符号的功能，成了留下痕迹者曾经经过的符号。

那么，历史学的认识除了重复εἰκών之谜之外，便别无他举了吗？不，它带来了一个全新的元素，这个元素如果说还不能解开这个谜，但也至少能让它变得可以容忍。这个新的元素即证据(das Zeugnis)，在这个证据中，我们必须分辨出介于记忆和历史学认识之间的过渡结构。但是证据引入了一个在印记隐喻中没有的语言的维度，即证人的话。证人讲述他所见到的事情，并要求人们相信他。如果事件留下了印记，那么这就意味着，看(Sehen)被说与信(Sagen und Glauben)所替代。同时，相似关系之谜为一种信任关系之谜所替代，这种信任关系对证据的可信性有着决定性的意义。而这个谜也许是一个并不那么难以解答的谜。总之，不再是映像(Abbild)的相似性，而是证据的可信性，至于这个证据暂时被认为所具有的可靠性可以通过与其他证据相对照的方式予以审核。所以我们不可以说，痕迹只是在重复着那个印记之谜。由于证据占据了印记的位置，痕迹的问题自身发生了变化；我们必须从证据出发来思考痕迹，而不是与之相反。

对于和过去的关系，从中会产生什么后果呢？负面的后果是要求放弃相似性的问题。人们必须停止自问某个叙述(Erzählung)是否与某个事件相符，而应更多地问相互对照的诸证据的总体是否可靠。如果确实如此，我们便可以说，证人使我们**参与了**被叙述的事件。

因为“参与”这个词，人们可能会问，用证据的问题来替代图像(Ikon)的问题，这种替代是否能一直进行下去。图像问题要抵制这种替代必须要有它的理由。毫无疑问，我们这里遇到的是记忆与想象之间关系的问题。我们尽管可以尽可能明确地把记忆行为同想象行为区分开——记忆是要设定一个过去了的现实的，而想象则旨在非现实本身，要消除任何对现实的设定；然而，当谈到“纯粹回忆”时，图像又会出现。所以我们必须承认，在图像里，记忆作为图像**再次出现**。正是在伯格森(Bergson)称之为“回忆图像”(souvenir-image)的这个地方，图像的问题又出现了。历史学根本不能抵御想象的这种报复。想象出现在问题的所有层面上：从提出假设，到对不同事件顺序的比较，再到解释本身——特别是以单个地赋予因果关系的形式。

科林伍德(Collingwood)——在当下的叙述中复原(re-enactment)过去的大力倡导者——也强调了这点。[①] 更为明显的是,虚构潜入到那些伟大的文学创作里,在这些作品中,图像的组合与叙事相互竞争:复杂性是如此之高,范围是如此之广,在这种情况下,历史学被称为"历史编纂学"(Historiographie)或者说"历史撰写"(Schreiben der Geschichte)可谓名副其实。历史学通过"转为场景"(In-Szene-setzen)来表现那些待它证实的东西,也正是因为"转为场景",上文中曾被摒弃的映像隐喻重新获得了意义。当然,人们必须事先把证据和映像的地位颠倒一下,并确信某映像之所以是其原型的图像,只是因为它要像证据那样忠实于它的原型。我们的论点是:从根本上讲,映像首先并不是图像,它是图像是因为它诉诸图像形式来忠实再现它的原型。

在考查映像隐喻的同时,我们必须对翻译的模型进行类似的考查。贝尔曼(Antoine Berman)认为,翻译意味着栖身于陌生语言的同时,对此陌生之处在自己的语言里以宾客之礼待之。[②] 我们是否可以说,记忆和历史学也是在翻译由事件进入到叙述者语言里的那部分东西?有句谚语说翻译意味着背叛。[③] 必须承认,这句话讲得很有道理。但背叛还是依赖于证据的范畴,而不是首先依赖于图像的范畴。

考虑到回忆和想象间复杂的关系,我想重新把自己在《时间与记述》第三卷里提出的那个建议摆出来:通过代表的概念——我所谓通过叙述对过去再造型(Refiguration)的一种值得注意的方式——来看历史学如何阐释过去。当时,我把代表(Vertretung/répresentance)的概念同表象(Vorstellung/représentation)的概念区分开。[④] 今天我将为代表的概念辩护——不是通过把它归在隐喻的"如"(wie)里面,而是归在证据的那个"如"(wie)里面,尽管隐喻的"如"和《活的隐喻》[⑤]第八篇中讨论过的"存在如"(Sein wie)是关联在一起的。今天我会说,代表表达的是在重构过去的过程中回忆和虚构的一种分辨不清的混合。正是出于这些原因,我今天对我曾用来从概念上去把握代表关系的自己(des Selben)、他者(des Anderen)和类比(des Analogen)间的辩证关系不再像从前那样抱有更多的期望。我现在认为,

---

① Paul Ricœur, *Temps et récit, tome III*, pp. 206-212.

② Antoine Berman, *L'épreuve de l'étranger. Culture et traduction dans l'Allemagne romantique*, Paris: Gallimard, p. 19.

③ "Traduire, c'est trahir."

④ 利科借用德文中"Vertretung"和"Vorstellung"的分别,以更显著地解释法文中"représentation"和"répresentance"两种表达的分别。

⑤ Paul Ricœur: La métaphore vive, Paris: Seuil, 1975.

（超越自己与他者间的对立的）类比（Analogie）的概念过于依赖于εἰκών（图像）的问题——如果它未曾在证据的试金石上被检验过的话。①

我再最后一次看一下这个问题，这次我要问，用证据问题来替代图像问题之所以受到来自后者的阻力，除了回忆的表现形式是图像之外，是否还有一个更深层的不寻常的原因。也许在痕迹的整个问题当中还有一些东西，它们更不能被完全归化成其他的问题。它们悄然地进入到了证据的中心，更确切地讲是到了证据的源头。这里指的是：图像和痕迹都指向此前烙上、刻下、记入的事件——从痕迹的角度而言，该事件在留下痕迹的此前经过拥有与它类似的东西。在证据的源头隐藏着一个类似的谜。在证人陈述前，他事先看到了，听到了，经验了（或者他认为自己看到了，听到了，经验了——重要的不是这一点）。简言之，他被感染了，也许是受到了侮辱，内心

---

① 如今再读《时间与记述》第三卷中讨论过去的现实性的那章，总体上又会怎样评价它呢？我在这章之前安排了“关于时间的幻想的诸变体”一章，考虑把虚构的层次包括到通过记述对时间进行再构型的过程中。当时我关心的是虚构是以怎样的方式来测探“反思的思维所面对的现象学的与宇宙的时间之间的鸿沟”的。这个问题如今不再那么棘手，因为在我看来——与奥古斯丁和胡塞尔甚至与海德格尔不同——现象学的时间原始地带有这样的特征（比如可确定性），因为这些特征宇宙时间可以被纳入现象学时间本身的节奏当中。我一方面坚持历史学叙述与虚构相对立的看法，尽管我另一方面可能助成了二者的联系：通过纯粹回忆向回忆图像的转化，特别是通过那些历史学的巨幅画卷，“转为图像”（Ins-Bild-setzen）在其中成了“转为场景”。说到讨论“历史学过去的现实性”的那一章，那么，在这里——基于痕迹问题与证据问题间所建立的联系——它是最严厉和最深入的修正的对象。关于代表之谜，当时的表述我现在认为仍然是正确的。借助德语“Vertretung”与“Vorstellung”语义上的区别来解释两个概念的区别的方法在我看来仍然是确当的；历史学叙述对历史学过去有一种代表功能：“这个功能表明了这种指称的间接性，这种间接指称对借助痕迹的认识来说是典型的，并且使历史与过去间的指称方式成为一种独特的方式。”另外：“这种指称方式与构型的工作自然密不可分：因为只有通过对我们的各种构型的不断修正，我们才会有这样的想法，认为过去这个源泉是永不会干涸的。”那时我把痕迹概念看作是“一系列由档案经文献到痕迹的回指的终点”。由于没有认识到痕迹与证据之间的关联，我始终还是那个我没有认识到的关于εἰκών之谜的俘虏。结果是，那个因柏拉图式的自己、他者和类比的最高范畴的影响而形成的辩证关系——尽管它能够让我们超越科林伍德的理解（实际上，我还可以加上米什莱所谓的让过去复生）与韦纳（Paul Veyne）和塞尔多的有益于类比思维的对区别的赞赏之间的对立——没有逃脱那个古老的、未被认识到的关于εἰκών之谜的吸引力。我为此付出的代价是停留在海登·怀特（Hayden White）的比喻学中，现在我认为，海登·怀特的比喻学不适合解决代表这个疑难，尽管怀特对它作了确当的描述。我们上面说到要部分保留画像的隐喻，为了回到这个问题，我想强调的是画像与副本的根本不同。这关系到整个模仿（μίμησις）的思想的命运。画像不是副本，因为它是解释，或者我更想说，它是通过阐释去寻找真理。也许我们应当对摄影讲同样的话。诸位想一想卡蒂尔—布雷松（Cartier-Bresson），想一想多瓦诺（Doisneau）。照片和画像一样是一种着眼于再构型的构型。照片要的也是超出简单复制的忠实。画像与照片在它们最完满的阶段都属于回忆转为图像的阶段，并通过这个过程把我们引向忠实的问题。

受到了震动，受到了伤害——在所有这些情况下，他都受到了该事件的影响。他通过他的陈述所传达的，与这个受……的感染(Affiziert-sein durch...)有关；我认为在这个意义上可以说先前发生的事件留下了印记，并且这个印记是先于证据本身的；印记由证据以一定方式加以转译，这一点因而表现出受事的一面，即"Pathos"——亚里士多德在他对记忆的基本定义中便使用了这个词。在伽达默尔(Gadamer)通过效果历史意识[①]的概念赋予其认识形式的历史意识的那个层面上，人们会同样遇到这个受事的因素。通过证人的叙述，此时已是二级证人的听者感到自身同样受到了事件效果的作用，而正是证据传递了事件的能量或力量(但有时也会是欢呼)。由于受事的这一面，痕迹的问题在一定程度上延伸到了证据的问题当中，但并没有完全转化成后一种问题。

我最后想强调一下记忆以及历史学之为真实—忠实(vérité fidélité)状态的最终不可确定性，并以此来结束我这大部分还是暂时性的评论。用证据的问题替代图像的问题或者让后者从属于前者，不但没有解决这个关于图像之谜；而且，即使我们假设证据可以把图像之谜以及痕迹之谜包括在自身之内，它自身的问题，即它是否可靠和可信，仍然存在。我已经讲过，"可靠"的反面不是严格的认识论意义上的"怀疑"(Zweifel)，而是"嫌疑"(Verdacht)。要求真相的问题确实已成了要求真实(Wahrhaftigkeit)的问题。在无法定夺时，人们总还可以拿一个证据和另一个证据相对照。"忠实—真实"(Treue-Wahrhaftigkeit)与"证据—真相"(Beweis-Wahrheit)间不可逾越的鸿沟使忠实成了一种特别的真相。"认为"(Glauben, daß)总有"相信"(Glauben an)伴其左右。这样，在"真—假"的对立身边又增添了"信任—嫌疑"的对立。历史学的批判性活动没有消除人们可能被错误的证据所欺骗的嫌疑。历史学里的真相因此仍然无法确定，有道理，存在可能，但仍可以辩驳，简言之：它一直都处于改写(Um-Schreiben)的过程当中。

这个无法确定的真相，这个总不够完满的事实，它的命运最终将系于能否把过去的这个成问题的过去性质放到时间性这个大圈子当中。

---

① 利科建议把"wirkungsgeschichtliches Bewusstsein"(效果历史意识)译为"être-affecté par l'histoire"(受到历史的感染)。

第二章　过去与时间的辩证法

以上讨论表明,单独考查过去会导致一个或多或少没有定论的情形:记忆一方面认为自己是可以做到忠实的,另一方面显然又缺乏可靠性。不幸的是,为了弄清某件事以前是否真的发生过,记忆是我们唯一可以依靠的!“回忆是过去的一部分”,我们坚持重复亚里士多德的这句话。相对于此,我们担心,认为可以把握过去的过去性质,而不用考虑它与时间的其他两个维度间的辩证关系,最终会令我们走入死胡同。由此有了一个新方法:把记忆重新放回到与对将来的期望和当下的现在的相互关系中去,然后看我们今天或明天用这个记忆能做点什么(anfangen)。这个改变让我们很自然地想到了奥古斯丁在《忏悔录》[①]卷十一中所论述的时间概念,并同时促使我们把奥古斯丁的时间概念与海德格尔的时间概念联系起来。毕竟奥古斯丁和海德格尔——至少就我所知——是仅有的两位把过去、现在和将来的辩证关系作为自己对时间的思考主题的思想家。[②]

下面我不是要把《时间与记述》里那两篇关于《忏悔录》卷十一和《存在与时间》[③]谈及时间性的文章重写一遍,而是要对奥古斯丁和海德格尔两人进行更随意的考查,往来于两人之间,兼有接受与批评。之所以如此,是出于两方面的考虑,一是为了对所处理文章的公平,一是为了能负责任地对待

---

① Sancti Aureli Augustini Confessionum Libri XIII,由 Lucas Verheijen 出版(Corpus Christianorum, Series Latina XXVII),Turnhout:Brepols, 1981.

② 我认为此两种学说有两处欠妥:一是两人给予个人记忆相对于集体记忆以优先地位;一是两人——尽管出于不同的理由——把现象学的时间与宇宙论的时间截然分开,然而,这两种时间的视角实际上最终是不可分的。但我从未怀疑过一种把时间三维间的辩证关系放在自身的中心位置的方法的根本合理性。我更认为,他们的发现由于归结于本己的领域及将现象学的时间与宇宙论的时间分开,所以其意义没有得到充分体现。

③ Martin Heidegger, *Sein und Zeit*, Tübingen:Niemeyer, 1993.

上文中所遇到的那个将过去的过去性质作为一个这样的性质予以专门讨论的无法定夺的情形。

我要讲的大致分为两个问题：一个问题是关于时间三维总体化(Totalisierung)的不可能性——也就是关于它们原初的分散性(Diaspora)；由这个问题而产生的第二个问题是关于另外两个时间维度的同等原初性的问题。对这两个问题中任何一个问题的讨论都兼有接受与批评。

就第一个问题而言，奥古斯丁和海德格尔都特别强调了我在《时间与记述》[①]第一卷中针对奥古斯丁所讲的时间性三机制的不和谐：思想之延展(distentio animi)——新柏拉图主义者所谓的διάστασις的翻译——的问题在《忏悔录》中是被用一种悲叹的语气谈及的；心灵在那个"由不同所主宰的国度"(Reich der Ungleichheit)里发出叹息。另一方面，海德格尔重新拾起ἔκστασις的概念并把它按其字面意思译为"出离自身"(Außer-sich)："时间性是源始的、自在自为的'出离自身'本身。"[②]在海德格尔看来，正是源始的时间性这个出离自身的性质在"时间被当作一种纯粹的、无始无终的现在序列"的对时间的庸俗理解中被抹平了。

但是两者是否思考了他们的发现所要求他们思考的一切呢？在奥古斯丁那里，现在被分成三个方向："时间有过去、现在和将来三类。"[③]并且："如果可以这样说，那么我是看到三类时间，我也承认时间分三类。"但是："是这样三类时间，即过去的现在、现在的现在和将来的现在[……]：现在对过去的回忆、现在对现在的直观(contuitus；后来又称为'attentio')和现在对将来的期望。"也就是说，是一个三重结构的现在。奥古斯丁绝不缺少论据：我们只是在vestigia的基础上——即那些现于心灵面前的印记图像的基础上谈论过去；同样，我们在现在谈论那些还未发生的事情，也是如此。不在场者在场的问题(以及包含其中的那个谜)迫使我们三次回到现在；但有人可能会反对说，即便人们必须把vestigia的在场，把痕迹的在场作为前提，他们也不是在谈论这些痕迹本身——作为当下就能体验到的事物；他们的注意力是在这些痕迹身上，他们关注的是过去的过去性质，关注的是那些还未发生的事情的将来性；我们所以有理由担心，正如那些再现表象的现代和后现代

---

① Paul Ricœur, *Temps et récit*. *Tome I*. L'intrigue et le récit historique, Paris: Seuil, 1983.

② 以下出自《存在与时间》的引文的翻译参考了陈嘉映和王庆节的译文(三联书店1987年版)。——译者注

③ 以下出自《忏悔录》的引文的翻译参考了周士良的译文(商务印书馆1990年版)。——译者注

的批评者所猜测的,一种“在场的形上学”(Präsenzmetaphysik)不为人知地潜入到了作为当下的现在之维的在场之维,潜入到了那个奇怪的双重当下之中。这样,思想之延展(distentio animi)以及我们后面所主张的时间性的三维的同等原初性(Gleichursprünglichkeit)被减弱了。[①] 我们要说的是,保持时间三种维度的区分,同时保证它们具有同等的权利,这两点考虑不会阻碍我们把奥古斯丁所谓的三类时间(tria tempora)是否可以统一的问题视为一最终的问题;但是我想说,三类时间是否可以统一到一类时间,这个谜一般的问题的解决最终还必须参照那个由诸单一时间维度间的完全均衡以及由它们相同的权利中所产生的辩证关系。

在海德格尔对同样问题的处理上,非常值得注意的是,区分三类时间的问题的提出是以认定三者的统一为前提的。[②] 从这个角度看,《存在与时间》关键的一章是第二篇第三章《此在的本真整体能在与时间性之为操心的存在论意义》。所以三类时间的关系的问题在上,三类时间的区分或时间的多维化的问题居其次:在第六十一节的头几句话里我们便读到:

> 从存在论上此在的一种本真的能在(Seinkönnen)得到了筹划。对这个现象的解释把本真的向死存在(Sein zum Tode)展露为先行(Vorlaufen)。在从生存上证实此在的本真能在时,这种本真能在曾作为决心展示出来并从生存论上得到了阐释。这两种现象能被放在一起吗?对本真的整体能在的存在论筹划不是引入了此在的那一维度,它同决心的现象相去甚远?死亡与行为的“具体情景”应当有何相干吗?把决心于先行硬凑到一起,这种尝试岂不误引向某种无法容忍的、完全不是现象学的构造,而这种构造甚至不可以再要求被承认具有一个基于现象的存在论筹划的性质?

海德格尔提出的这些问题很有道理。我们确实也会很明显地看到,将来因为向死存在而从一开始就获取的优先地位会预先影响时间三个方面的根本统一。正像在奥古斯丁那里现在的优先地位统摄着三类时间的统一那样,对将来的期待——更准确地讲——“先行”向死(Vorlaufen zum Tode)从一开始就决定着那个关于此在的整体性的问题:向死的“先行”,于死亡之在所难免而义无反顾的“先行的决心”对“此在的本真整体能在”的原初意义具

---

① 偏爱现在的一个原因——这个原因也是深受柏拉图影响的基督教所特有的——在于这个人们所体验的现在与永恒的关联,永恒被理解为“nunc stans”,或者说“永恒的现在”。

② 我这里不再介绍海德格尔长篇的准备性分析的脉络,它一方面涉及阐释学的现象学(《时间与记述》第3卷,第92~95页),另一方面涉及操心在此在的本体论中的中心地位(第95~102页)。

有决定性作用。相应地，是此在的时间的无法改变的有限性赋予了“整体能在”(Ganzseinkönnen)这个先行概念以最终的意义：“时间性是现象上源始地在此在的本真的整体存在那里、在先行的决心的现象那里被经验的。”有人会反对说，在海德格尔自己那里，将来的优先性的首要存在基础就在作为此在的现象学的主导规定性的操心的结构里。操心的结构在时间性上又首先意味着先于自身(Sich-vorweg)。但是，在我看来，这个概念没有任何完结的意思，恰恰相反，它总有一些不确定的东西悬在那里，并因为此在的能在性质总是不完满的。[①] 由此我们可能会问，是否必须要把能在——先于自身存在(Sich-vorweg-sein)——从向死存在的羁绊中(并因此同时从对时间的总体化中)解脱出来，因为时间的总体化就要求有向死存在的概念。当然，没有哪一个对时间的研究能够避开时间结构整体性的问题。但是从上文的论述中我们大概可以知道，我们也许不得不一再地推迟对这个问题的解答：把它作为一个留给以后的问题，一个因为将来、过去和现在三个不和谐问题的交叉而产生的问题。因此，首先要探寻在能在未被向死存在吞噬之前经验它的可能性。

我希望我以下的话对这个开放的将来性的现象学有些裨益，它与封闭的向死存在的现象学相反。

这种开放性在奥古斯丁的期望概念里得到了更好的体现，人们后来在科塞雷克(Koselleck)期待视阈(Erwartungshorizont)的概念里又见到奥古斯丁这个概念的影子。[②] 正是这个与本己的时间相关的概念(奥古斯丁)和这个与历史的时间相关的概念(科塞雷克)之间的相似之处促使我把自己从研究的一开始就带到记忆的分析中的(并且已经被认为是对时间性的整个经验都有效的)多义性与将来联系起来。我回想起，这个多义性的根源在于对本己(das Eigene)、亲己(das Nahe)和远己(das Ferne)这三者的区分。所以，我下面想把过去—现在—将来这个三段式概念与本己—亲己—远己这另一个三段式概念联系起来。

种种欲求都与本己的期望相关，它们赋予爱与恨、喜与悲以将来特征。笛卡尔(Descartes)在《心之情感》[③]第五十七节中就曾讲到，欲求是情感的原

① 《时间与记述》第3卷，第96页。

② Reinhard Koselleck, “Erfahrungsraum” und “Erwartungshorizont”-zwei historische Kategorien，载本人 Vergangene Zukunft. Zur Semantik geschichtlicher Zeiten, Frankfurt a. M.: Suhrkamp, 1995(1979年第1版)。

③ René Descartes, Les passions de l'ame，载本人 Œuvres complètes，由 Ch. Adam 和 Paul Tannery 出版，第11卷，Paris: 1967.

则，这个原则“使我们更在乎将来而非现在或过去”。由此，根据达到欲求的不同的困难程度，便有了希望、畏惧、嫉妒、平心和绝望（第五十八节）。值得注意的是，死亡只出现在一个并不要紧的地方，即第八十九节，这一节的题目是“由战悚产生的欲求是怎样一种欲求”。我们读到：“战悚的本性便是要心灵对突然的、不期而至的死亡有所感觉”；所以这里的要旨是“死亡的危险”，而不是向死的“先行”，相应的情感便是“逃避”和“厌恶”。[①] 笛卡尔在逃避终有一死的命运吗？我更认为是他没有在诸种情感中为死亡留出位置。这是有道理的。死亡不是什么感知的内容，它是属于生存的有限结构的一个临界情况。那么，鉴于自身对将来的**态度**，我们一定要考虑死亡吗？在我看来，只考虑死亡的危险，不把“对不幸的畏惧”转变为一种期望的态度、一种决心，笛卡尔是对的。我们畏惧死亡，只能是畏惧它作为一个偶然的（因此与欲求和畏惧不相容的）突如其来的事件，而后承认它和承受它。在这个意义上，可以说，萨特与列维纳斯（Lévinas）[②]在认为死亡不是一个可以被期望、被预期的事件上是一致的。

这里我把本己、亲己和远己的区分放进来。死亡对这三种情况中的每一种都有不同的意义。在本己的时间里，既非出生是回忆的一部分，亦非死亡是期望的对象。我预料将死去，但我并不期望死亡。我希望自己直到死前都是个活人。直到死——不是着眼于死，甚至连朝向死也不是。那么，出生和死亡对谁而言是一些事件呢？对亲属，对那些与我亲近的人。当我作为一个新的生命降临到这个世界时，只有他们为此高兴。汉娜·阿伦特（Hannah Arendt）在《活动的生活》的“行动”一节的最后心怀惬意地重复着：“一个孩子为我们诞生了。”[③]这个为此感到喜悦的“我们”（Wir）是亲属的“我们”，是那些与我亲近的人的“我们”。正是对他们来说我的死是一个事件，而不是对我来说。我所有能预见到的，从这个意义上能期望的，是他们的悲伤。但是，让他们事先就为此悲伤，这不是我的事情，即使我能做到去设想

① René Descartes, Les passions de l'ame，载本人 Œuvres complètes，由 Ch. Adam 和 Paul Tannery 出版，第 11 卷，Paris：1967.

② 列维纳斯讽刺地说：“一个存在者为一种存在而操心，同时对于这种存在的毁灭又无能为力，可能没有什么比这样的操心更奇怪的了，就像托尔斯泰的一篇短篇小说中讲到一个人一天为自己以后的二十五年订制了靴子，但还在当天晚上就死了。” Immanuel Lévinas, *Autrement qu'être ou au-delà de l'essence*，La Haye：Nijhoff, 1978（1974 年第 1 版），p. 165.

③ “人们可以对这个世界怀有信任，可以对这个世界抱有希望，这可能在任何地方都没有在福音书中告知‘福音’的那句话中被表达得如此的精炼，如此的美：一个孩子为我们诞生了。” Hannah Arendt, *The Human Condition*, The University of Chicago Press, 1958, p. 247.

他们的悲伤——当然即便这样，设想也是很保守的。就远离我的旁人来说，我的死在他们的将来里并不是一个事件。在这一点上，海德格尔是对的："人"(Man)死了。这里的这个"人"(Man)事实上不是任何一个具体的人。与公众对应的范畴是为瘟疫预防人员(或者泛泛而言，为负责卫生事务的官员)所熟悉的人口(Bevölkerung)的概念。从整个社会的角度看，出生和死亡简化成了户籍册里出生率、死亡率和结婚登记数等几栏的登记记录。在这个层面上，也不是不能表示人：世代更替间，新的生命代替死去的人，不曾间断。这个过程由国家掌控着，它的心思在于保证这一过程要比那些生死相继的个人持续的时间长久。所以，在这个层面上没有我的死，有的只是登记人口中消逝了的一个X。这不是说，那些远离我的旁人的将来不具备一些特别的期望方式，只是我们不能由本己的期望方式(甚至不能由亲己的期望方式)推知这些旁人的期望方式。经济的预算、社会的保障、政权的追逐以及马基雅维里(Machiavelli)所向往的机构的持久性、文化的工程，最后(或许首先)是乌托邦——包括那个属于不再的将来(科塞雷克所谓"过去的将来")的进步的乌托邦：所有这些都是根据一个集体的期待视阈来筹划的。但是，这样的期望与个人坚持到生命的终了，与见证和守护生与死的亲属的喜悦和悲伤没有关系。这样看来，依个人悲剧命运的模式来筹划一个集体的将来，是个错误，并且这个错误——很遗憾——可能造成政治上的违法。在这一点上，此在与共在(Mitsein)间存在着不连续性。①

在我回答奠定整篇论文基础的中心问题，也就是过去的过去性质在进

① 不像胡塞尔，海德格尔没有单独地讨论群体概念和具体各个群体的问题。"常人"的问题被过早地——在谈及时间性问题之前——定性为可以由"自己"的问题推知(第25节)。只有一处可以说是暗示了自身存在原初的时间性："唯有朝向自身的决心才把此在带人这样的可能性：让一道存在着的他人在他们自己最本己的能在中去'存在'，而在率先解放的操持中把他们的能在一道开展出来。这种下了决心的此在可以成为他人的'良知'。本真的共处，唯源出于决心中的本真的本身存在，而非源出于模棱两可、心怀嫉妒的约许和在常人及其所欲从事之业中的喋喋不休地称兄道弟。"(第298页)直到在"历史性"一章阐释罪责概念(还不是期待[Gewärtigen]的概念)的过程中海德格尔才发展了命运(Schicksal)、天命(Geschick)和历史(Geschichte)这个三段式概念。这里也谈及了共同发生(Mitgeschehen)的可能性。海德格尔更像是说，群体的天命与个人的命运间存在一定的同构关系，"尽管他标出了为那些特别为群体的存在量身定做的范畴留出的空位：斗争(Kampf)、斗争地追随(kämpfende Nachfolge)和忠实(Treue)"(《时间与记述》第3卷，第112页)。当时我反对"轻率地把所有问题中最根本的向死存在的问题移用到群体的领域[……]，尽管一再申明，因为无所旁涉，向死存在不可移用"。并且："这种移用会导致一种悲剧的英雄式的政治哲学的产生，这种哲学很容易被以各种方式滥用。"(同上)《时间与记述》第3卷之后出版的关于海德格尔的政治生活的研究证实了我以前的看法。

入那个分为三重的时间性的运动中后会有怎样的命运的问题之前，请允许我就现在处于这个结构中的位置再多说两句。我上面已经讲了“在场的形上学”是怎样被指责造成了现在的地位的上升的，这种地位的提升在奥古斯丁、洛克(Locke)和胡塞尔那里便可看到，并且一般被认为属于内在性的传统。对此我有以下疑问：现在的现象学意义和与一个直接的、于己透明的现在的观念相关联的形上学要求真的完全相符吗？我上面已表示了对选择τύποζ、είπών、vestigium等概念的疑虑，因为这样有利于现在的优先地位。我要重申的是：同痕迹、文献和遗址一样，印记自然是当下在场的，但我们并不是因为它们而关心它们，而是要通过它们或者以它们的基础为出发点，我们关心的是它们背后的不真实的或此前的那个不在场者。与现在的关联绝不可以归结为感性的(sinnlich)或智性的(intellektuell)直观(Anschauung)——也不等于笛卡尔所谓的赞赏(admiration)，在这里可以瞥见苏格拉底的惊诧(Staunen)的影子。现在同样也是发挥主观能动的时刻，人们开始使用自己的能力来影响事物——动机归属的开始(initium)；它最终也是喜(Freude)与悲(Leid)的凝聚的体验。让我们承认现在有着与将来和过去的多义性相应的多义性。让我们把现在分为本己的、亲己的和远己的现在。这样，海德格尔所倡导的但实际上并没有重视的三类时间的“同等原初性”将得到它应有的待遇。

第三章 过去在时间性运动中的过去性质

期望在不考虑过去与现在和将来的关系的情况下对过去的过去性质进行有意义的讨论最终造成了上面那个无法定夺的情形。那么,这个无法定夺的情形现在又怎样了呢?

必须重新加以质疑的是历史学认识因为自身回顾性的取向而具有的局限性。我要再说一遍我上面曾讲过的:面对他的题目,历史学家作为有情感的个人和有责任感的公民有着他的期望、愿望,他的担忧、理想或者他的怀疑。毫无疑问,他与现在和将来的这种关联会影响他对研究对象的选取,影响他的提问与假设,影响他对支持其解释和阐释的论据的主次安排。但是,他对现在和将来的态度不会被作为他的研究对象的一部分加以讨论;档案、文献和痕迹才"占有过去"。从这个意义上讲,记忆——无论是个人的还是集体的——在文献历史的背后与现在和将来保持着有机的关联。注意:无论是个人的,还是集体的记忆。奥古斯丁与科塞雷克在这里的确使用了相同的语言:一个讲现在的三重性,并把过去的现在和将来的现在联系起来;另一个强调期待视阈与经验空间的两极对立,并揭示了这个对立的演变,以撰写其历史。所以他才能谈过去了的将来,谈从前曾是而如今不再的过去。问题最终在于,尽管历史学认识的根本取向是回顾性的,但在这门关于以前的人的科学的中心是否还能够找到一个将来取向的副作用。

我想说明的是,这个将来取向对过去取向的反作用对应着另外一个反向的运动:在这个运动中,对过去的再现(Vergegenwärtigen)统治着对将来的设想(Vorstellung)。在这儿,我心里想的是罪责(Schuld)的范畴。罪责是过去加于将来的负累(Last)。宽恕(Verzeihen)也许会让这个负累减轻些。但负累首先还是负累,将来还是要为之所累。罪责意味着义务。如果存在回忆的义务,那它也是因为有这个罪责而存在,罪责让记忆转向将来,这样名副其实地把记忆放入了将来,成了将来时:你将要回忆!你将不能遗忘!在这个意义上,罪责不只是痕迹的相关项,更不是它的同义词。痕迹是需要追踪的,它只是一个指向过去的线索,它有意义,但没有约束力。

海德格尔尽管偏重将来,偏重向死存在的主题,却最深入地发展了罪责现象学。我甚至认为,如果我们一定程度上能够撇开向死存在的主题相对独立地去看待它们,《存在与时间》里那些与罪责相关的概念会更有意义。下面我想对我刚刚称为将来对记忆与历史学的反作用的阐释予以讨论,这种反作用与我以为向死存在对期待视阈与它的高度开放性的不适当限制是两回事。有关罪责的那些概念的意义直接源于那个与过去的称谓(至少是在最根本的原初性层面上)相关的核心思想,即源于曾在(gewesen)对被简单地看作是"终止"(abgelaufen)或"了结"(abgetan)的同义词的既往(vergangen)的替换。[①] 我上面已经解释过,为什么结束了的过去的不再(Nicht-mehr)与曾在处于同一层面。但这并不妨碍我们看到把曾在看作是过去最原初性质的好处。语言本身通过副词形式"已经"(schon)、"已经在那"(schon da)就可以证明这个原初性,它们不能约化为"不再"。《存在与时间》的读者所熟悉的一些主题也围绕这个副词有了新的编排:"现身情态"(Befindlichkeit)(第二十九节)、"沉沦(Verfallen)与被抛(Geworfenheit)"(第三十八节)。尽管这些主题出现在《存在与时间》的第一篇里,与时间性并没有直接的关联,但是我们可以很容易地把它们带到这层关系当中。比如,海德格尔在讨论此在作为现身情态时,提到了此在的"负累特征"(Lastcharakter)。毫无疑问,他强调的是此在的"此"(Da),但在这个语境里也第一次出现了曾在的"已"(schon):"具有此在性质的存在者(Seiendes)是它的此,其方式是:它或明言或未明言地现身于它的被抛状态中。在现身情态中此在总已被带到它自己面前来了,它总已经发现了它自己。"谈到沉沦时这个"已"又出现了:"此在作为沉沦的此在,已经从作为实际在世(In-der-Welt-sein)的它自己脱落;而它向之沉沦的东西却不是在它继续存在的过程中碰到的或者碰不到的某种存在者,而是本身属于它的存在的那个世界。"对负罪(Schuldigsein)概念的讨论的确是在备受瞩目的第二篇第三章《此在的本真整体能在与时间性之为操心的存在论意义》并以"先行"向死(或以死)为

① 利科指出了分词"gewesen"(曾在)与动词"sein"(是)在辞源上的联系,所以法语最好译为"étant été"而不是"ayant été"。

主线进行的："操心在其自身中同样原初地包含着死亡和罪责。"即便如此，罪责却是与能在相对的，罪责让能在根基于过去。"负罪因为属于此在的存在而必须[……]被理解为能有罪责(Schuldigseinkönnen)。"从一种向死亡之外的视野敞开的能在的角度而言，我要抓住这个紧密的联系。罪责如果与一个不确定的好像从背后限制住了它的期望相对，甚至还能有一个更深的意义。从这个角度看，海德格尔区分罪责与神学里的堕落状态(status corruptionis)是正确的。实际上，罪孽(die Sünde)是罪责因为从《圣经》诠注那里流传下来的一种诠释才有的一种历史存在的形式。因此，罪责与罪孽传统的关联在罪责的存在论分析的背景下成了一个自己的问题。罪责的概念必须重新获得它的广泛性，这个广泛性由遗产(Erbe)、先行具有(Vorhabe)、"指导性的先行视见"(Vor-sicht)等相近的概念来帮助维持。我坚持认为，在我对我自身的可能性(也就是对我的期望)的筹划中事先就有一种依附关系。自身的能(Vermögen)与不能(Unvermögen)事先就赋予了能在以某种确定性和取向。能在与负罪在"独立自驻性"(Selbst-ständigkeit)(自身性的同义词)中连在一起(第六十六节)。在这个语境里(在第六十五节)有一段颇为值得留意的话，在这段话中，这些围绕"已"的各种不同概念与曾在的过去联系了起来：

> 此在在其本质性的负罪中领会先行的决心。这一领会等于说：存在着地承担起负罪，作为无意义(Nichtigkeit)的被抛的根据而存在。承担被抛状态却意味着：本真地是在如其一向已曾是的那种状态中的此在。承担被抛状态却只有这样才是可能的——将来的此在能够是它最本己的"如其一向已曾是"，亦即是它的"曾是"(Gewesen)。只有当此在根本地如"我是所曾在"那样存在，此在在将来才能以回来的方式来到自己本身。此在实际上曾原本是将来的。先行达乎最极端的、最本己的可能性就是有所领悟地回到最本己的曾在来。只有当此在是将来的，它才能本真地曾在。曾在以某种方式源自将来。

人们也许不经意地注意到了"如其一向已曾是"的"如"字。这个"如"不是与证据的"如"相近吗？我要把这个推测带到我们对记忆与历史学的过去性质的研究中。这后一个"如"，海德格尔把它(在我看来，并非确当地)归在一个衍生性的(abkünftig)(所以不那么原初性的)范畴里，即历史性的范畴。

按照我的理解，问题在于：在一个记忆与历史学的现象学框架内，罪责的概念为痕迹的概念添加了什么新东西？我们在指出过去加于将来的负累时已经开始解答这个问题。但如果说罪责产生义务，所以约束将来，那么从这个角度看，罪责就不只是负累而已。遗产也包含着各种可能性。但还不至于此：如今重新考虑论文第一部分的推测，即痕迹的概念包含受事的一层意思，就像一个人受到一件突如其来的事的冲击，我想说：与曾在的过去相联的罪责的概念倾向于与这个由于某一事件的突如其来而带来的震颤状态(Betroffensein)的概念结合。那么我们可以说，那个不再存在的（但曾经存在过的）过去正因为它的不在场所以要求叙述开口。塞尔多在《历史的缺席》[①]里有类似的看法；曾在的过去因为在历史的讲述之外所以呼唤历史的讲述。这是历史学认识接近过去的想法所能得到的最有力的辩护。历史学的讨论如果依然是建构(Konstruktion)，那么这个建构应当是重构(Rekonstruktion)。如果不是那个去回应只是一个因为曾经存在过所以希望被讨论的要求的愿望，那又是什么在决定是否要重构的呢？这样我们会不会又回到我们对痕迹概念的讨论最后导致的那个无法定夺的情形？绝对不会。罪责与面向将来的能在的结合把痕迹从它认识论上的不确定状态中解脱了出来。再重复一遍：罪责产生义务。曾在向逝去了的过去提出的要求是针对将来的讨论的。这个永不枯竭的过去要求自己不断地被讲述、被撰写，要求一遍又一遍地编纂历史。[②]

在这个罪责的现象学的背景下，我想强调的是我所说的将来对过去的反作用。说历史学是回顾性的，还不足以为历史学认识最终定性，除非人们按那个普遍的看法，认为过去是不能再改变的，所以它似乎是完全确定的；按照这个看法，只有将来是不可靠的，是开放的，在这个意义上是不确定的。这只说对了一半。尽管事实的确无法抹掉，尽管人们既无法让已经发生的事情再倒回去，使它不发生，也不能使过去发生的事情没有发生过，但是，另一方面，已发生的事件的意义却并非一成不变。且不说过去的事件也能有不同的解释，由罪责与过去的关系而产生的道德上的负累便可重可轻——这要看，是有罪的指控让负罪之人为事情的无法挽回而永远痛苦，还是宽恕让他看到从自身的罪责中得到解脱的希望，这就等于改变了事件本身的意义。这个在道德与纯粹的叙事层面上重新诠释过去事件的现象便可看作是将来取向反过来影响人们对过去的阐释的一例。

---

① Michel de Certeau, *L'absent de l'histoire*, Tours: Mame, 1973.

② 不禁又要与绘画作比较，但这里再与绘画作比较并非出乎意料。人们不是在说一件成功的绘画作品“再现”了真实的风景吗？塞尚为什么决意要不断地画圣维克图瓦山(Montagne Sainte Victoire)呢？难道不是希望一组作品作为一个整体通过绘画所“再现”的东西会让自身更贴近真实的风景吗？

受将来筹划影响的记忆为历史学认识提供了这样一种反作用的模型。记忆对历史学的这种教导直接针对的是历史学方法的基调。历史学的方法按其规定性是纯粹的回顾。尽管它以研究"时间中"的人为己任,但事实上它是在研究过去的人。正像上面说过的,历史学家作为历史学认识的主体受他所处的时代的影响,对他的祖国或人类的将来,有着一些和自己同时代人相同的期望。所以,历史学家的时间性没有脱离一般历史意识的三重结构。但这些期望不是历史学研究对象的一部分。它们被尽可能远地与历史学的研究领域分开,这个——永远都不会完全的——分离是历史学家职业道德的要求:不生气、不动情(sine ira nec studio)。但这个因后来受将来筹划的影响而改变了的记忆的教诲,也是历史学家所能及的。他在处理过去的问题时,可毫不费力地使用它。历史学家可以把过去的某个时刻设想成一个曾经是现在的时刻,再一次用奥古斯丁的话来说,这是过去的人将其作为自己的过去和将来的现在来体验的一个时刻。过去的人曾和我们一样是现在能动的主体,是回顾过去、前瞻将来的主体。这点考虑在认识论上的意义是重大的。知道过去的人也曾有过期望、预感、愿望和担忧,也曾做过筹划,这意味着打破历史决定论,在回顾过去时看到历史的偶然。

这里我们碰到了一个问题,即雷蒙·阿隆在《历史哲学导论》(1938)中重点驳斥的所谓"回顾式宿命幻想"。[①] 这个问题是他在探讨历史学家借助非现实建构的方法时提出的。阿隆在这里沿用了韦伯的"个体因果归属"(individuelle Kausalzurechnung)概念,但加入了对历史因果关系中偶然与必然联系的思考:"我们所谓的偶然是指,某件事既可能有另外的解释,又不可能从此前各种情况的总的关联中推知。"这个对历史因果关系的一般性考查导致我们把对宿命幻想的批评看作是一个更一般的历史认识的一部分。这个更一般的历史认识是"复生的尝试,更准确地说,是努力把自己设想成处在事发之时,让自己成为行为者的同时代人"。

但我不只是想探讨我们从对宿命幻想的批判中能得出怎样的对认识论和历史哲学有益的结论,我们还想知道,我们从中能获得哪些治疗的可能。过去的人——正如我们所想象的,他们也生活在他们的现在中——不仅对自己的将来有一定的筹划,他们的行为也会导致事与愿违的结果,计划随之失败,希望随之落空。这样,隔开历史学家与这些过去的人的间隔便好像一

---

① Raymond Aron, *Introduction à la philosophie de l'histoire. Essai sur les limites de l'objectivité historique*. Paris: Gallimard, 1986(1938 年第 1 版), pp. 230,291.

座未被兑现的承诺的墓地。重新唤起这些未被兑现的承诺，让它们复生，不再是专业历史学家的任务，但却肯定是那些被称作“民族导师”(Lehrer der Nation)的人(其中应包括政治家)的任务。在对历史上行为者的过去重新进行构建的过程中，让过去未被兑现的承诺复生，对冷战结束后一些民族历史意识上的种种病态有治疗的意义。治疗首先针对的是一个民族——面对本民族的创始事件(Gründungsereignisse)以及历史上的创始英雄——对自身传统及所传承内容的使用。特别是对创始事件与创始人物而言，人们应该学会以另一种方式去叙述它们，同时参考别人的叙述。更准确地说，参考我们民族以外的另一个民族的历史学家的叙述，或者参考在我们文化圈的创始文化上发挥过作用的那些文化以外的另一个大文化的历史学家的叙述。从不同记忆间的这种交流出发，并以历史学叙述的互相交流为引导，恰当使用传统的问题可以被重新加以考虑。在一定意义上，传统与记忆属于休戚相关的同一类现象，有着同样的叙事结构。但迫于史学批评的压力，人们必须学会把传统这个现象一分为二，就像我们把记忆分成重复的与重构的两种记忆一样。传统作为死的存在与创伤性回忆一样产生于同一种重复性强迫(Wiederholungszwang)。借史学之力为那些未被兑现或因历史的演进未得兑现或被压抑的承诺解禁，如此，一个民族、一个国家、一个文化对自身的传统才能有一个坦直生动的把握。另外，期望能让历史意识重新取向将来，过去未做之事便可为此期望提供至为丰富的内容。如此，历史意识的另一缺陷(即缺少以将来为准的筹划能力)也获得补偿，而这一将来通常与紧盯住过去以及对丧失的名誉和遭受的屈辱耿耿于怀相伴而来。

那么，经过对记忆与史学相互交流的研究，我们最后对区分真实与忠实能有怎样的认识呢？我的答案是：此两种德行并不相互对立，二者的关系必须根据上面所讨论的记忆与史学的辩证法重新加以确定。只有归结为批判功能的历史学，才会符合追求真相的纯粹要求；只有缺少历史学批判维度的记忆，才会符合追求忠实的纯粹要求，而不加批判地诉诸传统思维往往导致如此结果。但一个被史学批判监督的记忆，其真实性如果没有被事先考查的话，它就不能再追求忠实。同样，一个被记忆推到回顾过去与筹划将来的辩证关系中的历史学，不能再把真实与忠实分开，因为忠实最终是对过去未被兑现的承诺而言的，而对于这些未被兑现的承诺，我们原本就有罪责。

一旦记忆的忠实与史学的真实此两种德行被置于一种辩证的关系当中，“历史”(Geschichte)的两个主要含义便得以和解：如果不同时“创造历史”(Geschichte zu machen)，我们便不可能“从事史学研究”(Historie zu treiben)。

阅读过去的时光：记忆与遗忘

导 论

我想引用亚里士多德的两句话作为这篇论文[①]的指导原则：一句出自论文*Περὶ μνήμες καὶ ἀναμνήσεως*（载《自然诸短篇》）："记忆是时间的一部分"[②]，另外一句出自《物理学》第四册中关于时间的章节："就本性而言，一切变化都是脱离原有的状况（Herausbringendes/ἐκστατικόν）[③]。正是在时间中，万物才生成和消灭着；因此，有些人就宣称时间是最智慧的（das Allerweiseste）；然而，毕达哥拉斯学派的帕朗（Paron）认为时间最愚钝（das Unwissendste/ἀμαθέστατον），因为在时间中，一切都被遗忘了（ἐπιλανθάνονται ἐν τούτῳ）。"[④]我的研究将游弋于这两极之间，即探讨占有时间的记忆（Gedächtnis）[⑤]和具有

① 该文系根据利科于1996年11月在马德里（Madrid）一次学术研讨会上所作的发言写成。

② "Δ ιὸ μετὰ πᾶσα μνήμη"，in Aristotles, *Περὶ μνήμες καὶ ἀναμνήσεως*, 449b. 利科翻译为："记忆是时间的一部分。"顿特的德文版翻译为："因此，每一种记忆都与时间相关。"Aristotoles, über Gedächtnis und Erinnerung, in Kleine naturwissenschaftliche Schriften (Parva naturalia)，由顿特翻译并出版，Stuttgart: Reclam, 1997, p. 88.

③ 利科将"ἐκστατικόν"翻译为"défaisant"（根除性的、毁灭性的）。

④ Aristoteles, Physik. Vorlesung über Natur. Erster Halbband: Bücher I (A) - IV (D)，由Hans Günter Zekl从希腊语译为德语，并加导论和注释后出版，Hamburg: Meiner, 1987, p. 229 (222b).

⑤ 利科依据亚里士多德区分记忆（mémoire）和回忆（souvenir）。但是，在个别地方，"mémoire"也可以译为"回忆"（Erinnerung）。

毁灭性的时间之杰作——遗忘(Vergessen)。要是说我的研究更像是对哲学疑难问题的一个述评,而不是一种有把握的建构,估计不会有人感到诧异。事实上,我认为:记忆的问题是一个被哲学家们大大忽视的问题,这种忽视始于我本人。因为我将时间直接与叙述(Erzählung)相互联系起来,从而忽视了记忆在经历时间(gelebte Zeit)与叙事造型(narrative Konfigurationen)之间的中介功能。至于遗忘,哲学家们则大多将其遗忘了(除了尼采,详见后面论述),他们仅仅将其看成记忆与之斗争的敌人,仿佛遗忘是一个深渊,记忆从这个深渊中夺取回忆。我想在此对一系列涉及记忆与过去的关联方式的棘手的问题加以梳理。在这个梳理过程中,我们将一一揭示那些与遗忘这个主题相关的困难,最后再对它们进行归类。

探讨记忆的问题往往会遇到令人窘迫的疑难问题,而这些问题恰恰又是记忆问题的核心。下面我将按一定的顺序来探讨这些疑难问题。第一个问题涉及的是中介的困难。也就是说,记忆完全可以被理解为一种个体的、私人的、内心的经验,也可以被归结为一种自始至终就是社会的、集体的、公共的现象,那么,如何在这二者之间建立联系就变得很棘手。第二个问题涉及作为没有时间索引的不在场功能(Abwesenheitsfunktion)的想象(Imagination)与回忆(Erinnerung)之间的关系,尽管回忆同想象一样,都是表象(Vorstellung),但是,回忆却在本质上与过去相关,而且要求忠实地再现过去,即纯粹的不在场与时间距离之间存在着怎样的一致性,又有着怎样的差异?第三个问题与在涉及记忆对于构建个人或集体身份的关系的地方提出好像是病态的想法的合理性相关:人们不是抱怨这个地方的记忆太多,而那个地方的记忆又太少吗?滥用记忆的方式是怎样产生的?如上所述,随着对记忆问题的逐步精确化,遗忘的问题也将逐渐形成;最后,我们也将对这个问题进行专门探讨。

第一章 个体记忆与集体记忆

重忆与纪念

第一章主要处理预先提出的两个问题中的第一个，即探讨“集体记忆”(kollektives Gedächtnis)是否合理以及其在多大程度上是合理的。首先，我将列举反对把记忆概念扩大到群体、集体、民族等层面的重要原因。尽管“集体记忆”这个概念乍看上去没有充分的根据，但是，我们后面的全部讨论都需要以这个概念为前提——至少以一种相似的方式：历史学[①]不正是求助于集体记忆来纠正它的吗？历史学不正是试图通过集体记忆来疗治个体记忆的伤口吗？在文章的第一部分，我将致力于探讨认识论上的不适，这种不适主要是由于给予记忆的个人性和私密性以优先地位而产生的。在第二部分，我将质疑这种优先地位，并提出一个关于个体与集体记忆交互结构的更全面的模型。

一、个体记忆具有优先地位？

(一)我们首先来听一听对记忆概念的完全个体和私人的用法的辩护。个人记忆的专有性看来可以用三个特征来刻画。首先，记忆似乎的确是极

① 在下文中，根据上下文，法语的“histoire”分别被译为“历史学”(Historie)或“历史”(Geschichte)；形容词“historique”相应地被译为“历史学的”(historisch)或“历史的”(geschichtlich)。

其个别的。甚至用洛克(Locke)的话来说,记忆本身是个人身份认同的一个标准。[①] 我的回忆同您的回忆不是一回事。我们无法将一个人的回忆转移到另一个人的记忆中。洛克认为记忆是个体身份在时间中的延伸(Ausdehnung),在这种延伸作用下,我"本人才如同我自己"。在这种意义上,我们才能够将记忆作为主体亲历经验的"个我性"(Jemeinigkeit)模式。其次,意识对于过去的原初联系植根于记忆中。自奥古斯丁以来我们就知晓并宣称这一点:回忆是过去的在场。[②] 在《内在时间意识现象学讲座》[③]中,胡塞尔说的无非也是这一点。与"预存"(Protention)相对称的"持存"(Retention)这个术语说明了过去被保留在现在当中。这样,记忆保证了人在时间上的连续性。这种过去与现在之间的连续性使我能不间断地由当前经历的现在一直回溯到童年的遥远事件。当然,为了使自己的想象多少有点鲜活性,我可以或多或少地跨越某些大的时间段而直接关涉过去的某个事件。但是,只有借助于时间的连续性,我们才能获得现在与所回忆事件之间多少存在的那种较大的距离感。当然,一方面我们需要对形形色色的回忆加以某种区分,另一方面,记忆具有不可间断的连续性,而如何把这二者统一在一起,依然是关键之处。或许可以说,回忆分布于知觉层面(Sinnebenen),分布于群岛之上,可能因为条条深渊互相隔离开来;而记忆则是一种穿越时间、在时间中回想的能力,在这一过程中,原则上没有任何东西禁止这一运动的不间断进行。接下去我们将看到,对复数的回忆与单数的记忆之结构的叙事性再接受是如何解决区分与连续性这个问题的。从这个角度来说,胡塞尔为我们提供了宝贵的支持:奥古斯丁并没有细分近的和远的过去,而胡塞尔则将刚刚逝去的、从某种意义上而言仍然属于现在一部分的过去同重忆起来的过去区分开来。即使现在通过持存得到扩展,所回忆的过去也只能属于表象,而不再属于现在。这样,我在回忆童年时代时,感觉这些事情仿佛发生在另外一个时代。毋庸置疑,这种陌异感(Anders-und Fremdwerden)可以说就是把对各时间段的区分固定下来的东西。而历史学就是在时间顺序的基础之上进行这种区分的。在这个过程中,尽管这种差异性引进了区分所

---

① 参见 John Locke, *An Essay concerning Human Understanding*, 由 Peter Nidditch 出版,Oxford: Clarendon Press, 1975 (首版 London 1690), 第 1 卷,第 10、27 章.

② 参见 Sancti Aureli Augustini Confessionum Libri XIII,由 Lucas Verheijen 出版(Corpus Christianorum, Series Latina XXVII),Turnhout: Brepols, 1981(重点第 11 章).

③ Edmund Husserl, *Zur Phänomenologie des inneren Zeitbewußtseins* (1893-1917), HUA X, Den Haag: Martinus Nijhoff, 1966; 学生版:*Texte zur Phänomenologie des inneren Zeitbewußtseins* (1893-1917), 由 Rudolf Bernet 导读并出版,Hamburg: Meiner, 1985.

回忆时间的单位和时段的元素，但是，所回忆的过去与现在之关系的两个主要特性却并没有因为这种差异性而受到损害。也就是说，既没有损害时间的连续性，也没有丧失回忆的“个我性”。最后，记忆是方向感在由过去至将来的时间长河中定位所需要依附的东西。对这一点的分析，我在这里暂不涉及，因为我们将在对历史意识（第三节）的更全面的分析中深入探讨过去与将来的对立性（Polarität）。

（二）尽管个体记忆拥有这些不可转让的特性，但不考虑认识论上的困难的话，很难不追溯到集体记忆的概念。法国社会学家莫里斯·哈布瓦赫（Maurice Halbwachs）在一本题为《论集体记忆》[①]的书中为集体记忆进行辩护。该书是一部未竟之作，在作者身故后于1950年出版。在这部遗作中，作者再次论及了曾经在《记忆与其社会条件》[②]中重点强调过的论点。也就是说，如果我们为其弊端而痛心的民族主义重视共同的回忆，而这些回忆又能够赋予所谓的集体身份以鲜明的特征，赋予它一个种族的、文化的或者宗教的身份，那么，问题并不是不可解决的。第一个事实是，人们并不是单独进行回忆，他们是借助于他人的回忆而回忆。此外，我们所谓的回忆经常是我们从别人讲述的故事中借用而来的。最后，或许这也是最关键的一点，我们的回忆嵌入到通过纪念会而进行的集体叙述之中，而之所以召开这些公众纪念会，是为了纪念支撑我们所属群体的历史发展进程的具有重要影响的事件。对人们所称的完全共享的回忆的仪式化使哈布瓦赫有理由从每一个体记忆中找到“展望集体记忆的远眺点”[③]。然而，意欲在这个地方逆上面所提到的回忆的“个我性”之想法而行之，假设记忆存在一个集体主体，这一步欲进弥艰。因为那将意味着，一个群体的集体记忆所完成的保存、组织、唤起回忆或再现功能与赋予个体记忆的功能毫无二致。哈布瓦赫似乎并不打算真正检验它的前提条件就想迈出这一步。

显而易见，一方面是随主体意识的现象学而来的记忆现象学，另一方面是记忆自始就在公众领域为之发挥作用的记忆社会学，这远不止是一个进退维谷的两难选择。

（三）人们通过局限于否定集体记忆概念的任何原初性（Ursprünglichkeit）并赋予它有效的概念的地位，可以尝试摆脱这种尴尬境

---

① Maurice Halbwachs, *La mémoire collective*, Paris: Albin Michel, 1997 (1950年第1版).

② Maurice Halbwachs, *Les cadres sociaux de la mémoire*, Paris : Albin Michel, 1994 (1925年第1版).

③ 《论集体记忆》: 31。

地，而不必重新质疑自奥古斯丁至胡塞尔一直作为记忆现象学基础的主体性哲学。我们可以从胡塞尔在《笛卡尔沉思录第五》[①]中所阐述的跨主体性现象学中找到支撑这样一种对待集体记忆这个概念的保守做法的证据。在该沉思录的最后几段，他引入了“更高秩序人格”(Personalität höherer Ordnung)的概念。他用这一概念来描述起源于跨主体关系的高级客体化过程中的集体来源的实体。所以，如果我们忘掉这些实体产于其中的构造过程，将其当作具有与我们首先算作个体意识的特性相近的个性的主体来对待，那就足够了。胡塞尔赋予了每一个与自我(das eigene ego)相关的他我(alter ego)以类比性(Analogiecharakter)，而我们则可以将这种类比性扩展到这些跨主体关系的客体化的产物中。基于这种通过类比而进行的转移(übertragung)，我们就有理由应用第一人称的复数，赋予我们(Wir)——不管这个“我们”指的是谁——以彰显记忆的一切特性：过去和将来的“个我性”、连续性、对立性。在让跨主体性承担构造集体实体(kollektive Entitäten)的全部负累的假设中，关键的一点是：永远不要遗忘，只有通过一种类比法，同时联系个体的意识与记忆，才有可能将集体记忆解释为一个蓄存对有关群体的历史进程产生影响的事件所遗留下的痕迹的贮存池；才有可能赋予集体记忆以权力，在节日、礼拜仪式、公众庆祝会时大张旗鼓地进行这种共同的回忆。这种通过类比的转移一旦得到认可，任何东西都将阻挡不了将这些更高秩序人格解释为拥有谈论其时间性或历史性的回忆的主体。简言之，将回忆的“个我性”类似地一直扩大到共同占有我们的集体回忆的观念中。这足以在群体的现象学存在中给予撰写的历史以联结点。“精神气质”与各文化的历史所要求的并不比这少，也并不比这多。

二、个体与集体记忆的交互式结构?

人们可能会问，这种由个体记忆出发推导出集体记忆的方法是否能够完全忠实地再现现象学的检验。这种检验更多地会导致产生一种个体记忆与集体记忆的同时的、相互的、交叉的结构的想法。

社会学家上面所谈的内容涉及的是最初的简单经验，我们可以通过几

① Edmund Husserl, *Méditations cartésiennes. Introduction à la phénoménologie*, Paris : Vrin, 1990(1931 年第 1 版).

个来自精神分析治疗的出色经验强化它们。精神分析治疗是我们第二章中重点着墨的内容。患者对创伤性回忆的再唤醒好像并不是自然而然发生的，而是会遇到障碍，只有借助于第三者的参与才能排除这些障碍。关于这一点，我们可以说，是第三者向患者"颁发了回忆的许可"（精神分析学家玛丽·巴尔玛利语）。这种许可的作用在于，帮助患者——或许称为"接受精神分析者"更好——将症状、幻觉、梦境用语言描述出来……这种语言表述或表达是在语言游戏（Sprachspiel）中进行的，然而这种语言游戏却属于叙述秩序：故事与症状本来同生活故事中的其他碎片一样，被叙述出来。但是，这种语言的传授却不能嵌入到以一种原本私己的意识为出发点的推导过程中；自始它就具有社会的和公众的本质。当这种语言传授还没有被提升到文学叙事或者历史叙事的地位时，叙述首先出现在相互交往的日常谈话中；此外，这种叙述使用的语言自始就是大家所通用的语言。最后，我们与叙述的关系首先是一种倾听的关系：别人给我们讲述故事之后，我们才能够获得讲述的能力，更不要说讲述自己的能力。这种语言及叙述的传授要求对个体记忆占优先地位的论点作出重要修正。看来必须重新提出质疑的是意识——主要指个体意识——与记忆之间的相像（Gleichung）。

我们可以先设想一下，对重忆的古典分析与经过长时间的内化（Verinnerlichung）在终点所出现的一种意识有关（德语的"回忆"[Erinnerung]这个词就证实了这一点。黑格尔在《哲学百科辞典》[①]关于主体精神的部分中谈论过这个词）。在沉思默想这一层面的这边，记忆仿佛在精神生活的前反思（präreflexiv）能力中自我延续并植根于其中。与这种能力相对应的是狄尔泰（Dilthey）的生活关联（Lebenszusammenhang）概念：这是一种"性命攸关"的关联，叙述（Erzählung）为这种关联刻上了一种"叙事关联"（narrativer Zusammenhang）的记号。上面提到的自我回忆的障碍以及我们将在第三章中探讨的那些现象仿佛恰恰就是在记忆的这一层面发挥作用。而通过语言表达的中介或者我们上面所说的通过第三方的帮助、允许或授权恰恰决定了由此一生活关联向属于内心记忆的叙事关联的过渡。人们还可以更加根本地扪心自问：（作为个体意识的原始事实的）记忆的现象学与主观唯心主义所强调的内向性的伟大传统有没有联系，以及是否应当把支持个体记忆对于集体记忆的优先地位的辩护词归咎于与这种伟大传统的联系。因此值

① G. W. F. Hegel, *Enzyklopädie der philosophischen Wissenschaften im Grundrisse* (1830). 第3卷：Die Philosophie des Geistes. Mit den mündlichen Zusätzen。由 Eva Moldenheuer 及 Karl Markus Michel 出版，Frankfurt a. M.：Suhrkamp，1986.

得怀疑的是记忆与意识之间的相像。

海德格尔在《存在与时间》[①]中所阐明的历史性概念早在齐美尔(Simmel)时以及西南德学派的新康德主义(Neukantianismus)中就已被提出并研究过,而从这个意义上来说,这一概念仿佛很适合用来消除潜在的唯心主义假说。在这里,对这个或那个群体尤其是这个或那个民族的从属感,就成为主体间关系的重要连接环节以及这些关系在更高级别的共同体中的具体化,而这些共同体则被直接看成是归属主体。汉娜·阿伦特就是从共同生活的愿望(das Zusammen-leben-wollen)中发现了政治权力的源头,如果我们将胡塞尔意欲从个体意识中导出集体记忆的尝试用历史性概念来解释的话,那么,这种共同生活的愿望也就可以理解了。在这样一种新的基础之上,个体与集体记忆具有同时的、相互的而且交叉的结构的现象学才更有说服力。

三、历史意识

如果坚持以这种严格对称的双向方式将记忆的概念既赋予个体又赋予集体的话,那么要引入科塞雷克在《过去的将来》[②]中所阐明的历史意识与历史时间的概念就是可能的。这部著作研究的正是应用于历史时间与历史意识这些概念的哲学语义。

我接受科塞雷克作品中的以下三个观点:第一个观点涉及经验空间(Erfahrungsraum)与期待视阈(Erwartungshorizont)的基本对立性。"经验空间"可以理解为所有过去流传下来的东西的整体,它们积淀下来的痕迹给将我们引向将来的各种预期如愿望、恐惧、猜测、计划等提供了植根的土壤。但是,没有哪一种经验空间不与期待视阈相对立;反之,任何期待视阈都不能简化为经验空间:这两极之间的辩证法保证了历史意识的能动性。第二个观点:经验空间与期待视阈之间的交换贯穿于一个文化的鲜活的现在。而这个现在却不能简化为时间线上的某一个点,处于此前与此后之间的一个简单的切面。如果那样的话,它就只是指某一个瞬间,而并不是鲜活的现在。只要这种鲜活的现在富有刚刚过去的过去(vergangene Vergangenheit)

① Martin Heidegger, *Sein und Zeit*, Tübingen: Niemeyer, 1993.

② Reinhard Koselleck, *Vergangene Zukunft. Zur Semantik geschichtlicher Zeiten*, Frankfurt a. M.: Suhrkamp 1995 (1979 年第 1 版).

和直接面临的将来，那么它就提供了经验空间与期待视阈之间的这种辩证关系。第三个观点：历史意识的能动性源于在时间长河中取向的感觉。这种取向首先从期待视阈中获得它的第一个动力，而期待视阈则也相关地影响经验空间，不管是损害了它还是丰富了它；最后，这种期待视阈赋予现在的经验以某种意义（Sinn）或无意义（Sinnlosigkeit），而这种意义或无意义最终又赋予历史意识以质的价值，这种价值不能简化为仅仅是按年月顺序排列的时间之维。

在这里，我们再一次碰到了上面已经提及但没有深入展开的记忆问题的第三个方面。只有与历史意识这个概念联系起来，这个方面才能得到全面的认识。个体意识与集体意识的对立性进入历史意识的内部。实际上，在历史意识广泛的辩证法背景中，过去与现在是不可割裂的，而将我们这几章中所研究的记忆、历史、遗忘、宽恕这一系列问题与这种背景联系起来，则显得尤为重要；需要强调的是："历史的"（geschichtlich）这个修饰语在这里并不是指某一门学科，并不是指历史学，而是指人的存在方式，或者像人们所说的那样，指历史性的存在方式的性质。为什么要超出关于过去的过去性质（la passéité du passé）这个问题的讨论框架？因为我们所考查的一系列规定的所有环节都与过去相关，因为过去只有在与将来的关系中才能获得它的曾经存在（Gewesen-sein）和不再存在（Nicht-mehr-sein）这个双重意义。所以，把即将为过去的过去性质所遮蔽的这种考查扩展到一个广泛的辩证法的内部很有必要。在这种辩证法中，与将来的关系比与过去的关系更有效。在某种意义上，我们后面几章所要探讨的受伤记忆的所有治疗学正是以现在与将来的关系超越现在与过去的关系为支撑。

第二章　想象与记忆

第二个疑难问题涉及的是记忆与想象之间的关系。“回忆图像”(Erinnerungsbild,image-souvenir)这个词很流行,然而,这个词既不可或缺,同时又可能给人以误导。实际上,我的论点是:人们承认上述两个过程都具有再现某个不在场事件的共同功能之后,必须将二者脱钩,通过记忆的时间维度来更加准确地定义记忆;通过这种方式,我们可以用完整的意义将亚里士多德的句子复述出来:“记忆是时间的一部分。”记忆的这一特性,即记忆能够显示所回忆之事的时间距离,必须在反对想象对记忆问题的领地持续几个世纪之久的殖民过程中重新夺取回来。

事实上,我们必须回溯到柏拉图,才能理解这个问题对另一个问题的统治地位。εἰκών(图像)这个概念无论是单独使用还是与φάντασμα(幻象)这个概念共同使用,都已经在有关诡辩家、诡辩术以及有关错误的原本意义上的本体论特征的对话中出现了,从一开始就确认这一点至关重要。通过这种方式,如果联系到对其考查的哲学氛围的话,那么图像以及记忆从一开始就值得怀疑。苏格拉底问:诡辩家怎么成为可能?诡辩家的诡辩以及最终蕴涵在不真(das Nicht-Wahre)中的非存在(das Nicht-Sein)怎么成为可能?此外,要将问题进一步复杂化,那么εἰκών的问题从一开始就与印记(Abdruck/τύπος)、蜂蜡的问题联系在一起,而错误要么被解释为标记(Zeichen, σημεῖα)的擦除,要么被解释为疏忽,与某一个将步子迈进错误的脚印里的人的疏忽相似。同时我们看到,遗忘的问题甚至在一开始就被以双重含义提了出来:作为痕迹的擦除,作为在场图像对如同印章在蜂蜡上留下的印记缺少相像。值得注意的是,记忆与想象自这些基本的文章出现之始就经历了相同的命运。从问题的这个出发点来看,亚里士多德的记忆是时间的一部分的断言就更加值得注意。

我首先想讨论一下εἰκών的命运。人们为了描述所看到或者所知晓的但是在回忆时却既看不到又不知晓的事情的在场图像，曾经使用过印记、标记（σημεῖα）等词汇，也使用过小图像（εἴδολα）的概念。在《智者篇》中所提出的εἰκών理论恰恰能够助我们一臂之力，揭开在《泰阿泰德篇》的这个句子中所总结的不在场的在场之谜："如果对于某个标记（σημεῖον）存在感知（παρῆ），而对于另外一个标记却没有感知[……]，将缺失（ἀπούσης）感知的标记与所存在的感知放在一起，那么，思考的灵魂必然陷入错误（ψεύδεται）之中。"①这里比较冒险的是作为对痕迹再辨认的回忆的在场和不在场的辩证关系。错误的可能性在这种悖论中是存在的。从那时起，所有的空间都被一个问题所占据：εἰκών是什么意思？什么是相似性？在这个地方，想象的问题就开始遮蔽记忆的问题。我认为，相似性的问题实际上是通过图像以及通过回忆以不同的方式提出来的。谈论我们所回忆的东西与以前的东西是否相似到底有什么意义？"在此前"（πρότερον）这个表述中已经蕴涵了时间。但是，对图像与它的原型之间的相似性的质询在一定程度上抵消了对此前性（Vorherigkeit）的提及，而在我们马上将要探讨的亚里士多德的论文中，这一点却不完全是这么回事。

我们选取《智者篇》中的关键文章为例，在这篇文章中，柏拉图将模仿区分为忠于事实的模仿和欺骗性的模仿。这个讨论的框架与《泰阿泰德篇》的框架非常接近：诡辩及其制造错觉的艺术如何成为可能？陌生人与泰阿泰德在下面这一点上观点一致，即诡辩家——总是关于他的——原本是存在和真相的仿造者，是制造存在者的仿造品（μίμητα）和同音同形异义词（ὁμόνυμα ）的人。这里有一个绘画的比喻，这个比喻可以从绘画技巧转用到语言技巧（εἴδολα αεγόμενα；狄艾[Diès]将其译为"过去的虚构"[des fictions parlées]）中，这些语言技巧能够产生"那种仿佛所说的就是实际真相的幻象"②。所以，我们处于技术领域中，处于模拟技术的领域。另外，这种模拟技术并不将想象与魔法相互区分开来。柏拉图在这个确定下来的框架内使用他所喜欢的区分方法：一方面是τέχνη εἰκαστικὴ（狄艾将其译为"复制艺术"[art de copier]）："它的本质在于人们在制造仿制品时都保持了原件的长、

① Platon，*Qeaíthtov*；德文：Theätet，in *Sämtliche Dialoge*，由 Otto Apelt 翻译选编，第 IV 卷，Hamburg：Meiner，1988，p. 116.

② Platon，*Sofistäv*；德文翻译：Sophistes，in *Sämtliche Dialoge*，由 Otto Apelt 翻译选编，Hamburg：Meiner，1988，p. 61-62. 利科引用的是狄艾的翻译：Platon，Sophiste，in *Œuvres complètes*，由 Auguste Diès 翻译出版，第 8 卷，Paris：Les Belles Lettres，1956.

宽、高的比例，而且还为每一部分都添上原有的自然颜色”；而另一方面是柏拉图称为“φαντάσμα”的幻象。也就是说，在这儿把*εἰκών*与φαντάσμα对立起来，也将“忠于事实的”艺术与“幻想的”艺术对立起来。记忆问题的独特性消失了，被下面这个问题排挤到了幕后：应当赋予诡辩家以什么样的位置？陌生人承认了他的尴尬境地。这样，模拟的全部问题就陷入了窘迫之中。要想从这种窘迫中解脱出来，人们必须继续向前迈进，直到接受非存在（Nicht-Sein）的事实。

现在，亚里士多德的这篇论文*Περὶ μνήμες καὶ ἀναμνήσεως*必须被纳入到上面所说的这种矛盾的、辩证的关系中。为什么是双重的关系？这绝不是要将保留痕迹与它的唤起回忆区分开来，而是为了在静态的（如当前思想中存在的记忆）与动态的思想（如人们通过中介性回忆链的回溯所寻找的回忆）之间划一道线。我们先把第二个思想搁置一边，集中来讨论第一个思想，即铭记在心，完全同回忆脱离。需要强调的第一个特征就是回忆的单向到达（σνυμβαίνει）的被动、接受的一面（πάθος）。但是，我们应当集中讨论的决定性特征则通过第一个关键句凸现出来：“回忆是过去（确切地说是逝去［γενομένου］）的一部分。”[①]在后面的章节中，我们将回忆海德格尔为了表示过去者（das Vergangene），用曾在（Gewesenheit）来指称过去（Vergangenheit），在回忆的基础上，我们再转过头来探讨这个翻译所带来的问题。目前我们坚持这种观点——柏拉图所极力强调的不在场同样也为亚里士多德所强调：“人们抛开事情而回忆”（ἄνευ τῶν ἔργῶν）[②]，就像德语中把事情（Sachen）与东西（Dinge）区分开那样。而实际上，这个概念涵盖了人们感知到的、学会的、因而在这之前已经获得的一切内容（ἕξις被与πάθος联系了起来）。但是，关键的问题恰恰不在于被回忆的是什么，而在于与流逝的时间的关联：“当时间流逝时。”（γένηται）[③]因此，上面所引用的γενόμενου就是时间本身。由此而出现

---

① “’Η δ□ μνήμη τοῦ γενομένου”，Aristoteles，*Περὶ μνήμες καὶ ἀναμνήσεως*，449b. 利科将其译为：“Le souvenir (mnémè) est du passé (plus exactement du devenu).”（回忆是过去的一部分）顿特的德文版翻译为：“Von Gedächtnis kann man nur in Bezug auf Vergangenes redden.”（谈到记忆，必然与过去相关）Aristotoles，über Gedächtnis und Erinnerung，in *Kleine naturwissenschaftliche Schriften*（*Parva naturalia*），由 Eugen Dönt 翻译并出版，Stuttgart：Reclam，1997，p. 87.

② 449b；德文版第 87 页。利科将其译为：“On se souvient sans les choses.” 顿特的德文版翻译为：“Hat man aber Wissen und Wahrnehmung ohne konkrete Objekte，dann spricht man von Erinnerung.”（如果人们抛开具体的对象而获知或感知，那么这就是回忆）

③ 449b；德文版第 88 页。利科将其译为：“Quand le temps s'écoule.” 顿特的德文版翻译为：“［…］ wenn Zeit vergangen ist.”（当时间流逝时）

他样性的原本感觉：记忆来自于其他东西（而不是来自于事情本身），但是有一定的时间距离。在经历与回忆之间，时间已经流逝。这并非意味着亚里士多德放弃了*τύπος*（印记）的问题，或者放弃了*εἰκών*（图像）的问题。他很坚决地重新拣起了这一个个难题，但是他试图通过赋予“回忆图像”以双重地位从苏格拉底的争论领域中获取这些概念；这就如同绘画艺术，人们既可以将画看作画本身，又可以将其看作代表另外一件事的某个东西。亚里士多德说，φαντάσμα（幻象）“是他样性的一部分”[①]。这种双重地位为出现错误的可能提供了解释，而柏拉图的文章就是研究这种解释的。这篇文章被认识论与本体论的争吵闹得沸沸扬扬，而诡辩家的存在则证明了这种争吵的根源所在。然而这样一种分析已经不是亚里士多德的事情了；所以，在μνήμη（记忆）的定义中，重点在于对时间的提及。在这种联系中，第二个关键句——超脱于“记忆依赖于逝去而存在”之外——是：“任何记忆都与时间同在。”（μετὰ χρόνου）即不与事情本身同在，而是与时间同在。在这里，亚里士多德走得很远：根据《物理学》第四册中的分析，人们不仅仅经历不在场事情的曾经存在，而且还经历时间本身。这个分析引入了时间经验的思想，这种时间经验建立在区分两个时刻及其间的时间间隔的基础之上。如此，被柏拉图称为“哲学困境”的在场的不在场标准中就添加了时间距离的标准：“[……]每当记忆中出现我们看到、听到或者学到某些东西的时候，我们就同时感受到此前（πρότερον）；而此前与此后（ἐν χρόνῳ）都在时间之中”[②]——亚里士多德如是说。结合不在场事情的他样性，我们从记忆与时间——确切地说是与此前性——直接相关的这种特性描述中能够得出什么结论呢？

第一个结论将是鼓励我们在克服时间距离的基础上重建记忆现象学。这并不是像胡塞尔那样占领时间纵深，因为他把持存或者直接回忆和与所经历的现在不再有什么联系的原本意义上的重忆区分开来，而是占领与现在仍然混在一起的过去和与现在保持鲜明距离的过去之间的差异。这样就对间距化（Distanzierung）进行了分层，以柏格森的习惯性回忆（mémoire habitude）为出发点——在这种习惯性回忆中，过去仍然内含于现在，并没有

---

① 450b；德文版第91页。利科将其译为：“Le phantasma est de l'autre.”顿特将其翻译为：Das phantasma ist “von einem anderen abhängig.”（幻象“依赖于另外一个东西而存在”）

② 450a；德文版第89页。利科将其译为：“On sent, dit Aristote, qu'on a vu, entendu, appris auparavant, antérieurement. Or l'avant et l'après sont dans le temps.”顿特将其翻译为：“[...] immer wenn im Gedächtnis auftritt, daß wir etwas gesehen, gehört oder gelernt haben, empfinden wir das Vorher mit; und Vorher und Nachher setzen Zeit voraus.”（[……]每当记忆中出现我们看到、听到或者学到某些东西的时候，我们就同时感受到此前；而此前与此后都以时间为前提）

在表象层面上与它区分开来——一直到通过它已完成的过去性质而辨别出来的回忆。从这方面而言，失去经验就成为克服时间距离过程中不可避免的过渡点。后面我们将建议借助于弗洛伊德的“回忆活动”(Erinnerungsarbeit)和“悲伤活动”(Trauerarbeit)这两个概念对此进行讨论；与失去客体的和解在这里确认了对过去作为流逝之过去的认可，而且[1]恰恰在对它的再现之中。我们隐约意识到，遗忘在克服时间距离中能够起到什么样的中介作用。

第二个教训是：对亚里士多德式的□νάμνησς而言，独具特色的追寻过去提出了证明记忆与想像脱钩的真相要求。如果说我本能地感觉到想象倾向于虚构、不真实、虚幻、可能的话，那么记忆则主要关心的是精确与忠实。柏拉图将模仿艺术的两个极端区分为忠于事实的(εἰκαστтικὴ)艺术和幻想的(phantastisch/φανταστικὴ)艺术，通过这个著名的区分，他首先认识到记忆的这种认识论。而现在，只有前者以追求真相为目标；我们刚才顺便强调了一下“ἀλὴθινος”这个形容词，狄艾将其翻译为“忠实的”(fidèle)。读者可能在此会提出异议，认为记忆不太可靠。弗洛伊德曾不断提到他年轻的维也纳女患者们自称的对诱骗的回忆的真实性问题。记忆的蒙蔽太显而易见了。但是，如果记忆不以它原本的追求真相(而想象则并不追求真相)的方式(即精确和忠实)为目标，那么，我们会指责记忆蒙骗了自己和我们吗？我认为，记忆理论在这个地方主要受到我通过想象的殖民化所称的记忆理论的殖民化的损害。实际上，从柏拉图对他归因于*εἰκών*的诡辩术的批判出发，我们可以一直追踪到蒙田(Montaigne)、帕斯卡尔(Pascal)和斯宾诺莎(Spinoza)对想象的诱骗性及虚假性特征的揭发。然而，想象的[2]欺骗性与记忆的欺骗性不同，它是对真实与非真实混淆，可以说，是想象的幻觉化倾向，这种倾向使想象作为δόξα的欺骗性发源地，作为对每一个μίμήσις，对每一个纯粹拷贝式的模仿所具有的危险，而遭到嫌疑。而记忆的欺骗性则不同，所蒙蔽的东西是曾经的存在(das Gewesen-sein)，是在*εἰκών*(我们此处保留亚里士多德的概念)这种他者面前所曾经发生过的。换言之，记忆的错误毫无例外地与人们回忆时不在场的事情有关，与此前性，与时间距离，与回忆中所固有的“与时共在”(mit der Zeit)有关。之所以弄错，是因为人们追求的是真相，是精确，是忠实。那么，从记忆的这种要求(claim)出发，现在就需要向第三个疑难问题进军。

---

① Sigmund Freud, Erinnern, Wiederholen und Durcharbeiten, in *Gesammelte Werke*, Bd. 10: Werke aus den Jahren, 1913-1917, 由 Anna Freud 出版, London: Imago, 1946, pp. 125-136.

② 利科将其写成“vie réelle”(真实的生活)。

第三章　受伤的记忆与历史

一、受伤的记忆的形态：创伤与滥用

第三个疑难问题是我们下面所要反思的对象，我称之为“受伤的记忆”的难题。只要我们看到世界上众多地区所呈现出来的对记忆的集体的和公众的操作景象，那么就有责任来探讨这个难题。看起来好像这儿的记忆太多，而那儿的记忆又太少。怎么会是这样呢？这个疑难问题与记忆的使用有关，尼采的第二个《不合时宜的思考》的标题使我们想到这一点。如果说使用记忆的方式有多种，那也是建立在个人和集体的身份认同的脆弱性基础之上的。托多罗夫(Tzvetan Todorov)曾就滥用(Mißbrauch)记忆的方式写过一本出色的小书，这些滥用方式首先与各民族的认同障碍有关。身份认同问题是一个专门的问题，我们将在别处加以讨论。这个问题涉及对“谁?”以及“我是谁?”等问题的回答；这个问题贯穿了整个语言、行动、叙述以及道德归因的秩序。关于身份认同危机可以从三个方面来考查：首先它与时间相关，确切地说是与自我在时间中的独立自驻性[①](die Selbst-Ständigkeit)相关。滥用的第二个来源在于从面临不同和差异的那一刻起就存在的与他人的竞争以及对身份的真实的或想象的威胁。除了这些很大程度上是象征性的伤害之外，易受伤害性还来源于在建立主要是集体身份认同时的暴力的参与。在记忆病理学的幕后，人们一再发现记忆和历史与暴

---

① Sigmund Freud, Trauer und Melancholie, in *Gesammelte Werke*, Bd. 10: Werke aus den Jahren, 1913-1917, 由 Anna Freud 出版, London, Imago, 1946, pp. 426-446.

力之间的关联。对死于非命的恐惧迫使人由“自然状态”转向缔结一个能首先给予他安全保证的契约，霍布斯（Hobbes）认为政治哲学出自这样一种原本状况是很有道理的。同样，没有哪一个历史共同体（historische Gemeinschaft）不是诞生于人们可以不假思索地与战争相提并论的情况。我们作为建国大典所庆祝的本质上而言都是暴力行为，这些行为事后由尚不稳固的法制国家予以合法化。对一些人而言是荣誉的东西，对另外一些人而言就是侮辱。一方的庆祝对应的是另一方的诅咒。所以在集体记忆的档案中所存储的伤害并不都具有象征意义。

个人或集体身份认同容易受到伤害的来源如此之多，与这些来源联系起来，记忆就可以被从其使用（不管是过度使用还是不完全使用）的角度加以探究，而且还与内涵于记忆的工具化中的遗忘直接相关。

到底是哪一个哲学难题提出了这个关于滥用记忆的问题？首先，我想就引入像伤害（Verletzung）、创伤（Trauma）等的病态学或准病态学标准的合理性加以讨论。这些标准显然很难与上面提到的忠实、准确、真实等认识论的标准相协调一致。正是为了突出这一困难，我才将这个难题称为“受伤的记忆”。为了在这种困难中辨清方向，我想追溯一下弗洛伊德值得注意的两篇文章并把二者联系起来说，这里涉及的是悲伤与抑郁之间所存在的某种形式的对立，涉及的是不同感情投入的“经济”层面上的对分以及在此种意义上的活动的两种不同方式之间的对分。弗洛伊德所注意到的第一个矛盾是抑郁时“自我感情”的减少，而悲伤时“自我感情却没有受到干扰”。由此出现了这个问题：悲伤时进行了什么样的活动？回答是：“现实的检验显示，所爱的客体不再存在，现实要求将所有的里比多（Libido）从与该客体的联系中抽取出来。然而却遭到一种可以理解的抗拒。”后面就对这种驯服在现实面前向里比多所要求的巨大的“时间和能量消耗”进行了仔细的描述。为什么有这么大的消耗？因为“失去的客体在精神上依然存在着”。里比多通过回忆与期望与失去的客体保持联系，而回忆与期望的过量投入则对进行这种清理所需付出的高代价负有责任：“对现实中每一种情况的细节描述就是悲伤活动！”

那么，悲伤为什么不能是抑郁呢？是什么将悲伤变为抑郁？将悲伤变为一个正常的尽管也是痛苦的现象的，是“是自我（das Ich）在悲伤活动结束后重又获得自由，不再有何障碍”。我就是打算从这一方面出发使悲伤活动与回忆活动互相接近。如果说抑郁活动在这篇论文中与重复性强迫在上一篇论文中所具有的策略地位相符的话，那么我们就可以推测，只要悲伤活动是回忆活动，那么它就是花高价换来的一种解脱。悲伤活动是回忆活动的代价(Preis)，而回忆活动是悲伤活动的收益(Gewinn)。在我们从中得出能够看到的结论之前，让我们先来看一看，抑郁活动对此前对悲伤活动的描述有哪些补充性的指导作用。如果我们再次从开始时关于自我感觉(Ichgefühl)在抑郁中被削弱的说明出发，那么就可以说，在悲伤时，世界显得空洞、贫乏；与此相反，自我本身在抑郁中却表现出其原本的意义：自我在它的自我贬抑、自我谴责、自我批判和自我藐视的打击下受挫。但这一点并不是一切，也不是主要的。针对自己的这些谴责难道不是为了掩盖针对爱之客体(Liebesobjekt)的谴责？“他们的抱怨(Klagen)就是谴责(Anklagen)”，弗洛伊德大胆地写道——是对爱之客体的拷问式谴责，是能够进入到悲伤的最深处的谴责。弗洛伊德提出了一个假设：谴责通过削减客体投资使向自我的倒退变得轻松，同样使自己与他人的分歧向自我折磨的转变也变得轻松。我们不再继续追随弗洛伊德进入到他关于客体之爱向原始自恋的回归以及直到里比多的口部阶段原本是精神分析的研究中——即抑郁的那种“向从症状上来看正好相反的狂躁状态突变”的倾向。弗洛伊德在他的研究过程中也是非常谨慎的。我们仅限于下面这个引用：“所以，抑郁的一部分特征是从悲伤中吸收的，而另外一部分特征是从自恋式的客体选择向自恋的回归过程中吸收而来的。”

现在如果思考从抑郁中能够得出关于悲伤的什么教训的话，那么我们就必须返回到大家所熟知的弗洛伊德曾经称为“对我们自己的认可”的那种自我感觉。在他人面前的羞愧是抑郁者所根本不具有的：因为他过于沉醉于自我了。据此，自我赏识与羞愧应当是悲伤的相互联系在一起的组成部分。弗洛伊德将其表达出来：“意识审查机关”(Bewußtseinszensur)这个词表达的即是被称为“普遍良知”的机关，它与“现实检验共同属于大的自我机构”。这个解释与上一篇文章中讨论分析者任务时放弃表演并且在回忆活动中所说的内容存在联系。需要补充说明的是：如果在抑郁中抱怨就是谴责的话，那么，悲伤在它所具有的特定标准的条件下不也能从中产生一个既限制谴责又限制掩饰了谴责的自我谴责的标准吗？最后，而这或许才是最重要的，抑郁显示出来的抱怨与谴责之间的接近不正揭示了恋爱关系的那种将爱与恨结合在一起一直到悲伤的双重特征吗？

借助于悲伤的积极结果——与抑郁的灾难相反——我想通过弗洛伊德诸多著名文章中的一篇来打断一下这种短的通道：“抑郁还为我们提出了其他的问题，这些问题中，有的我们还回答不了。至于它在某一特定的时间范围之后停止下来，而并没有留下有据可查的重大改变，这一特点它与悲伤都具备。我们在那里得到答复，要对检验现实的情况即自我在经过哪一种活动之后重又从失去的客体那儿获得释放出来的里比多进行细节描述是需要时间的。我们可以想象，自我在抑郁过程中经历的是一种类似的活动；无论这边还是那边，都还没有对这一过程的经济的理解。”我们忘掉弗洛伊德这种坦白的解释，而紧紧抓住他的临床治疗理论：悲伤的时间并非与分析者在从重复向回忆过渡这方面所要求的忍耐没有关联。回忆不仅仅以时间为指向，而且它还需要时间——悲伤的时间。

我们现在回到开始时提出的那个问题，将弗洛伊德在上述两篇文章中予以讨论的病理学范畴转用到集体记忆与历史的层面，在多大程度上是合法的。可以从两方面来寻找辩护，即从弗洛伊德这方面以及从历史意识这方面。

从弗洛伊德这方面而言，我们可以找到对远远超出精神分析领域的情景的各种提示，既有回忆活动的，也有悲伤活动的。这一扩展与期望完全对应，只要在精神分析治疗中被唤起的每一个情景都与他者有关——不仅仅与“家庭小说”的他者有关；而且还与精神社会的他者有关；甚至可以说，与历史情景的他者有关。弗洛伊德也没有放弃诸如此类的推断：例如在《图腾与禁忌》、《摩西与一神教》、《一个幻觉的将来》或者《文化中的没情绪》中。甚至在他的可以说是私人的精神分析中也有一些是不在场的精神分析，对施列伯(Schreber)医生的那个精神分析就是其中最著名的分析。关于《米开朗基罗的摩西》以及《莱奥纳多·达·芬奇孩提时代的一段记忆》我们应该说些什么呢？我们不应当受到这方面顾虑的阻碍。正如我们在哈贝马斯(Habermas)的某些早期论文中所看到的那样，通过精神分析的一些特定的、新的、与注释学接近的诠释，这种转用变得简单了；这里，精神分析在非象征化(Desymbolisierung)与再象征化(Resymbolisierung)的概念中被重新措辞，而交际在社会科学领域里被系统地曲解的作用得到了强调。[①] 尚未得到回答的唯一的异议与得到认可的治疗医师在人际关系中的不在场有关。但是，难道我们不可以说，在这种情况下，公众空间为讨论提供了与上面在治疗者与被治疗者的关系中被称为“活动场地”相当的等价物吗？

“滥用记忆”(Gedächtnismißbrauch)这个概念所提出的哲学上的第二个

---

① 参见 Jürgen Habermas, *Moralbewußtsein und kommunikatives Handeln*, Frankfurt a. M.: Suhrkampf, 1983.

难题与解决这些困难的治疗学有关。我还是坚持使用弗洛伊德在这两篇文章中所使用的活动的概念(Arbeitsbegriff):回忆活动与悲伤活动。这个概念不仅蕴涵了要遭遇这些困难的含义,而且还包括了我们对此负有责任的含义。弗洛伊德自己也并没有忽略这一观点,这可以从他有关修通的治疗建议中得到证明。实际上,使用(Gebrauch)与滥用(Mißbrauch)的概念与对这一活动的不正常使用相联系,它们促使记忆工具化想法的形成。这样的一种工具化取决于韦伯(Max Weber)为了与价值理性(Wertrationalität)相区别而称为"目的理性"(Zweckrationalität)的东西。哈贝马斯则致力于将伦理交际层面与单纯的使用与策略层面区分开来。使用记忆的方式构成这两种理性形式的核心,也构成这两个交际层面的核心。在应用于回忆的活动概念中包含着一些思考的、约定的和目的性的成分,这一点可以从滥用记忆的方式得到证明,而这些方式则通过一种人们甚至可以称为"滥用的持久的纪念政策"与回忆手法(而且主要是对荣誉和耻辱的转换的回忆)联系起来。托多罗夫在这方面毫不退让。这种工具化、这种操作是通过回忆与遗忘的哪个领域而进行的呢?主要是通过回忆的选择性。这个特性我们还没有探讨过。在这里,我们碰到了一个棘手的问题,即对遗忘的考虑周到的使用。正如尼采在他那篇著名的论文开头所强调的那样①,遗忘无疑是一种必然性。但它也是一种策略,首先是叙述策略——在叙述的组织过程中,通过这种策略将遗忘与回忆联结起来。所以,记忆的工具化过程主要通过回忆的选择而进行。但是,怎样才能使用好选择的这种危险的权力呢?

由追求记忆真实的愿望所提出的认识论上的难题通过与病理学及治疗学范畴的比较而变得更加复杂。在这里,这个问题与道德的甚至政治的难题相重叠,刚才在有关纪念的狂热中我们已经有所提及。道德的难题在不准遗忘这个信条的概念中就提出来了。犹太教的经典托拉②中说:禁止遗忘(Sechor)。为什么?出于各种不同的原因,这些原因与集体的和个体的身份认同的结构问题联系在一起。我们在上面早就说过,这是为了保持身份的认同,在时间中甚至在逆时间及其"毁灭性"力量中保持身份的认同(关于时间的"毁灭性"力量,在我们论文前面所提到的亚里士多德的那篇谜一般的文章《物理学》中曾经探讨过)。人们不允许遗忘,首先是为了防止威胁到事件遗留下来的痕迹的一般性毁灭。为了保留身份认同之根,为了维护传统

① 参见后面第142～144页。

② Torah,即摩西五经。——译者注

与革新的辩证关系，人们必须尝试保留这些痕迹。当然，在这些痕迹中，也同样存在着历史的暴力进程强加给牺牲者的伤害。人们之所以不允许遗忘，第二个原因（或许首先）是为了继续向历史上暴力的牺牲者表示敬意。在这种意义上，可以说，记忆受到了威胁。从政治意义上说，记忆能够受到威胁并且已经受到威胁，比如受到极权政府的威胁，这些政府实行一种真正的记忆审查制度。通过这种方式就产生了不正常使用选择权的做法，而这种选择权本身则被用来服务于反对遗忘这一指示的反面。托多罗夫说：解决这一问题的方法需要从对过去的强调转向对将来的强调的过程中寻找[①]，他说的不无道理。只有在罪行的示范意义中，伤害记忆的永久重复才会终止，这种示范意义与更严重罪行的无与伦比的可怕性并不矛盾。我不打算沿着这个思路继续讨论下去。这些简略的思考与人们可以称为“记忆政治”的东西相关，这种政治的目的在于建立一种诸如公正的记忆文化一类的东西。

我想将重点更多地放在记忆本身为公正的回忆的这种伦理与这种政治所提供的可能性上。我们在回忆活动与悲伤活动之间所建立的这种联系，允许我们将上面关于克服与过去之距离的思考纳入到我们当前关于使用记忆与滥用记忆的思考当中。我们先前所说的失去成为克服时间距离的最困难的经验。记忆的过多与过少是同样的不足，即过去存在于现在之中：当代的一些历史学家称之为“不愿逝去的过去”；这是一种依然存在于现在之中的过去，甚至可以说像鬼魂附体一样与现在形影不离。按照弗洛伊德的说法，这是重复的时间——这个意思与克尔凯廓尔（Kierkegaard）的用词完全不符。同样也是悲伤活动的这种回忆活动与这一时间断裂开来。我所以如此强调记忆在与这些滥用方式的斗争中所提供的可能性，目的在于让历史学担负起批判的所有重任。如果说历史学在关于记忆的不足方面真正能够具有批判功能的话（这不仅意味着关于记忆的疏漏，而且还意味着关于记忆的伪造），那么之所以如此，是因为历史学与记忆本身所具有的间距化功能相联系。

---

① Tzvetan Todorov, *Les abus de la mémoire*, Paris : Arléa, 1995, pp. 37-38, 42-50.

二、历史学的批判功能

历史学与对回忆的探讨的断裂表现在三个层面：文献层(dokumentarisch)、解释层(erklärend)和阐释层(interpretierend)。我们将概要地揭示真相概念(Wahrheitsbegriff)在每一个层面上的不同命运，以区分历史在每一个层面上的批判效果。所以，在不同的研究视角中仔细区分哪些视角可以归入“批判历史学”的名目下很重要。

这些处理方式中的第一个与认知历史学相关，这种认知取决于“来源”并且以“文献凭证”为其目标。该方式决定这些文献凭证的可靠程度。第二个处理方式针对的是历史学解释某些事物的需求，在这一基础上，它以确定历史学本身所具有的科学性的方式为目标。这一处理方式与康德所说的批判的意义最为接近。第三个处理方式主要关注的是写作的现象，有一些作者称之为“历史撰写”(écriture de l'histoire)。这样一来，历史学就被归入了文学的领域，从而被赋予“历史编纂学”这个确切的名称。这三个批判的方式可以分别对应下面三个基本概念：研究、解释、描述。下面我们将依次加以探讨。

寻找文献凭证本身就已经可以称得上是批判了，因为这种寻找需要对过去的证据进行仔细的检验。布洛赫在其《为历史学辩护》一书中明确地将历史定义为“由痕迹而得来的认识”[①]。这一限制建立在下面的事实基础之上，即在他看来，历史绝对是研究“时间中的人”[②]的最好的科学。确切地说，历史是一门研究逝去事物状况的回顾式科学，它所研究的逝去的事物除了痕迹以外其他什么都没有留下。而研究时间中的人的科学就是建立在这些痕迹的基础之上的，这些痕迹本质上就是“见证者的报告”。所以，“历史学研究”和“批判”——这分别是其第二章和第三章的标题——基本上探讨的是证据的类型学与范畴学问题。批判主要(甚至完全)存在于对真实性的检验，即寻找欺骗与歪曲的地方，看是否弄错了作者和日期，是否弄错了所报告的事实，或者看其是否剽窃或杜撰，是否是对偏见和谣言的加工与散播。如果能够赋予历史现象以心理特征的话——这里的心理是指世间男女在过

---

① Marc Bloch, *Apologie pour l'histoire ou Métier d'historien*, Paris: Colin, 1974.

② Marc Bloch, *Apologie pour l'histoire*，出处同上，p. 36.

去所经历的事情的广义上的心理，那么，痕迹与证据就更加接近了。如果历史上的男女与我们充分相似，那么我们就可以设想通过与他们同时代者有意无意留下的证据来理解他们。如果我们再进一步将我们的兴趣转向解释和写作，那么我们将看到，这并不具有解决"由痕迹而得来的认识"这个概念所提出的难题的作用；它的作用更多地在于，在强调它的疑难特征之前，首先扩充它的应用范围。所谓的扩充主要是指把文献的概念扩大，使之远远超出书面证据的概念。历史学家所感兴趣的文献资料首先是专门收集在档案中的文献——由政治力量或者其他意欲保存其发挥作用之痕迹的所有机构所发动。对今天的历史学家而言，所有的东西都可以成为文献——市场报告、价目表、教士名册、遗嘱、统计数据库等等。随着文献历史而出现的困难源于保罗·韦纳(Paul Veyne)所称的"问卷延长"(Verlängerung des Fragebogens)[①]；这种问卷延长受建立标准值假设的支配，而这种假设则是所调查的现象在各种联系内部所采取的。关于这些联系的本质，我们将在下一章加以研究。如果我们注意到延长问卷的首要影响的话，那么，研究与解释的这种联系将表现得更加明显：这种影响是，需要对适于列为文献的残留物进行严格的挑选。在这个意义上，除了这些以外，其他的都不能称为文献，尽管过去的每一点残留物都有可能是一个痕迹。

第二个困难与历史事实的概念相关。历史的批判概念告诫我们要提防产生错觉，即认为人们所称的事实与真正发生的事实完全吻合——仿佛事实就蕴藏在文献中，只等着历史学家将其发掘出来。这种错觉长期以来支撑了一种信念，认为历史事实与实验自然科学的经验性事实没有原则性区别。我们后面还要探讨解释与写作，我们必须抵制住诱惑，以防止历史事实在叙述中以及叙述在与虚构无法区分的文学作品中消融；同样，人们从一开始就必须避免混淆历史事实与真实事件。事实并不是事件本身，而是一个以再现该事件为目的的陈述的内容。在这个意义上，人们就必须总是这样写道：(这件事或那件事)所发生的事实(die Tatsache, daß)。对于这样理解的事实我们可以说，历史事实是由将其从一系列文献中发掘出来的这一处理方式所建构而成的；而对于这些文献而言，我们又可以说，是它们创造了事实。(通过复杂的文献处理方式对)事实的建构与(建立在文献基础之上的对)事实的确定二者之间的这种交互性将历史事实独特的认识论状况揭示了出来。这并不妨碍以"……的事实"(Tatsache, daß)的方式表达事实的

① Paul Veyne, *Comment on écrit l'histoire*, Paris: Seuil, 1971, pp. 253-254.

陈述可以是真实的，也可以是虚假的。在这一意义上，文献历史学以其自己的方式为疗治历史作出贡献。它所研究的事实是可以验证的，或者按照波普尔(Popper)对该概念的理解，是可以伪造的；纳粹在奥斯维辛使用了毒气室来杀害千百万的犹太人、波兰人、辛提人与洛玛人，这要么是真实的，要么就是虚假的。正如人们将看到的那样，波普尔的真相标准越来越难以应用在从文献历史向解释和阐释过渡的过程中，即便这是真实的，历史叙述造型层面上的独立性加强了与构成历史细节的事实相关的孤立陈述的真相要求。概而言之，这个层面上的批判作用主要在于揭露虚假的报告。不管它曾经是什么样子，它仍然是对书面或者口头证据的批判。至于后者，在当前时间中的记忆里以及在开头所提及的记忆与历史的冲突中，口头证据都有着举足轻重的作用。然而，只要离开了口头环境而进入书面环境中，口头证据就与日常对话中的证据的作用不完全一致了，这一点很重要。我们可以说，记忆自己被归档了。一个被归档的回忆就不再是原本意义上的回忆了，这是被纳入与意识的现在具有连续性关系以及对其具有归属性关系之中的某种东西。它逐渐变成为一个文献痕迹的状态。它能够被历史意识所关注和追溯，当然也属于痕迹。但是，它首先是一种遗留下来的痕迹，如同动物的足迹一样。从这一特征而言，它已经具有了某种公众性。此外，它附加的档案状态则又赋予它以机构的维度——与职业历史学家的专业状态相关联。

历史与记忆断裂的第二条线是：历史意欲解释，从对起因(Ursachen)的研究(这层意义或多或少与自然科学及其他人文科学中使用的意义相符)或者对某人做了某事的动机(Motive)与根据(Gründe)的研究这双重的意义上来解释。通过赋予解释的概念以双重意义，我们将文德尔班(Windelband)、狄尔泰(Dilthey)、李凯尔特(Rickert)、齐美尔时代关于理解(Verstehen)与解释(Erklären)之间的古老论争视为已经过时了。我们毫不费力地拥有了全面的由韦伯所引入的解释性理解(das erklärende Verstehen)的概念。我们援引一位较近时期的作者赖特(G. H. von Wright)，他在一本名字恰恰为《解释与理解》[1]的书中做了一种综合的尝试。赖特从本质上展示了，在源自行为理论的干预概念中，行为者所直接理解的行为能力(das Tun-können)与完善的因果体系的结构条件联系起来，而正是人的干预使得这些因与果

① Georg Henrik von Wright, *Explanation and Understanding*, London: Routledge & Kegan Paul, 1971.

发挥作用。因此，历史理论可以理解为行为理论的一种形式（作为干预理论）：基于一种被理解的“我能”（ich kann）与依赖于解释的因果链之间的联系，就有可能将与意图相关的目的论解释和与体系状况相关的因果解释在历史层面上相互联系起来——在一个使目的论要素与因果论要素相互发生关系的混合模式中联系起来。毋庸置疑，在这个解释层面上，历史本身所需要的科学性与自然科学的科学性明显不同。然而，甚至在“解释”的第二重意义（有根据的解释）中，历史的批判精神也在由韦伯在他的关于梅耶（E. Meyer）论文的讨论中所描述的处理方式中表现出来：历史学家通过想象进行工作，他先假设所猜想的起因的不在场；然后再考虑历史很可能是怎样发展的，并将这种假设的发展过程与历史的真实的发展过程加以比较。[①]“个体的因果推论”这一决定性的一步强调了历史解释与日常对话的“随便”（wild）解释的间距化。一言以蔽之：如果说文献性历史与波普尔将真相当作伪造的理论模式还相符的话，那么，解释层面上的历史则不再是这样。一旦存在将同样的事实相互联系起来的多种可能性，那么历史就更多地建立在一种或然逻辑的基础之上。能否说基于雄辩术中使意义、重要性、反驳、证实、同意、赞同等通用概念发挥作用的标准，一种解释比另一种解释更有可能？将解释性历史与或然性逻辑联系起来并不意味着它的批判功效受到削弱。我们不要忘记，在基于理智必然性基础的令人信服的证据与经过语言的艺术加工的诡辩之间，或然性处于二者之间的中间地位。历史的批判功能不仅没有因为与或然性逻辑联系起来而受到丝毫削弱，相反，它的批判与疗治功能甚至还得到了加强。在这一层面上，精神就已经习惯于同一些事件拥有多样的相关叙述并开始练习“别样地叙述”（anders erzählen）。这还不是全部：相互对立的联结可能性之间的对峙可以由一种固定的教育学意图所支撑，即学习如何从我们的立场和我们群体所不熟悉的立场出发来叙述我们自己的历史。“别样地叙述”，但也同样允许自己“被别人叙述”。

在宏大历史叙事的艺术加工层面，如米什莱（Michelet）、布克哈特（Burckhardt）、布罗代尔（Braudel）或者傅瑞（Furet）等作者的历史巨著，历史与记忆之间的断裂更大。以前我曾经将布罗代尔的《腓力二世时代的地中

① Max Weber, Kritische Studien auf dem Gebiet der kulturwissenschaftlichen Logik, in *Gesammelte Aufsätze zur Wissenschaftslehre*，由 Johannes Winckelmann 出版，Tübingen：Mohr，1968，pp. 215-290.

海和地中海世界》[1]一书称为宏大历史的典范。该书关于地理以及社会现象的结构解释的间接手法简直使其成为一部伟大的戏剧创作，而该剧中最重大的事件就是地中海在政治上的死亡。[2] 在《叙述逻辑：一项关于历史学家语言的语义分析》[3]一书中，安克史密特（Ankersmit）的观点是，这些伟大的叙事作品（他称之为"历史叙述"[narrationes]）每每都是无与伦比的著作，摆脱了反驳的逻辑（而历史学家的工作在文献层面以及一定程度上也在通过起因与根据进行的解释层面上都取决于这种逻辑）。历史叙述通过其整合事实（这些事实最好在受限的解释关联的框架中被加工）的能力，以及它们视角和视域（scope）的开阔而证明了自己，并因此而进入一种辩论领域。一个宏大的历史叙述（narratio）是以较高的可信度与可能性提交给专家和受过教育的读者进行讨论的历史叙述。无论是民族史，还是断代史，抑或是某一领域的专门历史（人口统计史、经济史、政治史、文化史、宗教史等等），人们都将满足于在这些"宏大历史"方面重复刚才在局限于有限的事件关联的解释历史方面所说过的内容。然而，只要这些"宏大历史"将大量事件集中于通常被赋予一个专有名词的大单位（如文艺复兴、启蒙运动、法国大革命、冷战等等）当中，那么，它们就又提出了一个新的难题。这种通过专有名词进行的个性化诱导形成一种很强的认同，而这种认同一般通过赋予创始事件以标准值而得到强化，并且不仅对于这些大单位的分期而言如此，而且对于它们屡屡被称赞地提及而言同样如此，这种称赞性的提及为纪念和仪式化提供了理由。这里，批判的历史不仅要与集体回忆的偏见作斗争，而且还要与官方记忆（mémoire officielle）的偏见作斗争，因为官方记忆的偏见承担了"科学记忆"（mémoire enseignée）的社会作用。这样，集体和群体所要求的身份认同就遭到危险；这种认同在官方历史方面起到辩护的作用。战争就这样被搬进了历史的内部，处于批判历史和官方历史的中间。最困难的并不是"别样地叙述"，也不是允许"自己被别人叙述"，而是别样地叙述我们集体的首先也是民族的身份认同的创始事件；但是，最最困难的仍然是让这些建立事件"为别人所叙述"。在集体认同这个层面上，想必人们就可以造出

---

① F. Braudel, La Méditerranée et le Monde métiterranéen *à* l'époque de Philippe II, Paris: Colin, 1949, Paris: Colin, 1979.

② 参见 Paul Ricœur, Temps et récit, Tome I: L'intrigue et le récit historique, Paris: Seuil, 1983, p. 146.

③ F. R. Ankersmit, *Narrative Logic: A Semantic Analysis of the Historian's Language*, Den Haag/Boston/London: Martius Nijhoff Publishers, 1983.

“作为他者的自身”(das Selbst als ein Anderer)这种表达来。[①]

三、记忆向历史表明什么

在上一节中，我们重点探讨了历史在记忆方面的批判功能。因此，与记忆相比，历史被赋予优先地位。那么，这是否意味着，用贝达里达(Bédarida)的话来说，真相的德行不可避免地使忠实的德行黯然失色了呢？如果说在这种辩证关系中，最终由历史决定一切的话，那么上述情况就会出现。然而，记忆却拥有历史无法据为己有的特权：即记忆将历史学作为一种纯粹回顾式的学科纳入历史意识的活动之中，科塞雷克曾在“经验空间”与“期待视阈”的对立性基础上对此作过描述。我们回忆一下，科塞雷克的出发点是，这两者无法相互替换，而是处于一种或多或少充满矛盾的相互交流的关系之中。然而，这种辩证关系本身也是一种悖论，这种悖论对记忆之于历史的功能的反作用是不难辨认的。这种悖论就是：人们说，过去已无法改变，从这种意义上来说它好像是确定的；相反，将来被认为是开放的、尚无定数的，从而也是不确定的。显而易见，这是一种悖论。

① 参见 Paul Ricœur, Soi-même comme un autre，详细出处参见前面的注释。

第四章　遗忘与宽恕

一、遗　忘

遗忘的问题比人们认为的要广泛得多。人们往往轻易地满足于认为遗忘就是回忆的反面，是回忆的敌人。而纪念（Gedenken）的职责在于和遗忘作斗争。遗忘作为一种威胁：记住过去，不要遗忘它。尽管如此，但我们仍然承认存在一种合适的遗忘，我们甚至为遗忘大唱颂歌。这两种对立的观点如何才能相互统一起来呢？

在我看来，首先应当区分一下遗忘的两个层次：在深层，遗忘涉及的是铭刻在心的记忆、对回忆的保存；在可见层，遗忘涉及的是作为唤起回忆（rappel）和重忆（remémoration）功能的记忆。下面我们对这两个层次一一进行考查。

（一）深层的遗忘

在铭刻在心的深层，遗忘已经具有非常复杂的形式，分别属于相对立的两极。这两极中的一极是无情的遗忘：它不只限于阻碍（或者影响）回忆的唤起（“您姓什么来着?”）；它的目的在于，擦除人们所学过的或者所经历的东西的痕迹。它甚至还削弱对回忆的铭刻。它与印记这个概念中的古老隐喻——我们在柏拉图和亚里士多德那里已经读到过的印章在蜂蜡上留下的印记——所表达的内容相对立。擦除痕迹的意思是使其化为尘灰。在亚里士多德的《物理学》里，损耗（usure du temps）的隐喻从属于φθορά（衰落）这个元范畴，从而也从属于γένσις（诞生、产生、形成），因而获得了一种与这个概念更加相符的标准值。在那以后，这个隐喻又被应用到探讨记忆与遗忘的论文《论灵魂》和《自然诸短篇》中。在一个更加基本的层面上，亚里士多德将遗忘的这种毁灭性力量归咎于时间的那种恶性效果。所以，我们在关于时间的卓有启发的分析中能够看到这样一种惊人的解释："因此，他觉得有的事情随时间而飘逝，正如我们通常所说的那样：'时间使它消逝'，'一切都随着时间而衰老'，但[我们]却不说：'[由于时间而]学会了'，或者'它变年轻了'、'变漂亮了'。因为就其本身而言，时间更多地是衰落的推动者；如果说时间是运动的数字的话，那么，变化的运动却使现存的事物发生根本变化。"[①]借用热力学语言来表达的话，可以说这是普遍熵[②]，即向着失去一切获得的、掌握的东西的方向前进。从这一视角来看，与遗忘——甚至是与遗忘的某种文化——的斗争在无情的失败之背景下，就像是一场掩护退却的战斗一样。

然而深层遗忘还有它另外的一极，这一极或许称为"无法忆及之遗忘"更好；这就是对创始(Gründungen)的遗忘，对其最初建立(Stiftung)的遗忘，而这种创始从未成为人们可以回忆起来的"事件"；这是我们永远也无法真正经历但却仍然使我们之为我们的东西：生活的力量、历史的创造力、起源(Ursprung)。我猜想，希伯来的戒律"禁止遗忘"可能是指一种回忆活动——其目的在于：把在我们之前很久就已经发生因而从未成为一个"事件"的东西变成一个"事件"。罗森茨威格(Franz Rosenzweig)在《救赎之星》[③]中也以这样的话语谈到了创造。作者很谨慎地使用了中间标题："事物的创造或者永恒的根基"。在这一意义上，创造永远追随着我们。起始(Anfang)绝非一个完全过去的开始(Beginn)，而是一个永远持续不断的起始。远古的过去以一定的方式隐藏于上帝启示的现在之后(你，爱我吧！)，也可以说，隐藏于天国期望的将来之后——而不是在一种期望的现在或者另一种期望的将来之前。在这里，我们超越了任何的线性叙述，或者如果可以说是叙述的话，那么这就是一种打破了任何时间顺序的叙述。在这一意义上，每一个起源的建立某个事物的力量不能归结为一个可以确定的起始，这种起源都属于创始遗忘的领域。

---

① Aristoteles, *Physik IV*, 12, 221a-221b, 翻译：Hans Günter Zekl, Hamburg: Meiner, 1987.

② Entropie，意指不可逆之转变。——译者

③ Franz Rosenzweig, *Der Stern der Erlösung*, *mit einer Einführung von Reinhold Mayer*, Frankfurt a. M.: Suhrkamp, 1996.

通过深层的、起源的遗忘的这两种形态，我们谈到了哲学思考的神话基础；谈到了导致人们将遗忘称为“Λήθη”的原因；也谈到了赋予记忆与遗忘作斗争的力量。柏拉图的重忆与遗忘的这两种形态相关。它产生于第二种遗忘，即产生于不能将诞生擦除而重忆却能够接近的东西。所以，学习人们从未停止地以某种方式知道的东西是可能的。保存式遗忘对毁灭式遗忘。这里面或许隐藏着解决海德格尔悖论的答案，这个悖论很少受到重视，即遗忘使得回忆成为可能：“正如期望首先建立在现有事物的基础之上那样，回忆是建立在遗忘的基础之上的，而不是相反；因为在遗忘的模式中，曾在状态首先‘开启’了失去忧烦者‘外貌’的此在能够回忆于其中的视野。”[①]如果人们考虑到海德格尔在关于过去的术语方面作出的一个重要决定的话，那么这种表面上的悖论就不解自明了；关于将来与现在，他保留了大家所熟知的通用词汇，但是关于过去，他抛弃了日常的语汇，决定用时间词“存在”(sein)的完成时分词曾经存在(gewesen)将过去(Vergangenheit)称为“曾在状态”(Gewesenheit)。这一决定极其重要，它消除了多义性，或者说消除了语法上的歧义：对于过去者，我们说它不再存在，但是它曾经存在过。使用“过去”这个词，我们强调的是它的消逝、它的不在场状态。可这是与什么相关的不在场？与我们意欲施加影响将其“弄到手”(zur Hand/zuhanden)的意志相关。而曾在状态则完全强调的是其在与每一个可确定时间的事件的关系中的此前性，不管它是否被回忆起来还是被遗忘。这种此前性存在于过时的过去(passé dépassé)概念中，我们是感觉不到的。没有什么能够影响不再存在的事物没有曾经存在过。与作为曾在状态的过去相关的是海德格尔所说的“需要回忆”的那种遗忘。如果从无法忆及的来源而不是从无情的毁灭的意义来理解遗忘，那么人们就可以领会这一表面上的悖论。为了支持这一观点，我们可以再后退几行，到海德格尔将遗忘同重复联系起来的那一节。他认为，其联系在于“此在能够接纳[……]已经存在者”[②]。通过这种方式，“来向自身”(Auf-sich-zukommen)与“回来”(Zurückkommen)之间产生了连接——如同科塞雷克在历史意识层面将期待视阈与经验空间连接起来一样，而海德格尔则将这种连接视为衍生的。无论是被抛状态(Geworfenheit)，还是罪责(Schuld)，抑或是衰落(Verfallen)，它们的共同性在于都包含有时间指示词“已”(schon)的意思，在“已”的周围，有一系列相关的词汇——

① 《存在与时间》，第 339 页。

② 《存在与时间》，第 339 页。

曾在、遗忘、最本己的能在、重复。

概而言之,如果“曾在”在包含于过去概念的意义内与“不再存在”相比拥有优先地位的话,那么遗忘就具有积极的意义。曾在状态从遗忘中创造了那种呈现于回忆活动的无法忆及的存在。[①] 从这一联系来看,相对于过去而言,偏爱曾在是具有决定意义的。这就出现了一个问题,如何才能使研究历史的过去的历史学家也这样做呢?不再存在与曾在是如何在其中联系起来的呢?

(二)遗忘与唤起回忆

在比上一个层次稍浅的层次上,记忆和历史与遗忘相关:之所以说这个层次没有那么深,是因为它涉及的是对人们通常称为“重忆”或者直接称为“回忆”的东西的唤起,而不是铭刻在心、保存或者保留在记忆中。我们现在从“保存式”记忆,从“留存下来的”回忆转向“唤起”某事的记忆,转向“返回式”回忆。过去的在场与不在场概念在这一层次上(与基本性遗忘的本体论相反)具有了严格的现象学色彩:这是一种在反身意识层上的出现—消逝—再出现的运动。

在这里,精神分析理论是一个使人混乱的谜语,因为谈论的是被压抑的过去,而精神分析理论无论在创始性的远古事物的本体论层面,还是在从方法上使意识远离其领域的那种遗忘的现象学层面,都没有立足之地。这种中间层对我们而言非常重要,因为我们在第三章探讨过“重复性强迫”现象,关于这种现象,我们说它与回忆相背离:“表演”取代了回忆。海德格尔用“曾在状态”取代了“不再存在的”过去,那么,使弗洛伊德的无意识(das Unbewußte)与“曾在状态”建立邻近关系,则是后海德格尔派精神分析法重新诠释的任务;因为过去在“当下上手性”的非本意观点下有一种与消逝者合而为一的倾向。被压抑的东西(das Verdrängte)与仅仅被移除的因而没有被考虑的东西相比,其不可支配性和不可上手性更加令人怀疑——例如只有“形式”而没有被知觉的“原因”。被压抑的东西属于仅仅通过一种活动而被意识到的那些本能的经济。就“无意识的”这个词与隐蔽的(das Verborgene)、潜藏的(das Versteckte)相关的意义而言,就作为未被注意到的

① 可以对《存在与时间》中所有出现“遗忘”(Vergessen)这一表达的地方加以研究。它首次出现是关于不要遗忘,在这部开创性著作的第一行:“所说的[追寻意义的]问题今天已经被遗忘了,尽管我们的时代把再次肯定‘形上学’视为时代的进步。”这是怎样的一种遗忘?是对无法忆及的事物的遗忘?还是仅仅因为疏忽和逃避现实而遗忘?

(das Nicht-bemerkte)、由于缺乏专注而未能觉察到的东西(das Nicht-wahr-genommene)的更加极端的意义而言,专注与不专注的现象学尚无法与无意识现象相提并论。或许在宾斯万格(Binswanger)那儿以及在海德格尔与"存在主义精神分析法"的代表之间进行的对话里能够找到一种使无意识与"曾在状态"发生关系的方法:根据《存在与时间》中的思想,"曾在状态"是遗忘的一个前提,而不是相反,那么这种思想是不是因此将获得一种有趣的新意义呢?而我们的历史学研究对这一点也很感兴趣,因为我们的研究是对一种患病的记忆进行批判,因为患病的记忆只有通过一些范畴才能被领会,而回忆活动就是根据这些范畴发现自己面临的是我们不能控制的力量。

在我们由根本向越来越远的派生前进的过程中,或者说在由深层逐渐走向可见的过程中,我们遇到了遗忘的一系列方式,这些方式可以被归列于消极的遗忘与积极的遗忘之间。

刚刚我们在本能的深层所探讨的关于重复性强迫的东西,在表层症状上表现为消极的遗忘。抗拒是深层的,但是弗洛伊德所说的"取代"回忆的付诸行动(acting out)可以被定义为一种消极的遗忘。在第三章我们表达了这样一种猜想,即各群体、国家的集体记忆是病理学现象的一个傀儡,这些现象与等同于遗忘的"本能疏泄"现象有相似之处。我们当时只是局限于将我们从精神分析治疗中得到的几个建议转用到还不是很保险的社会的和政治的治疗上:首先是那些与忍耐相关的建议,这种忍耐是政治纲领面对此类发泄的象征性构成所必须具有的;然后是那些向我们患病的共同体成员呼吁拿出勇气承认其病理学现状并接受这种现状的建议。

对我们的研究而言具有同样意义的是逃避现实式遗忘(oubli de fuite)所采用的那种半消极半积极的方式,(在萨特看来)这是一种不坦率的表现;这是一种回避策略,它受一种阴暗意志的驱使,不去探听、不去调查在相关市民周围所发生的罪恶事情:简言之就是不想知道(Nicht-wissen-wollen)。西欧和欧洲其他地区已经上演了一出这种狭隘意志的悲剧。我们在本书的导论中对此已经有所暗指,我们当时就已为一部分人过少的记忆而痛惜。我们认为,这种记忆的缺乏无法通过另一部分人的记忆的过多而得以平衡。这种记忆的过少可以被认为是一种消极的遗忘,因为人们不能将它说成缺乏回忆活动。但是,只要它是一种回避的、躲避的、逃避的策略,那么,它在这里就是一种模棱两可的——积极的和消极的——遗忘方式。作为一种积极的遗忘,这种遗忘隐含了一种责任,而人们将这种责任归咎于所有不作为场合中的玩忽职守"行为"。在这些场合中,一个被启蒙的、真诚的意识事后

会意识到，人们本来应该而且能够知道——或者至少应该争取知道。

通过选择式遗忘我们就跨入了积极遗忘的门槛。从某种意义上说，回忆的选择从铭刻在心的事物的损耗的深层就已经开始了。从这一角度而言，这种遗忘在唤起回忆以及重忆的派生层面上被证明是令人舒适的。人们无法回忆所有的东西。一个滴水不漏的完备记忆对于清醒的意识而言，是一个不可忍受的负累。除了我们上面所探讨的亚里士多德赋予时间本身的那种瓦解作用外，在无意识层面，在本能冲动层面，通过压抑而出现了畸形。选择方式则又以遗忘的这种深层或者中深层的活动为出发点，这些选择方式随着我们上面所说的狄尔泰称为“生活关联”的东西的扩大而出现。选择式遗忘的方式就是在深层遗忘与可见遗忘、消极遗忘与积极遗忘相互叠摞的层次基础之上展开的，而这些方式与“叙事关联”的叙述与构造联系在一起。这一种遗忘本质上属于虚拟创作：在叙述时，人们必须把所有的从被赋予优先权的那个虚构的角度看来没有意义的、不重要的事件、转折点、插曲忽略掉。以另一种方式叙述的可能性来源于这种将积极遗忘一起算入回忆活动的选择活动。历史学在它与叙述相关的基础之上采纳了这一选择性活动。这种采纳在文献层面就已经开始了：并非每一个痕迹都值得追踪、最先被保存与归档。无论是哪一个机构，支配其建立档案的机构化理应受到有关其选择政策的询问。与政权公开的或者隐瞒的权谋背道而驰的意识形态批判在这里拥有其合法的地位，而政权的兴趣在于将其发挥作用的书面痕迹保留下来。这种意识形态批判与所有历史的倾向相悖，恰恰在于它是记忆的一个批判功能，这个功能是将其组织成一个需要二级批判(Kritik zweiter Ordnung)的官方历史。在归档过程中出现的所有的“健忘”(Vergeßlichkeiten)都可以成为以二级记忆(Gedächtnis zweiter Ordnung)而发挥作用的这种批判的对象：遗忘的记忆以及遗忘的记忆之历史。

我们刚刚探讨过的遗忘的所有处于深层的这些层级，都被归纳并保存于人们可以称为“档案遗忘”或者“归档的遗忘”的细致的、默默无言的形式之中。尽管如此，遗忘还是保留了一个正派的、令人舒适的功能，这个功能是历史叙述或文学叙述的造型功能中所固有的功能。人们可以毫不费力地继续将这种思考一直追踪到历史学家活动的其他两个层面，即解释层面和阐释层面。而在这一过程中，正如我们在上一章所说的那样，后者的冒险行为证明了人们赋予历史学家的故事(die Geschichte)以“历史编纂学”(Histo-rio-graphie)这个名称的正确性。因此，“历史书写”被通过一种本质上属于回忆活动的对遗忘的理性应用而标识出来。

(三)遗忘与历史意识

在第四章的这一部分里，我想对尼采的第二个《不合时宜的考查》加以探讨，并以此结束这一部分。对《快乐的科学》的作者而言，历史学的认识论不再是被攻击的对象，而是作为一个民族的文化层面的历史意识，在这里是指德意志民族。历史完全作为一种文化现象在这里成为一种“不合时宜的”考查的对象——“不合时宜”是相对于这篇文章写作和发表的历史时间而言的。在这里，历史在“从事史学研究”的行为转变为“创造历史”的行为这一点上被加以考查。因此，摆在历史面前的这个问题既不涉及记忆的忠实，也不涉及历史书写的真相，而是与“历史学对生活”的“利弊”有关。在这里，一个民族的生活本身遭到危险，“因为对历史学的滥用能够使其受到损害”。这是谈论我们一开始就探讨过的过多历史的另外一种方式；但是，这不再是一种重复性强迫，而是由于倒退的博学而导致的一种麻痹。在这里需要加以批驳的是将丰富深奥的历史文化说成是一种“耗费精力的历史高烧”[①]。与其说是过多，不如说是滥用。面对这种滥用，人们应当对这种“不合时宜”的异议多加注意。这一异议先于对纪念碑式的、过时的、批判的历史学的反对而首先称颂了遗忘。这种开先河式的对遗忘的称颂将“不合时宜的”表述的结果与我们自己的研究的主要思想联系起来。对于反刍动物而言，“过去时的存在”(es war)(这是在转变成人的过程中的转折点)是无法达到的，而获得将一段时间感觉为“非历史的”这种幸福的人的解脱式遗忘与反刍动物的这种动物式遗忘相对，可以说“遗忘属于一切行动”[②]。“[……]有生命力的一切在一定程度上的失眠、反刍和历史意义上都会受到伤害，并最终走向毁灭，无论是一个人，一个民族，还是一个文化。”[③]仔细阅读的任务可能在于找出遗忘对于历史认识方式(纪念碑式的、过时的、批判的)[④]所具有的各不相同的作用：将每一种方式都放到生活所遭遇的不公的观点下加以考查。决不能因此而牺牲正义的德行；是正义在阐释；但是赋予评判权利以力量的是现在的能量：“只有从现在的最高力量中才允许你们诠释过去。”[⑤]那么，

---

① KSA I，第 246 页；KGW III，I，第 242 页。

② KSA I，第 250 页；KGW III，I，第 246 页。

③ KSA I，第 250 页；KGW III，I，第 246 页。

④ 参见 Paul Ricœur，Temps et récit，tome III，Le temps raconté，Paris：Seuil，1985，Kapitel VII，§ 3；德译本：Zeit und Erzählung，Band III，Die erzählte Zeit，由 Andreas Knop 翻译，München：Fink，1991.

⑤ KSA I，第 293～294 页；KWA III，I，第 289 页。

（通过遗忘以及通过对“非历史”的要求）使历史失效仅仅是现在力量的反面。在这一点上，遗忘又成为阐释过去的一个条件。

二、宽　恕

首先，可以近似地说，宽恕[①]是积极遗忘的一种方式。要这样说的话必须慎之又慎。只要快速浏览一下它在文化、法律、政治领域中的出现方式，就有必要考虑那些为反对轻率的宽恕（oubli facile）所需要提出的论据。只有间接地通过赠予（Gabe）这个概念才能成功地反驳这些论据，因为与轻率的宽恕有关的所有困难都集中于这一概念之中。然后我们将以关于沉重的宽恕（oubli difficile）的思考结束本章。[②]

（一）宽恕与遗忘

宽恕首先是消极遗忘的反面，而且是就其创伤性形态以及根据逃避式遗忘的阴险的观点而言。就这点而言，它需要在“回忆活动”上额外付出。尽管如此，它还是如我们上面所指出的那样，与某种积极的遗忘近似地相像；然而，这种积极的遗忘并不与事件本身相关（相反，那些事件的痕迹必须被小心谨慎地加以保存），而是与罪责相关，它的负累麻痹了记忆，紧接着也麻痹了创造性地筹划将来的能力。不是过去的事件，不是罪恶的行为被遗忘，而是它们的意义以及它们在历史意识辩证法整体中的地位被遗忘。此外，与逃避现实式的遗忘不同的是，宽恕并不囿于那种自恋式的自我关系；其前提是通过另外一种意识加以调解，也就是单独受权宽恕的牺牲意识。伤害记忆的事件的主角——不公的制造者——只能请求宽恕。另外，他还必须使自己遭受可能被拒绝的风险。就这一点而言，宽恕首先遇到的是不可宽恕。这种可能性可以使我们对草率地对待宽恕保持警惕。如果宽恕是为了疗治受伤的记忆，那么它就必须经受轻率遗忘的批判。

为了能够对宽恕的这些不正常的方式进行彻底研究，需要探讨有关宽恕的那些领域。

---

① 法语词“pardon”在后面分别被翻译为“宽恕”（Verzeihen/Verzeihung）和“饶恕”（Vergebung）。

② 当我说“沉重的宽恕”时，我想到了杰沃利诺（Domenico Jervolino）那本书漂亮的名字：《沉重的爱》（*Amore Difficile*）。

首先需要提到的无疑是宗教领域。在宗教领域,“饶恕罪孽”可以降为一种纯粹的形式(这一点在以前不就导致了人们恰如其分地称之为“赦罪券买卖”的商业活动吗?)。但是,宗教文化层面上的宽恕以“仁慈”的语言所表达出来的东西,在法律和政治层面也同样引起了反响。在法律层面它首先是指恢复名誉(Rehabilitation)。根据德国的刑法典,通过恢复名誉,“失去的能力、法律地位和权利得到恢复”[①],这样一来,受审者就重新获得了他的权利,重新成为完整的公民。仁慈作为君王的特权,也是通过同样的意图为自己辩护。更加可疑的是大赦(Amnestie),大赦不再是由法律机关,而是由政治机关宣布。之所以说它可疑,是因为它相当于机构性遗忘症(eine institutionelle Amnesie),因为大赦给人的感觉就好像是刑事案件根本没有发生过似的。人们可以理解这一机制的意义所在,即有助于内部的统一。但是,遗忘的不利后果却依然保留在意欲擦除社会冲突痕迹的这种难以置信的非分要求之中。因此,历史学家的责任在于——当然,由于公众遗忘的机构化,他的工作变得非常困难——与被启蒙的公众意见联合起来,通过他所表明的态度来抵制那种意欲擦除事实本身的尝试。他的工作由于论及痕迹的摹拟而获得了一种颠覆性特征。

由值得重视的政治家针对20世纪遭受巨大的非人待遇的牺牲者所郑重表达的请求宽恕给了我们相互比较研究的契机:想一想联邦总理勃兰特(Brandt)在华沙(Warschau)、哈维尔(Vaclav Havel)总统对苏台德地区德意志人事件的请求宽恕,想一想西班牙国王胡安·卡洛斯(Juan Carlos)和总统苏阿雷斯(Soarès)对从伊比利亚半岛驱逐犹太人一事所作的道歉。可是,不管这些请求是多么正直,多么有勇气,它们触动痛苦之根了吗?

在这件事上,我们必须对提防那种轻率宽恕的警告予以关注。那种不想通过勇敢地请求宽恕以及——更为糟糕的是——遭到拒绝而意欲将宽恕当成一种能力使用的想法是一种妄想,一系列问题都与这种妄想有关。

首先是那种自负的宽恕(pardon de complaisance),这种宽恕通过对逃避现实的遗忘的美化而延续这种遗忘;它想省却回忆的责任。另外还有一种善意的宽恕(pardon de bienveillance),这种宽恕意欲省却正义,而暗中支持追求免予惩处;在这一过程中,人们忘记了,对负罪者恢复名誉就是实施惩罚的一部分;恢复名誉是需要付出代价的。更加难以看透的是宽容的宽恕(pardon d'indulgence)。神学传统的一部分就支持这一种宽恕,因为对神

① 利科引用的是法国刑法典的相应条款。

学传统而言,饶恕意味着宣告无罪。主祷文中不就说“饶恕罪责”吗?在这里,深入地探讨罪责的概念总的说来遭遇危险。在第一层级上,饶恕罪责导致一种借贷双方进行清算的想法,仿佛收支平衡表中的借方一栏已被魔法所删除。不仅人们因此而停留于报复逻辑之中(此外,正如在《约伯记》中可以看到的那样,这一逻辑在不公的遭受痛苦问题上被打破);而且,我们刚刚归咎于魔法的这种擦除进入到了同最糟糕的遗忘一样的方向,即我们在第四章开头所探讨的那种深度遗忘的方式,这种方式经受了印记的损耗,经受了——如亚里士多德所说!——时间本身对以前登记内容的毁灭。

那么,我们所需要的就是对待罪责、对待失去的一种新的关系,这种关系除了已引入回忆活动以外,还将再次引入悲伤活动。对这样一种新关系的寻找只有在对赠予这个概念作出新的评价后才能进行,因为这个概念对宽恕的概念而言是一个前提。在这种新的评价的最后,即当赠予的问题从其自身角度被考虑以后,才可能谈论沉重的宽恕。

(二)赠予和宽恕

在许多语言里“宽恕”(Verzeihen)在语义上与“赠予”(Gabe)接近,这并非偶然:pardon, perdono, Vergebung, forgiving。然而,“赠予”的概念却自有其隐患。

《罗伯特词典》对其作了如下解释:“赠予(Geben):慷慨地、不图回报地将自己所拥有的或者自己从中受益的某个东西转让给某人。”这里重点强调的看来是相互性的不在场。赠予者与受赠者之间的对称性显得完美无瑕。作为第一层的接近性定义,这一点并没有错。[①]

在我看来,争议点存在于下面的问题中:赠予是发生在一切交换之外的吗?或者说赠予是与处于交换的商业方式中的一切交换相对立吗?我觉得,赠予与宽恕的所有这些悖论与难题都围绕着这个根本性问题而产生。在这种情况下,马赛尔·莫斯(Marcel Mauss)的经典著作《论赠予:古代社会中交换的形式与理性》[②]能够对我们产生振聋发聩的作用。莫斯并没有把赠予跟交换对立起来,而是将其与算计、收益对立起来。他赋予在慷慨上的

---

① 例如,在《爱与正义》中,我将赠予经济所具有的侵袭逻辑与正义经济的对应逻辑连同对其的权衡对立起来。不求索取的赠予以及赠予的比所欠的多,这是两个平行的图形。参见 Paul Ricœur, Liebe und Gerechtigkeit/Amour et justice, 由 O. Bayer 出版, Tübingen: Mohr, 1990.

② Marcel Mauss, Essai sur le don, in *L'Année Sociologique*, N. S., 卷 I, 1923-1924, pp. 30-186.

竞争以更高的价值，高度评价过量赠予，这样可以激发逆赠予（Gegengabe）。对巴塔耶（Georges Bataille）而言，他在称颂挥霍（Verausgabung）方面可以说已经超越了过量。引用我曾经说过的话，只要赠予不离开交换的循环，赠予经济就仍然是一种经济。

只有商业交换与非商业交换之间的这种对立才允许对抗那些被不间断地——也是出于嫉妒——提出来用于反抗基于慷慨思想的个人或者公众的行动（名誉职位、公众的捐赠呼吁、接受别人的乞讨）的嫌疑成分，就更不用说今天那些非政府慈善救助组织所遭受的攻击了。反对者的理由如下：

——赠予强迫别人回应赠予（do ut des；我赠予，因而你赠予）；

——赠予造成不平等，因为它使赠予者处于一种居高临下的优越地位；

——赠予束缚了受赠者，因为正是赠予使其变成了一个债务人——一个亏欠对方的受赠者；

——赠予使受赠者背上了无力偿还的债务重负，从而将其压垮。

然而这种批判并非必然出于嫉妒；这种批判也出自耶稣之口，而且就在他提出金律（die Goldene Regel）之后。我们可以读到下述内容："如若你们去爱爱你们之人，你们得到的是什么样的感谢？因为罪者也爱自己的朋友。[……]要更多地去爱你们的敌人；在你们认为毫无指望的地方乐施行善[……]。"（《圣经·路加福音》6：32～37）这样，对赠予的批判有所加剧：赠予的绝对限度是对敌人的爱；与此相关联的是不指望得到回报的借予的想法。这种批判远不是有所缓和，相反，在（几乎不可能的）信条的压力下，这种批判被加剧了。

借此我想说的不仅仅是商业交换受到了批判，而是说这里所涉及的是交换的一种更高层次的方式。所有的异议都以隐藏在慷慨之后的利益为前提。它们以此在商品领域内活动，这种商品领域尽管有其合理性，但也仅仅是在一种秩序内部如此，而在这种秩序里，相互性的期望采用了要求正义以及要求金钱等价物的方式。然而，对敌人的爱不仅仅放弃了这种考虑，而且还唤起了对交换的另外一种特质的期望，即我的敌人有一天可能会成为我的朋友。爱自己的敌人这一信条首先放弃了相互性的规则，因为它要求的是最极端的东西；按照福音书（Evangelium）的夸张的修辞，只有已经赠予敌人的赠予才具有说服力，根据假设，人们不能指望从这种赠予中再得到什么东西。然而这种假设却恰恰是错误的：人们对爱的期望使它将敌人变成了一个朋友。根据这种极端模式，总是被怀疑暗地里与商业交换逻辑相适应的个人或者公众的慷慨行为只有通过（在放弃要求感激和偿还之外）重建在

交换的非商业层面上的相互性关系才能找到它最终的辩护。为莫斯所颂扬的“炫财冬宴”(Potlatsch)通过慷慨在内部打破了商业秩序,正如巴塔耶所说的“挥霍”通过它的方式所做的那样。而福音书则是通过赋予赠予以“荒诞的”限度做到了这一点,通常的慷慨行为只能从远处达到这种限度。我一定要说的是,我在康德所理解的永久和平的政治乌托邦中也重新发现了一些与福音书的夸张相类似的东西:这个乌托邦赋予每一个人在任何异域他乡都“像客人那样而不是像敌人那样”[1]被接待的权利。普世的好客是对政治领域中的福音书之对敌人之爱的真正的接近。

我们应当赋予赠予的这种非商业方式以何等名分?取与给的交换,给与取的交换。在仍然依赖于商业秩序的慷慨那儿曾经受到潜在伤害的是取的尊严。人们的确必须学习拿取。这是谦虚的德行。此外,人们还必须学习在赠予时要尊重受赠者。这是高尚的德行通过赋予感激以独特的形态,给与取的相互性为没有回报的赠予的非对称性画上了句号。

现在需要指出的是,赠予的这种非商业形态如何通过帮助论证沉重的宽恕的想法来回应针对宽恕而提出的异议。

(三)沉重的宽恕

沉重的宽恕指的是严肃对待行动悲剧并以行动前提和需要宽恕的冲突及过错的根源为目标的宽恕。这里涉及的不是在可计算的结算表层面上将借方的欠额(Sollsaldo)删除,它涉及的是解开症结。

首先是无法解决的冲突及无法探其究竟的争论的症结。再次想一想《安提戈涅》:无法用同一标准加以比较的故事相互交织在一起;绝对的诚实与有限的诚实相互驳斥;正义毗邻报复,强权倾向暴力;创伤就像赐福一样得到悉心的照料。正如黑格尔在《美学》[2]中明确表述的那样,希腊悲剧中当出现性格“冲突”时,除了死就没有别的出路。那么,在极端的情境中,宽恕在哪里呢?同样还是黑格尔对此作了简单的勾勒,而这一次是在《精神现象学》接近结尾时(从第六章“精神”向第七章过渡时,在“对其自身具有确定性

---

① 参见 Immanuel Kant, Zum ewigen Frieden. Ein philosophischer Entwurf (1795), in *Schriften zur Anthropologie, Geschichtsphilosophie, Politik und Pädagogik* (Werke, Bd. XII), Frankfurt a. M.: Suhrkamp, 1977, pp. 195-251.

② G. W. F. Hegel, Vorlesungen über die Ästhetik III, 由 Eva Moldenhauer 和 Markus Michel 出版, Frankfurt a. M.: Suhrkamp, 1970, pp. 474-488.

的精神"这一部分的末尾[①]):据此要求对称并同时地放弃片面性;"美丽灵魂"的继承者"判断意识"必将承认它的他者,即属于"行动英雄"的"行动意识"——反之亦然。在这个地方出现了"Verzeihung"(宽恕)这个词,这是在《精神现象学》中首次提到该词,而且还在"宗教"(第七章)之前。这个词的意思是"和解",可以理解为"一种相互承认,也就是绝对精神":是"与它自身的相互交替",是双方的"平衡",是相互的宽恕。[②] 如果我们看到,我们如何忍受不重要的纷争,谦虚地寻求妥协以及允许"理性的意见分歧"(罗尔斯语)——这是在今天多元社会的共同生活所要求的,那么我们就可以对这种充满张力的辩证法有一个初步的印象。

第二个症结是无法补救的损害和罪行的症结。人们现在必须放弃一代一代不断重复的地狱般的复仇逻辑。在这个地方,我们请求宽恕是针对那种将某人逼迫为牺牲品角色的政治的回头,而那种牺牲品角色使历史的创伤转变为无情的谴责。在这里,宽恕也与积极的遗忘有所关联:不是与遗忘那些真正无法擦除的事实有关,而是与遗忘它们对于现在和将来的意义有关。接受无法清偿的罪责;接受这样的事实:人们现在是并将仍然是无偿还能力的负债者;接受有所失去的事实;在罪责本身进行悲伤活动;承认那种逃避现实的遗忘与对负罪者无休止的追究的根基存在于同一个问题之中;在遗忘症与无穷的罪责之间划出一条明确的界线。

在这一点上,宽恕通过悲伤活动嵌入到了回忆活动之中:在第三章的结尾我们曾经谈到记忆与将来筹划的辩证法对历史学家工作的反作用,而正是借助于历史学家的工作,那些被掩埋的可能性、过去那些未被兑现的诺言才得以释放。随着过去的可能性的这种释放而来的是,过去　形象地说是"不愿逝去的过去"——不再追究现在。过去的确是过时了:因为它的"不再存在"不再导致痛苦(Leiden),它的"曾在"重又获得其名誉。无法弥补的东西变成为不可擦除的、远古的东西。

简言之,宽恕使回忆活动和悲伤活动中依然艰难的活动具有了仁慈的味道。

---

① G. W. F. Hegel, Phänomenologie des Geistes, 由 Hans-Friedrich Wessels 和 Heinrich Clairmont 重新出版,Wolfgang Bonsiepen 做导论,Hamburg: Meiner, 1988, pp. 466-472.

② 第 470～471 页。"两个我都是在和解性的'是的'(JA)中抛弃它们互相对立着的此在(Dasein)的,这个'是的'就是发展到了一分为二的那个我的此在,而这一分为二的我在它的这个此在中则保持着自身同一,并在它的完全外化和它的对方中取得它对其自身的确定性;——这个我,就是出现于知道自己是纯粹知识的那些自我之间的上帝。"(第 472 页;第六章结束语)

人名索引[①]

A

B

① 本人名索引由译者整理、编写而成。——译者

布洛赫　Bloch, Marc

D

狄尔泰　Dilthey
狄塔茨　Tétaz, Jean-Marc
笛卡尔　Descartes
多瓦诺　Doisneau

F

傅瑞　Furet

G

伽达默尔　Gadamer

H

哈贝马斯　Habermas
哈维尔　Havel, Vaclav
海德格尔　Heidegger
胡塞尔　Husserl
怀特　White, Hayden
霍布斯　Hobbes

J

杰沃利诺　Jervolino, Domenico

K

卡蒂尔—布雷松　Cartier-Bresson

卡洛斯	Carlos，Juan
科林伍德	Collingwood
科塞雷克	Koselleck
克尔凯廓尔	Kierkegaard

L

赖特	Wright,G. H. von
李卜施	Liebsch，Burkhard
李凯尔特	Rickert
利科	Ricœur,Paul
列维纳斯	Lévinas
罗尔斯	Rawls
罗森茨维格	Rosenzweig，Franz
洛克	Locke

M

马基雅维里	Machiavelli
梅耶	Meyer,E.
蒙田	Montaigne
米什莱	Michelet
莫斯	Mauss，Marcel

P

帕斯卡尔	Pascal

Q

齐美尔	Simmel

S

萨特 Sartre
塞尔多 Certeau，Michel de
斯宾诺莎 Spinoza
苏阿雷斯 Soarès

T

托多罗夫 Todorov，Tzvetan
托尔斯泰 Tolstoi

W

韦纳 Veyne，Paul
维特根斯坦 Wittgenstein
维因里希 Weinrich，Harald
文德尔班 Windelband

Y

亚里士多德 Aristoteles

二十世纪末的历史思考

(1945～2000)

[德]汉斯—乌尔里希·韦勒　著
傅天海　刘　颖　译

前言

二十世纪末的历史思考

提笔之前首先作一限定性说明:“历史思考”这一概念阐述的主要并非是20世纪末之前的所有历史哲学思潮,否则笔者会因才疏学浅而迷失方向,陷入绝望的境地。确切地说它首先着眼于个别重点和示例,介绍了资深历史学家们的一些主流思维模式,说明了他们在科学和政治方面的意向和对立冲突,以及他们的影响、局限性和任务——因此本书探讨的是打上了历史学家自身烙印的一种思考,而非文牍德语意义上的历史性思考。不言而喻,人们无法将这两种思考现象严格地区分开来。但尽管如此,本书探讨的侧重点还是有别于通常就历史主义和马克思主义、弗洛伊德学说和韦伯理论所进行的讨论。当然这些思潮也不应被忽视,本书在结尾处将对它们和其他流派作一简明扼要的概述。

本书从一开始就摒弃了那种偏狭的只专注于德国历史的做法,尽管出于明显的理由,德国历史在稍后的章节中还将占据主导地位。本书首先回顾了几个西方国家的历史学发展状况,它们在这一领域暂扮演过领头羊的角色,笔者对这几个国家的历史略为通晓,即比较熟悉自第二次世界大战这一重大转折以来半个世纪的历史发展。

笔者的第一个论断:首先映入人们眼帘的是20世纪后半叶极不均衡和多元化的历史发展格局,这一历史发展表面上与大统、趋同和跨越国界的发展倾向不相吻合,尽管人们在回眸历史时会发现个别这样的大背景下的不同发展趋势。稍后的第二个论断将十分简明地强调上述两种格局的并行发展。国家历史条件的特征具有如此明显的贯彻力,以至于在历史发展的某一时期总能形成带有鲜明国家特色的主导潮流,这在其他任何领域都鲜有同例。为此书中提出了几个言简意赅但措辞尖锐的论点,权作服务于上述对比之用。

最后还须提醒读者的是：鉴于笔者水平有限，故本书只涉及现代历史学家，并未包含古代、中世纪和近代早期的众多史学专家，他们研究的也许是完全异样的历史问题。

1999年11月15日笔者应文化史研究所资深研究员约恩·吕森之邀在埃森做了一场历史学报告，本书内容与这篇报告大致相符，只在个别地方有所扩充。

美国

回顾美国的历史学人们会发现，国家历史发展的特征已经变得脉络分明，在该历史学中那种典型的、认为自己在全球范围内的文化统治地位也同属作为世界强国政治霸权范畴的战后亢奋心理广为传布，尽管它明显不像在社会学、政治学和经济学领域那样单纯和自负。美国的科学文化向来建立在一种很难被动摇的实证主义的基石之上。因此在几乎长达一个世纪、直至20世纪六七十年代的历史进程中，一种朴实无华的方法论思想模式在人文和社会科学领域占据了主导地位，人们几乎无法贸然将之描述为一种史学或理论的组成部分。在这种思想模式的指导下，以前仅借助于摘录卡片，以后又装备了微机和复印机的史学家启程前往历史的采石场——这样人们能够比较客观地刻画出那种长期以来占支配地位的理解力，在那儿采集足够的被称为所谓事实的石块，使它们经受来自外部和内部的批评，然后将它们汇总成一种受经验理解的说服力所影响但又自以为不含任何价值评价的文字描述，这一描述往往只从对现有专业文献的分析中构建自己的轮廓。

从认识论的角度出发作出解释以及对认知兴趣进行阐明，这在美国充其量只能算是旁门左道，难以形成规模和气候。一般情况下，绝大多数有疑惑的史实都首先建构在复杂的理论性先期工作的基础之上，并因此描绘出一种依赖于理论和提问、符合新康德主义认识论或同期结构主义的结构效能，而这在大约1970年以前的美国历史学研究中并不是主流模式。

查尔斯·贝尔德是20世纪上半叶美国最重要的历史学家，他在对“开国元勋”及宪法的评析中开始明显遵循一种适度的、不再强力贯穿经济利益和经济问题的马克思主义历史哲学观[①]，他的这一在别人看来与美国历史学的基本要求(不含主观价值评判)公开决裂的做法在当时的学术界引发了一场激烈的抗议浪潮。当后来的新贝尔德主义者如威廉·阿普勒曼·威廉姆斯(很快即成为所谓的威斯康辛学派的主要代表人物，该学派对美国历史进行了“极端的”阐释)公开而尖锐地批判美国的扩张历史和1950年以来的对外政策时，处于冷战时期的他立即遭到了人们无情的责难，他的观点被认为是向共产主义的彻底妥协。

与此相反，耶鲁大学的萨穆埃尔·F·伯米斯(《挥舞旗帜》)和斯坦福大学的托马斯·A·贝利可以算是长年从事传统外交史研究的大师，他们异常幼稚地坚持民族主义范例，认为美利坚合众国肩负着历史赋予的使命：为世界其他国家树立光辉的榜样，向它们介绍美国未来的宏图和规划。他们这一代人中唯一作为杰出的另类代表向这种民族主义范式叫板的恐怕只有从未离开过地处偏远的洛杉矶南加利福尼亚大学的理查德·范·阿尔斯坦了，他的观点对威廉姆斯及其学生都产生了无可争辩的影响。当后来的一代人如罗伯特·H·费雷尔、亚历山大·德肯德和里查德·W·莱奥波德还在步前人后尘的时候，布法罗大学的朱里尤斯·普拉特已经开始代表一种更为现实客观的利益分析学派。

20世纪60年代末以来，在一场充满对抗和痛苦的重新定位过程中，美国实证主义的长期统治地位受到了某些流派的原则性质疑和排斥，但另一方面它又得到了其他流派的拥护与捍卫。鉴于美国由来已久的实证主义传统使得认识论孤掌难鸣，故而此类流派只能在美国高校的各个系部周期性地赢得巨大的影响力，这一影响力宛如一场暂时无法抗拒的燎原之火，在一段时间后又会很快熄灭，这样就为下一次流行流潮的“走向”创造了空间。而在此期间，对历史遗留问题的研究当然也在平静和坚韧中不断向前发展。

“心理史学”构成了1945年以后的第一次浪潮，它给自己制定了苛刻的目标，即把心理分析升格为历史学新的指导科学。心理史学往往假定只有唯一的一种心理分析法，即通常正统的弗洛伊德理论，尽管在此期间已经涌现出了众多的心理分析学派。心理史学还经常忽略这样一个棘手的问题，即个体心理认知结果能否立即被应用到对社会心理现象的分析中去。就这一新的历史学尝试本身而言，心理史学根本未加全面考虑和客观权衡，是否

---

① 本文所称“马克思主义”、“列宁主义”等均系西方语境中被片面理解的马克思主义/列宁主义。——编者注

非弗洛伊德理论的发展心理学或异常行为心理学能为历史学家提供更为有利的阐释手段。

这一流派在当时的影响力如此之大，乃至像奥托·普兰泽这样沉稳老练的政治史学家也难免误入歧途——他陷入了对俾斯麦内心世界的心理分析当中而不能自拔。在心理史学家会议上(仅举例说明而已)，与会代表以其执著和狂热围绕一个世界历史问题而争论不休，即希特勒是否在孩提时代失去一个睾丸，其不言而喻的暴虐狂癖直接导致了奥斯威辛集中营的设立，而非像以前所说的经历了一段"曲折之路"。

回顾过去，现在再动身前往历史学迷宫的人可谓少之又少。因为近年来美国仅有两位历史学家走上了这条必要但艰辛的旅程，他们完成了对弗洛伊德心理分析学说长达七年的研修学习之路。但其中彼得·盖依著名的弗洛伊德传记并未令人信服地涉及弗洛伊德理论范畴，而彼得·雷温伯格在其最有代表性的文章中论述的也不过是心理分析史而已。

对于美国的历史学发展而言，同期所谓的协调历史学作为普遍趋势无疑要显得更为重要，虽然从总体看来它并未产生深远的国际影响。在一些有影响力的政治和经济历史学家(如查尔斯·贝尔德和路易斯·哈克)部分地受一种开明的马克思主义所推动，公然主张强调阶级斗争的批判性历史观之后，以及继 20 世纪三四十年代致力于极端陈腐思想研究的"进步"历史学的胜利进军，一种引导革新理论的美国式的辉格(英国历史上的一个党派，后成为自由党)史学派逐渐为人们所接受。该学派主要研究美国从帝国主义共和国发展成为将所有核心价值协调一致的、安定团结的民主国家的辉煌历史，其代表人物有理查德·豪夫施塔特、达尼埃尔·波斯丁和大卫·波特。该学派继续崇信美国的"优胜主义"，崇信北美"特别之路"的独特性。恰恰是这一主张协调统一的历史阐释观引发了一场自 20 世纪 70 年代初以来的批判性逆流。

还在"心理史学"方兴未艾时，一股新的"经济理论历史学"浪潮从 60 年代开始已经向美国高校的历史系袭来。这一浪潮由新生代的经济学家统领，他们通晓统计学和反事实论，把新古典经济学理论当作解释世界的最佳学说，同时他们也是波普尔(英国哲学家，批判唯理论的创立者)关于统一科学说的忠实拥趸。以可靠的科学论证和理论优势做后盾，经济理论历史学家们信心十足地投身于历史学研究工作：在接下来的十二年当中，他们对美国的经济史(偶尔也对政治史)重新进行了探讨。同期崛起的美国社会史(代表人物有盖瑞·纳什、赛姆·华纳、杰克逊·T·麦因、菲利普·格雷温、朱歇尔·楚克曼、塔马拉·哈雷温、约翰·蒂莫斯和肯尼特·洛克里奇等人）被狂飙突进的经济理论历史学派暂时压得难以抬头。

以下是经济理论历史学派在研究当中提出的两则著名案例。案例一：铁路的修建真的如许多人所颂扬的那样堪称美国工业革命的发动机吗？没有铁路又将会是怎样的情形？在运用计算机时代的高速运算器对庞杂的经验数据进行大量的分析计算之后，他们对上述反事实疑问作出的解释是，如果将在没有修建铁路情况下的国民经济收益与早期公路运输及新建长途公路干线和运河所能带来的可能性收益相比较，则铁路的修建使得这一数值即国民经济纯收益相对减少。他们因此彻底质疑兴修铁路的战略意义，但在当时并不能以此使经济历史学家们信服。

案例二：1860 年以前美国南部各州的奴隶制经济是否已经处于崩溃瓦解阶段，以至于发动极具破坏性的南北战争完全没有必要？经济理论历史学派对此给出的答案是肯定的。他们经过精确的计算后认为，当时美国南部的奴隶制经济其丰厚的资本利润率足以与北方高度发达的工业、新英格兰式的机械制造以及北方年均 15％的经济增长率相抗衡。由此看来，从经济发展的角度废除奴隶制的解释根本就说不通。

经济理论历史学家所产生的影响是极具矛盾性的：一方面，他们相信彻底可靠、经科学涤净的数据基础，也就是说信奉最终的解释，并以此迎合实证主义观点；但另一方面，他们以理论为主导的阐释方法（即使是对新古典主义的完全奴性的依赖）又指向建构问题的认识论思想，尤其是经常指向所谓的客观事实，如替代修建铁路的其他臆想方案，而这些事实须首先借助于无休止的电脑计算从现有的原始资料中人为制造出来。

尽管如此，在经济理论历史学派的巅峰时期，几乎不可能印刷出版研究经济体制制度结构意义的论文和报告，正如今天重新抬头的制度主义所倡导的那样。除极少数特例外，马克斯·韦伯为其“社会经济学”理论所做的颇具远见的辩护无一不遭到人们的鄙视。受马克思主义启迪的政治经济学完全被视为尼安德特人[①]的巫术。新古典经济的增长范例连战告捷，高歌猛进。就连亚历山大·盖尔申克隆这样贤明的经济历史学家也不得不向经济理论历史学派承认：“现在是你们的时代，利用它吧。”

对经济理论历史学派的回顾和总结是充满矛盾和不一而衷的：一方面

① 在德国杜塞尔多夫附近的尼安德特发现的更新世晚期、旧石器时代中期的“古人”，分布在欧洲、北非、西亚一带。

某些问题确实被大胆地明确表述了出来，比如腐朽的奴隶社会如果没有多余的南北战争同样会很快瓦解，对此没有人再敢作出任何评论了；另一方面新古典经济的教条主义将该学派引向了如此深的死胡同，以至于它不再具有最初的活力并逐渐失去说服力。

经济理论历史学派的观点只在英国被欣然接受，在那里一群年青的经济史学家因为固有的英国经验主义传统而暂时加盟了该学派的理论战线。经济理论历史学派在法国基本上未产生任何影响，法国以让·马策维斯基为中心的定量学派遵循的是别样的研究脉络和着眼点。在联邦德国，经济理论历史学派的主张只是由理查德·提里（说明反向"人才外流"的唯一例证）在明斯特小心翼翼地传播了一段时间。鉴于克努特·博夏特、沃夫拉姆·贯舍尔和提里当时孤立无援的情形，在此人们甚至必须承认，尽管"经济理论历史学派"在才智方面尚存在欠缺，但它明确的理论导向和永不知足的经验严肃论还是对在理论及方法论层面均过于单纯的西德经济史起到了帮助作用，因为正如成功的德国范示所表明的那样，这种严肃论能够对某些教条主义解释产生怀疑。

与经济理论历史学派的一路飚升发生冲突的是"新社会史"的异军突起，后者受一支严格的定量学派的倡导者捍卫，他们以美国经验主义社会研究的惊人成就为直接依据。该流派完全脱离明确的理论导向，从它身上也很难看出世俗政治的脉络。它的一切思想皆围绕并致力于方法论研究，如准确理解和把握美国城市人口或大规模迁居活动的社会构成。除了计算机不可或缺的帮助使得这一努力获得成功，该流派的理论解释在两方面显得秃钝和毫无光泽：一方面被调查城市的社会等级制度并未在一种阶级理论或反阶级理论（马克思主义抑或韦伯主义）的范畴内得到说明；另一方面如斯蒂文·特恩施特罗姆在波士顿所证实的那种高地理迁徙频度是否真的是一种美国独有的现象——通常这一结论都是在美国"独特之处"的影响下而得出的，或者只是工业社会早期普遍大众迁徙背景下的美国变式，对此该流派并未通过对比研究加以核实。

社会历史学家在对西德人口流动性的调查研究正好也揭示出上述问题，他们发现 19 世纪和 20 世纪初的德国工业城市具有与美国城市完全相同的居民迁居频度。但另一方面，如果没有美国现象作榜样的话，西德的人口流动性研究单靠自己还能遭遇到这等一系列问题吗？

"新社会史"严格地与政治史划清了界限。后者是所谓"新政治史"的研究领域，它既受社会学和政治学的影响，同时又痴迷于定量学派的理论。一种政治社会史学研究从20世纪60年代开始在德国兴起，该研究学派因为1933年纳粹夺权及其对德国乃至世界带来的后果而不愿意也不可能与政治维度无关，而在当时被认为是一支不纯洁的、落后的、尚未找到通往光明之路的流派。

时代无情地忽略了经济理论历史学派和新社会史学派——此外还有新政治史学派——提出的高傲的排他性要求。但上述三种学派联手使得美国的历史学一度不受法国年鉴学派的影响。后者在“强硬”地捍卫经济史和社会史的美国人眼中，被认为是软弱和落伍过时的。

“语言学的转向”和“新文化史”为何自20世纪七八十年代能够对美国的历史学造成如此猛烈的冲击并能撕破后者自认为牢不可破的防线？为了理解这一问题，我们有必要回忆一下具有新实证主义倾向的经济理论历史学家及“新”社会史学家和政治史学家的优势地位和支配角色。

自约翰·古斯塔夫·德罗伊森（德国历史学家）和威廉·狄尔泰（德国哲学家）时代以来，注疏学引论以及话语和篇章阐释学引论已经成为德国大学初级专题研究课雷打不动的必修科目。在美国实证主义研究领域，这种语言和文化的迅速升值所产生的影响就像是对获取通往世界历史通行证的真实披露。“文化主义”的新潮首先席卷了语言学家、文学家、哲学家和社会理论学家，继而蔓延到美国大学历史系那些强硬的经验论者身上，他们当中的不少人对这种新潮未做任何抵抗便缴械投降了，其孤独无助和无可奈何就此可见一斑。在一种缺乏厚重注疏学传统的科学文化中，语言新近提出的这种优先权要求犹如一次上帝的启示令人顿悟。作为与经验主义形成的强烈反照，模糊的文化概念预示了要对所有历史世事的复杂性进行彻底成功的领会和把握。

在新旧学派和思想的冲突中出现了许多奇特的反差现象。杰克魁斯·德里达从未以其解构主义理论使法国历史学家的精神世界有过任何波动，但在北美他却被神化为英雄。米歇尔·福柯在法国的追随者极其有限，根本无法与其他历史学家如布罗代尔甚至伯蒂的信徒数量相提并论。但是在美国，这位极端反对标准范式、与注疏学理论无任何瓜葛的后现代思想混乱时期的代表却被去除了仍有江湖郎中的特征，被奉为指点迷津的天才。这样一来，在某些反传统主义的论战场合中总少不了福柯的身影，他的名字也出现在各类近代专题论著的序言或导论当中，但他对具有预先理论建构的经验主义研究并未产生明显的影响。罗伯特·丹通或吕恩·亨特的思想则源于完全不同的文化史传统。

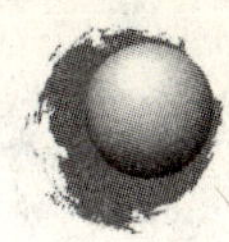

对上述生硬的笼统评价当然也需要作出明确的区分，因为新的文化学流派及其个别理论前提至少在两个方兴未艾的研究领域催生了新的重要成果。这两个领域分别是性研究领域和人种研究领域，也就是说性别史和人种异质性社会研究。政治生活层面的影响对这两种研究都起了关键的推动性作用。与美国的妇女运动相结合，妇女史在美国走过了长达二十年之久的风雨历程，之后才开始同男性史一道向性别史突变。

上述情形使得人们在作出评价时不免会出现这样或那样的夸张行为，因为上面提到过的扩张运动只是由于精力过剩和不乏雄心勃勃的要求才得以达到某些目的，但也在很大程度上解释了为何妇女史会如此心甘情愿地为新文化主义打开令其长驱直入的大门，毕竟后者简而言之总在预示着要取消传统的统治格局，摧毁旧有的方法论和思想模式。性别的社会建构维度比如说可以被用来对抗熟悉的生物本质论。此类视角的大量发现有可能滋生一些奇特的不切实际的想法，就像尤迪特·布特勒在为其脱离现实生活的女性同性恋研究课题所做的辩护中所表露的那样。但正如人们从南锡·弗瑞泽针对福柯的尖刻批评中所能读到的那样，科学的而非典型的女人或男人理性迟早会重获成功。人们只需联想一下玛丽·布瑞安的佳作《中产阶级的摇篮》便不难知道，大多数以经验为依据的女性历史学家总体说来已经与目空一切的理论癫狂划清了界限。

反过来讲，人种学研究的推动力并非源于科学内部的动因，而是同样来自人种异质性美国社会的政治和世俗经验。“美国熔炉”这一英雄主义指导思想认为，美国社会给所有外来移民（最晚从第二代开始）带来了均质性效应，但却因为20世纪60年代类似于内战的种族敌对而彻底受挫。这种种族敌对表明，“非裔美国人”和“拉美裔美国人”（无论波多黎各籍还是墨西哥籍）的融合程度远不及此前的意大利、波兰、捷克和亚美尼亚移民。

当时出现的关于“色拉碗”的隐喻认为，所有不同的社会文化团体都能够在美国这样一个色拉碗里和睦相处，安居乐业，但这一隐喻很快便失去光泽并逐渐消失，从而为人种学研究敲响了丧钟。人种学研究坚持长期和无条件地承认多元文化社会中的“差异”——文化主义者的最新时髦词之一，而并未以类似的强度转向社会内部安全问题，这种内部安全需以某种基础为前提，即共同的价值理念，对普遍司法标准的认同以及对政治文化均衡机制的信任。

美国本土之外的关于“后殖民地”社会文化异质性讨论以飓风般势不可挡的威力闯进了上述研究领域，在此如鬼火般忽闪的圣灵如霍米·巴巴扮演了与“后现代派”法国英雄相似的角色。即使保证了毫无保留地承认“差异”这一理论空想家们的新口令，人们也远未解释清楚，为了使人们在一个像美国（以其便利的前提条件）这样多元文化的移民社会中能够长久和谐地共处，都有哪些均质性传统习俗、政治程序、价值和准则从功能上来说是必要的。

强大的政治动因向科学兴趣的转变在这两个领域里都获得了成功，但是科学兴趣的结果仍要受制于国际“学者团体”通行的成绩标准，尽管也有个别学者认为自己的政治信念如此神圣，以至于此类合理化检查最好能够得以避免。

无论怎样，除感人至深的社会史、思想史、经济史和文化史之间相互整合的成功范例之外，在美国的文化史流派中又能重新找到同样的“趋势”，就像以前其他地方同样的信仰一样，如果自己的尤其是在政治上显得崇高的事情被涉及的话。当然，除了令人信服的性别史和种族史研究，与经济理论历史学派相比，经济主义的冲击迄今为止还谈不上有什么说服力。根据笔者的印象，德国的历史学研究在此期间也已经度过了它的全盛时期，正如反对圣像崇拜者的要求（“举世皆为话语”）已经经历过彻底的紧缩阶段那样。倘若语言真的具有这种无所不包的优势，且语言能够被文化学专家解码，那么就像皮埃尔·波迪奥用尖刻的讥讽所评论的那样，我们在历史学研究中将只纠缠于语言之争，尽管还有许多其他导致激烈利益冲突的根源。

历史的每一次发展趋势都会极度冲击加利福尼亚西海岸，在那儿人们以对未来英雄的神秘感开始探求新的救世主。数以百计的博士生和大学教师今天肯定会有这样的疑问：为何他们年复一年地反复研读德里达和福柯的著作，而自己的研究项目却无丝毫进展。

如果不改变这种评论，则世界图景很明显将会严重扭曲。在每年的年会上总能轻松汇集八千名志同道合者，也就是说具有惊人再生潜能的美国历史学对许多领域产生了巨大的发展动力，考虑到实证主义传统的力量，这一发展动力简直就是一次向前的量子性跃变。作为美国社会面貌的标志，毫无成见的接受意愿对美国历史学的跃变起到了积极的促进作用。自20世纪60年代以来，史学研究在完全不同的领域皆取得了辉煌的成就。杰出的历史学家有贝尔纳得·贝吕恩、杰克·格林、詹姆斯·翰雷塔、布里翁·戴维斯、保莉妮·迈耳、埃得蒙特·S·摩根、盖瑞·纳什等，他们以令人起敬的工作热忱和对殖民地时代及革命时期的进一步阐释使自己赢得了新的视角。19～20世纪重要的历史学家如里查德·豪夫施塔特、肯奈特·M·斯

塔姆普、C·凡·伍德沃得、罗伯特·韦伯、卡尔·戴格勒等都对新的范围和维度进行了探究，它们皆为以前历史理解的盲区。

长期以来，研究欧洲的学者与研究美国的学者之间已经形成了明显的差别：前者通常熟知对象国的理论分歧，因此有时也对流行的偏激观点更为敏感；而后者则更长时间地受到缺乏理论指导的实证主义传统的影响。卡尔·绍斯克、戈登·怀特、戈登·克莱克、莱昂纳德·克里格、特奥多尔·哈麦劳、罗伯特·帕尔默、大卫·兰德斯、阿尔诺·迈耶尔、查尔斯·迈尔、亨瑞·图尔纳、詹姆斯·西罕、盖拉得·费德曼等人为历史学研究确立了新的标准。众所周知，流亡国外的德国历史学家对后世产生了非同寻常的深远影响：费里克斯·吉伯特、哈约·豪尔伯恩、弗里兹·施坦恩、保罗·克里斯塔勒、汉斯·巴龙、汉斯·罗森贝格等人影响了大批后来者，他们与以后移民到德国的历史学家如劳伦斯·斯通和约翰·鲍考克一样提高了史学研究的内省水平。

同时美国的外交史也经历了一次真正的变革，当瓦尔特·拉菲伯、罗依德·加德纳尔、托马斯·麦克考米克等人对这一历史重新彻底加以改写时，而且改写工作是在一种批判性的、敢与任何国际对比争锋的内省层面上进行的。先是由梅内克的弟子所传播，继而被坚决地“美国化”，“新知识史”的雄起令人惊愕。历史学家如乔依斯·艾波拜等人还开辟了美国思想史的新领域。在奥依格那·盖诺菲斯、罗伯特·福格尔、斯墨利·恩格曼等人提出了若干创新性的疑问和方法之后，奴隶制研究也离开了它熟悉的既定轨道。美国历史学派的先锋在此期间距离实证主义的初始传统已是相当遥远。

英 国

英国历史学家的思想发展走的是完全不同的道路。在那儿人们可以看到三条明显的延伸线路。其中一条即传统的、完全以英国为中心的、对任何比较都漠不关心的政治史，正如人们在《英国历史回顾》一书中所能看到的那样——该书在英国可谓家喻户晓，妇孺皆知。另一条线路则是凝重的、在此期间当然已经陈旧的社会史，其核心由令人眷恋的工人史和工人运动史构成。经济史也在不受任何干扰的情况下继续发展并取得了卓越的成就，它构成了上面所说的第三条线路。事实表明，经济史懂得如何吸收借鉴英国经济理论历史学派的思想精髓。

通过成功的助跑，英国的政治史研究现在已经充满了强劲的动力，长期占主导地位的辉格学派的历史观，即认为英国上升成为自由和自由主义国度的发展历程无法阻止，正在由一种更贴近现实但在政治上更具保守色彩的阐释观所取代。

社会史研究中的变革运动要更为深入，这与 E. P. 汤姆普森、埃里克·霍布斯鲍姆、克里斯托福·希尔、罗德尼·希尔顿、吉奥弗瑞·戴斯特克鲁依斯等一代马克思主义历史学家所产生的巨大影响是密不可分的。他们在 20 世纪 30 年代末皆信仰马克思主义，而且也都加入了英国共产党。在 1948 年第二次布拉格跳窗事件之后，他们中的许多人(如西德尼·保拉德)纷纷离开共产党，最后一批则在 1956 年的匈牙利事件之后脱党(包括汤姆普森)。只有霍布斯鲍姆在对半官方的党内出版物进行最尖锐批判的同时捍卫了自己对党的忠诚，但他也不再是“正式党员”了，因为英国共产党在此期间已悄然解散。

通盘谴责各种形式的马克思主义在当前是比较流行的做法。但总的看来，上述英国历史学家对马克思主义非教条性的吸收却再次证明了这种学

说能够释放何种对现实的启示力量。离开了马克思主义对这些历史学家的启蒙开化作用以及他们反过来对马克思主义采取的扬弃的学习过程，英国历史学尤其是自20世纪60年代以来在世界范围内的影响也就无从谈起。因为截然背离了自己青年时代严格的正统观念，汤姆普森的畅销书《英国工人阶级的产生》(1962年)标志着从新文化史的角度对工人运动，继而对18和19世纪的社会史进行解释的出发点之一。

霍布斯鲍姆对工人史以及其他底层阶级历史的研究起到了新的推动作用，当然这一推动力是通过他在四个方面进行的广博的历史研究(革命时期、资本时期、大英帝国时期和激进时期)才达到最大的公众效应的。这种对近代西方世界史的大胆整合以一种如此细致的马克思主义研究方法为支撑，以至于人们必须首先向学生阐明作者的观点立场。希尔和希尔顿为英国中世纪史研究及近代早期历史研究带来了生气。罗纳尔德·罗宾逊和约翰·加拉格尔出版于1961年的《非洲和维多利亚时代》一书是迄今为止描述1914年以前英帝国主义的最为杰出的著作，该书的思想在很大程度上源于菲德·加拉格尔，他一度准备出任英国共产党的殖民地和帝国主义问题研究专家一职。瑞蒙德·威廉姆斯和斯图阿特·豪尔与他们早期的正统观念相决裂，极力升级文化生活的强大穿透力。威廉姆斯从此影响了好几代英国学者，豪尔则在此期间以其“文化研究”向含糊的美国史学研究提出了一种更为占优的模式。这方面的例子还有很多，在此不一一赘述。

类似的现象在美国和欧洲大陆都不曾有过，法国历史学派中的左翼人士相比其前辈如弗朗科斯·福雷特等人要明显逊色很多。顶多卡罗·金兹伯格的成长过程能够与剑桥马克思主义者们的光辉生涯相提并论。但是剑桥学者的马克思主义传统在此期间几乎已经消失殆尽，只有在派瑞·安德森的代表作《新左翼回顾》一书和他卓越的历史学研究当中，人们还能继续看到这种传统的影子。

的确，在20世纪七八十年代出现了一种新马克思主义流派，有关德国现代史的讨论就非常得益于这一流派。在此我指的是理查德·依万斯、吉奥夫·埃里、大卫·布莱克本等人的早期思想阶段，他们往往本身就来自左翼工党派别，把自己看作是苦难忧郁人士，因而极力主张一种“自下而上的历史”，公然地对德国现代派以普鲁士和社会精英为中心的“自上而下”的历史观乃至“特殊道路”观点提出了质疑。加入到他们行列的还有同时代的学者如依安·凯尔绍和约翰·布鲁利，他们二人皆为理论大师，而且同样充满工作热情，这样就形成了一个由德国问题专家组成的英国学派，它对德国历史学家也产生了影响，恰恰是这种对德国历史学家的影响堪与以绍尔斯科、克里格、哈麦劳、迈耶尔、图尔纳、费德曼、西罕和迈尔为中心的年代要久远得多的美国学派的影响相媲美。

同样在英国社会史研究领域，某些重大成就的取得（如大卫·加拿汀和派特里克·乔依斯分别对贵族阶层和工业社会所作的研究）如果没有英国马克思主义的推动或排斥也很难令人想象。马克思主义为英国式的容忍和务实的学习能力树立了榜样，这种容忍和学习能力在阿尔伯特·苏伯尔与他的法国敌对者的顽强对峙中是无法找到的。过去、现在也包括 1968 年以来，德国没有任何一位值得一提的马克思主义历史学家能像英国的新旧学派那样产生类似的重大影响。英国的马克思主义已经无法再提出推动历史学发展的课题，而且除一般的纲领性宣言之外，“新文化史”迄今为止在这方面只是很少能具有说服力。这样看来，推动英国历史学发展的新课题从何而来自然就成了悬而未决的问题了。

法国

法国的历史学研究看上去又是完全另外一种景象，在那儿人们可以看到一场双重的决斗。自20世纪20年代由马克·布洛赫和卢采恩·费布鲁厄做了根本的前期工作之后，继而主要由费尔南·布罗代尔所激励、推动和巩固，以《年鉴》杂志为中心的社会和经济史学派开始与臃肿僵化的传统主义政治史展开对抗。布罗代尔本人也是一位伟大的"帝国缔造者"，在他成功地将法国中央科学研究院下著名的"第六部门"转变成新的"社会科学历史研究所"之后，他可以倚靠的研究人员竟达六百人之多。在很短的时间之内，"年鉴学派"就为一种真正的传奇色彩和毋庸置疑的进步气息所围裹。

尽管法国很晚才出现德国传统意义上的那种理论争执，但个别理论决策很早就已有之。来自社会经济方面的推动力不久被定论为过于单一，这使得可追溯到费布鲁厄的精神史作为不可或缺的新的指导科学得到了认可，并随即取得了开拓性的成绩。与此相联系，有关史学研究中心理分析法的辩论也暂时重燃战火，但它基本上并未产生太大的影响。总的说来，人们从年鉴学派身上能够发现一种令人钦佩的、近于贪婪的好奇心，这种好奇心涵盖了从气候史到死亡史的广泛的研究领域。

上述两大主要开端，即经常以严格的定量理论为依据的社会经济史研究，以及可追溯到埃米勒·杜克海姆和毛里斯·哈布瓦克斯的精神史研究，都具有一定的局限性，这种局限性直至今日仍未被打破。几乎所有的研究工作都只延伸到法国大革命这一历史转折期便戛然而止，这一历史转折点基本上很少被跨越。中世纪、近代早期以及法国1789年革命前的政治和社会制度因而成了真正的年鉴学派的研究领地。人们有时不免会有这种印象，仿佛布罗代尔就"历史发展与变化的长期性"的优先形式所作的时间理论思考是为了阻挠那种逾期的行为企图，即最终参与到自18世纪末政治与工业"双重革命"以来的动荡历史中去。大量的倡议和开创性研究故而在长达几十年之久的时间里只对前现代研究产生了影响。与此形成对比的是，个别针对资产阶级、贵族阶层和工人阶级所进行的卓越研究在19世纪显得孤立无援、形单影只。

"新文化史"在法国的广泛兴起是从20世纪70年代开始的，它从三种推动力中汲取营养：反对不少"年鉴"研究中所提到的那种僵化的社会经济主义；要求对迄今为止专注于潜意识和下意识、在方法论方面相当守旧的精神史进行改革；由费迪南德·索绪尔所倡导的法国近代哲学和语言学给史学研究带来的推动力。因此法国的"文化史"看上去像是为打破年鉴学派旧有的思想束缚而发起的一次冲击，以及对精神史的扩张推广。以一种广义的文化概念，同时也明显受到人种学的启迪，法国的"文化史"随即又暗地里把自己转变成为一次更大规模的开始。罗格·沙蒂尔对"文化史"推广过程的研究在今天可被认为具有示范意义。

从东部邻邦（德国）的角度一看，"文化史"与皮雷·布尔迪厄的文化社会学之间的结合点近在咫尺。这样看来，二者之间的合作应该是不可避免的。但这一合作迄今为止始终受挫于布尔迪厄在法国国内的形象，即作为一名毫不掩饰地推行专业帝国主义的经验论社会学家——或许也失败于布尔迪厄过高的理论要求。

昔日在人文科学和社会科学领域如此有影响力的法国马克思主义今天又是何等情形呢？作为战后极其重要的思想霸主，法国马克思主义同样也吸引了许多历史学家。不考虑当时一些新星如艾马努埃·雷罗拉杜里和弗兰考斯·福雷特等人的短期造访，阿尔伯特·苏伯尔作为左派大师不顾一切僵化的教条，像对待一块从正统马克思主义手里继承下来的领地那样对革命史研究进行了长期无可争辩的统治，直到这一大厦在福雷特等人的批判修正主义的抨击下最终轰然倒塌。与此相类似，马克思主义思想模式在经济史领域也存在了大约三十五年之久，皮雷·维拉的巨大影响就是很好的佐证。

早在苏联解体之前，那种狂热的修正主义以及对精神史和"新文化史"的冲击已经对马克思主义思想产生了巨大的负面影响。霍布斯鲍姆、金兹伯格和安德森今天很难在法国科学界找到一位非正统的马克思主义对话伙伴。

与法国近代史学家几十年来难以跨越1789年大革命及其后果这一研究门槛相类似，很长一段时间以来，在战后历史学研究领域同样出现了一处令

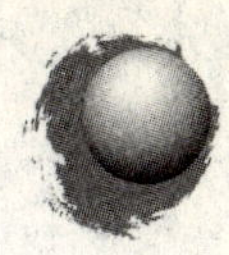

人困惑的空缺。当德国当代史学家专心致志于民族社会主义历史研究时，法国的“当代历史学”却以惊人的勤勉止步于那种战后传说，即法国人是一个由反抗德国占领的抵抗运动战士组成的统一民族。除令人遗憾的卖国贼之外(他们当中有60人还是80000人在1944～1945年度是以私刑的方式被处决的呢?)，显然每一个法国人自1940年春天那次惨痛的失败之后无不热切盼望盟军来解放自己的祖国。三名外籍历史学家，即美国人罗伯尔·派克斯通、加拿大人米歇尔·马卢斯和以色列人泽夫·施坦海尔，是他们以顽强的执著、大量的研究工作和事实上令抵抗运动神话的支持者感到不快的问题将维希政府、它与德国纳粹的大肆勾结以及法国的反犹主义及其在20世纪40年代初的甚嚣尘上不容推卸地提上了历史学研究的议事日程。

受政治气候变化和引起轰动的针对希特勒政府法国帮凶的审判程序所影响，法国当代史学家只是极不情愿地才转而研究20世纪三四十年代大量悬而未决的历史问题。与意大利抵抗运动光环因批判性经验主义研究而消散相类似，法国的抵抗运动神话也被打回现实的原形。以极尽通敌叛国之能事的知识分子为例，法国法西斯主义的本质暴露无遗，法国反犹主义者和维希政权卑躬屈膝地伙同德国纳粹实行民族大屠杀的丑恶嘴脸终于被具体地展现出来。归根结底，为何法国当代史如此坚决和淡泊地对这一段不光彩历史保持缄默几近四十年之久，现在是该对此进行专题性研究的时候了。

德国

最后再把目光转向联邦德国，探讨一下德国的历史学的情况。关于前东德的历史学发展，人们无需浪费很多笔墨，因为它大部分的历史编纂学也在逐渐消逝的东德废墟下而最终被埋葬。作为几乎是彻头彻尾的伪科学的圣徒传记，从原先斥巨资进行的工人运动史研究中存留下来的，也许只有哈尔特姆特·兹瓦尔关于莱比锡无产阶级形成史的另类研究了。从欧洲中世纪史研究和早期近代史研究中幸存下来的文章顶多只有为数不多的几篇，它们对外也产生了一定的影响，如围绕臆想的“早期资产阶级革命”及 1542 年伟大的农民战争展开的讨论所显示的那样。相反，近代史研究却呈现出一幅萧条的景象，因为东德官方遵奉的正统观念的思想范畴和荒谬规定限制了任何自由的批评视线。坚实充分的农业史是这一时期史学研究的唯一亮点。但另一方面，专业手册式的理论描述却达到了思想虔诚天真的最低点，人们只是一味借鉴埃恩斯特·恩格尔贝格关于 1849～1897 时段的两本极其保守和偏狭的论著，理论探讨也像西藏喇嘛教的转经筒一样总在重复意识形态领域的预先规定。如果人们考虑到这一点，即有数百位历史学家在大学和研究院任职，那么这一数字足以令人感到沮丧。以通行的评定标准来衡量，能够挺过这场浩劫的充其量只有十几位历史学家的作品。

但同时开明的新马克思主义在西方历史学中表明，对马克思主义本身非教条性的借鉴作为“批评方法”(弗里德里希·恩格斯)能够挖掘出多么大的理性批评潜能。正是这种强烈的反差使得前东德的历史研究水平相比于西方越发显得逊色。因此我在此只尝试对西德历史上几个较为熟知的现象进行回忆。

截至 20 世纪 60 年代初期，西德的近代历史学受到一种适度成熟的历史主义长达十五年之久的影响，这种历史主义运行于在方法论上较为可靠，但

却完全保守的政治史和思想史的轨迹之上。虽然当时已经开始出现关于历史学与社会学之间关系的激烈言论，如特奥多尔·席德尔 1950 年(1944 年就已计划好的)与汉斯·弗赖尔的简短对话。但是继法西斯的倒行逆施、东部战场的毁灭性战争和屠杀犹太人的滔天罪行之后，真正令人恼怒的还是那种自我满足式的向传统主义的倒退。

德国历史学界德高望重的学者、83 岁高龄的弗里德里希·梅内克早在 1946 年就已经开始在他的《德意志灾难》一书中对导致民族社会主义的传统以及希特勒政权本身进行在当时看来相当无情的清算。这对于全身心热爱德意志帝国、在魏玛共和国时期出于政治上的明智使自己转变成为"理智型共和党人"的梅内克来说是一次痛苦的澄清过程，对此人们必须对这位年逾古稀的学者肃然起敬。但是就"摆脱过去的纠缠"(当时出现的一句时髦用语)而言，梅内克的日常政治建议却表露出一种可怕的无奈：应该在各地建立"歌德社团"，其成员应通过细腻的思想交流对过去时代的苦难和有待完成的任务达成一致的看法——一位老迈学人最后的幻想。

相比之下，20 世纪 50 年代最具风格的近代史学家弗莱堡人盖哈德·里特尔的史学观点要明确得多。尽管他唯一的儿子在二战期间的东部战场上阵亡，而且他曾经与一股民族保守抵抗运动势力发生过接触，但他还是决定在 1945 年"德意志灾难之后"坚定不移地为增强德国的自我意识而斗争。他对于民族社会主义的解释完全是一种为德国所做的经典辩护，在此他采用了使导致纳粹的关键性起因外部化的方法：这些起因很快被归罪于法国的雅各宾大众民主政体。

在方法论问题上，里特尔固执地捍卫自己过时的政治史研究的优先权，改革政治史研究的必要性他根本就未曾想过。他坚持自己守旧的新兰克主义思潮，以此抵制来自国际历史学领域特别是法国年鉴学派的影响。他懂得偶尔用进步性要求来美化自己的辩护词。他在 1950 年煞有介事地解释道："不掌握经济学基本概念和社会学研究方法的近代历史学只能导致无深层认识论价值的雄辩术。"此话说得好，但是当他在别人踩出的路上继续前行时，他却不曾通过任何言行来践行自己新的准则。里特尔的上述表达显露出他对理论上的协作问题是多么的外行。将里特尔关于"无深层认识论价值的雄辩术"的生硬评判运用到他自 1950 年以来绝对脱离经济学和社会学范畴的全面保守的史学研究上难道不是顺理成章的事情吗？

就里特尔要求的政治史研究的低调风格而言以及关系到对一种评判作出公正考虑的义务，人们应该再次回忆一下，里特尔在其关于《治国才能和战争艺术》(1968 年)的最后一卷里是怎样对 1918 年革命的起因进行猜测的。里特尔在书中问道,引发 1918 年革命的原因究竟是什么呢？他将这些原因归结为自己 1918 年作为前线军官非常熟悉的那种语言,是这种语言“把一名听话、勇敢和经历过无数次危险与苦难考验的德国前线士兵变成了那种纪律涣散的戴红围巾的兵痞,人们在 1918 年 11 月的所有德国大城市里都能看到这样的兵痞在四处闲荡”。里特尔经过注疏学训练的新兰克主义并未使他意识到,当时的部队同时也厌倦了被像他这样的军官役使去进行所谓的最后一次攻击和充当毫无疑义的炮灰。

在此期间,格廷根大学出现了一个四人历史学家小组,学生们既尊敬又无礼地将他们描述为一群“种鹿场中的佼佼者”。这四人分别是:中世纪史学者赫尔曼·海姆佩尔,他很快就被看作是接替西德首任联邦总统特奥多尔·豪斯的可能人选,他还很乐意亲自支持这一说法;古代史学者阿尔弗雷德·豪斯,古代史研究领域的杰出代表;中世纪史研究和当代史研究专家佩尔西·埃恩斯特·施拉姆;来自波罗的海东岸三国的德意志人、俄罗斯历史研究专家赖因哈德·维特拉姆。人们新近才知道,受帝国神话的蒙蔽,海姆佩尔曾经在斯特拉斯堡“帝国大学”为希特勒的“第三帝国”极尽鼓吹之能事。施拉姆至少曾作为协调员为德国国防军总司令部撰写过战争日记。作为来自波罗的海东岸三国的德意志人,维特拉姆出于自己对苏维埃俄国的了解,曾令人吃惊地长期支持希特勒的“东部国家”政策。在 1944 年 7 月 20 日希特勒遇刺事件之后,他还于 7 月底作为波兹南“帝国大学”历史学系主任发表了一场题为“上帝之手拯救‘元首’”的重要演说。对于这一段不光彩的历史人们在格廷根从未谈论过。“跟往常一样行事”是当时流行的口号。针对一种被主观假定为走下坡路的历史学的理论疑难问题所作的忧郁悲观的言论代替了自我批评式的检查内省。只有维特拉姆曾在一次大规模的学生集会上讲到,作为一个来自波罗的海东岸三国、出身于新教神学世家的德国历史学家,是怎样被“帝国”重新崛起的神话所吸引,最终与对人类犯下滔天罪行的法西斯政权勾结到一起的。从此他在学生当中拥有了一种与其他有名望的同事所不同的“形象”。

作为 20 世纪无可争辩的最具影响力的德国晚期中世纪史和早期近代史学者,奥托·布龙讷的生活经历在这段时期也不同寻常。在他的奥地利出生地发生的德国人与捷克人之间激烈的民族斗争使得他很早就开始研究“民族史”,并坚持不渝地倾向奥地利民族社会主义。自由主义在当时的科学界也产生出一种不合时代的概念语言,通过严厉抨击自由主义提出的“分

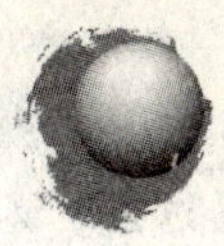

离思想”(如国家和社会的分离),布龙讷维护和捍卫了一种新历史主义,这种新历史主义宣称其“基本概念”皆从源头提炼而得,因而特别能够贴近现实地阐明它所研究的问题。布龙讷在他的著作和论文中要求自己遵守这一准则。但正如不久前针对布龙讷的语言分析所表明的那样,他事实上沿袭了同时代学者卡尔·施米特及其门徒的重要概念。相比他以语言整容的手法将在此期间声名狼藉的“民族史”重新表述为“结构史”或以后的“社会史”,布龙讷在1945年之后仍从未修正过的这一断然决定所引发的问题要棘手得多。

鉴于其在纳粹时期世人皆知的活动,以及在作为“德国东南部科学研究会”会长期间为“重新划分种族”而预先实施人口政策鉴定的事实,1945年布龙讷被免除了在维也纳的所有公职,并长年遭到冷落。调往科隆任职一事因其不光彩的过去而未能成行,但1954年他还是最终得以在汉堡大学任教。由“民族历史学家”和纳粹科学研究会的先驱者构成的网络能够再次恢复运转,与赫尔曼·奥宾在汉堡的决定性作用是密不可分的。布龙讷在汉堡大学任教直至1968年,但他一直未收得任何得意门生。不过,从他的著作对后世的影响以及作为“现代社会史协会”的一员对《1750～1850年德国政治社会语言辞典》一书的影响,他还是能得到几许慰藉。

在所有在“第三帝国”时期开始升迁发迹,其过去的历史现在才成为人们激烈争论对象的德国历史学家当中,布龙讷无疑赢得了国内外最显著的声望。在意识形态上暂时狂热的“效忠”和科学成就之间的关系引发了不少棘手和令人困惑的问题。这位也许是迄今为止最具影响力的纳粹历史学家应将对刺激效应的重要认识归功于自己的民族社会主义思想境界吗?就像对待马克思主义那样,人们可以认为类似的刺激也源于这一思想境界吗?民族和民族性从一开始就具有种族渗透性特点吗?科学研究结果还或者究竟可靠吗?施米特的“基本概念”是否也使得这些科研结果发生了错合?根据加蒂·阿尔加西划时代的分析报告,对上述问题的讨论在二战结束后半个世纪才刚刚开始。

当布龙讷在汉堡异乎寻常地遭受冷遇时,一个由有影响力的历史学家组成的“金三角”开始崭露头角。他们分别是汉斯·罗特费尔斯、特奥多尔·席德尔和维尔纳·康泽。汉斯·罗特费尔斯在流亡美国后很早就返回了德国,他以蒂宾根为据点,极大地推进了当代史的研究,他同时也是慕尼黑当代史研究所的发起者之一和该研究所《当代史季刊》的重要编写者。来自科隆的特奥多尔·席德尔和最初生活在明斯特、然后定居在海德堡的维尔纳·康泽(两人原本都想在柯尼斯堡师从罗特费尔斯取得大学执教资格)不仅赢得了深远的机构性影响,而且还在联邦德国的历史学编纂领域获得了独特的形象。席德尔在其众多的出版物中基本上持这样的终极观点,即认为一种当代政治史须从广义上来理解,并在内容上由思想史和社会史加以丰富。康泽则发展成为西德早期社会史研究领域里最著名的开路先锋。但后两人却对德国当代史避而远之,尽管该学科属于他们分内的教学工作。这种矜持的态度直到最近才被解释清楚,因为我们现在才知道他们从前参与纳粹政权的人口及迁移政策的程度有多深。

内生驱动力的决定性作用已经为人们所承认,受对这一认可的强烈反感所鼓舞,视民族社会主义为一种恐怖体制的观点在当代史研究初期一度占了上风。该观点认为,这种恐怖体制是由来路不明的奥地利人和一事无成的绝望分子以一种内部异族统治的方式强加给德国人民的。一种新的视角几经周折才开始逐渐取代上述观点,它从 19 世纪以来德国现代化进程带来的结构性负荷、德国政治文化的特点、第一次世界大战的后果、战后时期以及 1929 年以来的世界经济危机等几个方面对民族社会主义的成因作出了更为恰当的解释。在这一点上,两位年轻的德国流亡者埃恩斯特·弗拉恩克尔和弗朗兹·诺依曼分别在其 1941 年的《双重国家》和 1942 年的《巨兽》中通过卓越的分析研究为人们认识这种新的阐释方法做了重要的先期工作。

总而言之,直至 20 世纪 60 年代,历史专业课课堂并非研究民族社会主义的最佳场所。这方面的研究工作更多的是在大学之外的当代史研究所以及柏林自由大学政治学研究所里进行的。在那儿,卡尔·迪特里希·布拉赫尔题为《魏玛共和国的解体》(1955 年首次印刷)的论著在对一段重大历史素材进行内省和渗透方面达到了令人无法企及的高度,该论著在德国开辟了将受系统政治学引导的结构分析与完全不同的事件史相结合的创新之路。尽管该作品遭到维尔纳·康泽和瓦尔德马尔·贝松等历史学家的尖刻批评——他们认为这是令人气愤的违反规则的做法,但它一经发表即立刻获得了巨大的成功,传统的政治史即使是煞费心机也只能勉强接近这一成就。

只有弗里兹·菲舍尔出版于 1961 年的《争做世界大国》一书和以他的名字命名的学界论争才被普遍认为是该研究领域的巨大分水岭。该书的真实成分是如此之多,以至于激烈的争论本身即具有些许解放的意味,并以此改变了学术氛围,因为作为致力于内心净化的昔日教会史学家,菲舍尔以其昂

扬的思想道德，以把对帝国一直延续到1945年春天这一疑问重新提上议事日程打破了旧有的阵线。但是在方法论和理论层面上，菲舍尔的两本著作（上一本以及1969年出版的《空想的战争》一书）却呈现一种相当陈旧的外交史和人物传记史风格，保守得令人抑郁。对历史卷宗的笃信在此扮演了重要角色，冗长的实证主义报道则有损于更为透彻的解释。对于用一种在理论上深思熟虑和在方法论上游刃有余的新型模式来分析当代德国历史而言，人们从这两本书中似乎学不到什么东西。此外，无论谈及哪一支菲舍尔学派，单凭几篇博士论文都很难对此作出解释。

在接下来的三十年里，史学研究的变革主要来自三个方向。一小群经济历史学家给自己的研究领域注入了新的动力，他们也终于成功地使史学争论再次与国际接轨。克努特·博尔夏特、沃尔夫拉姆·菲舍尔和里查德·蒂利从20世纪60年代开始显山露水，逐渐上升成为该流派的主要代言人。三人中蒂利最为关心有竞争力的新生代经济历史学家的成长，而另外两人则更倾向于保持成功的孤独战士的形象。不管怎样，具有国民经济学青年历史学派风格，尤其是以赫尔曼·凯伦本茨为中心的僵化的传统主义的陈旧经济史终于真正感受到了压力。

当代史的发明是西德社会和科学界对“违背文明”的另一种积极反应，此前当代史作为一门专业在其他地方还从未有过，它研究的只是一战以来的历史时期。继布拉赫尔以其杰作《魏玛共和国的解体》（也许一直还是1945年以后的半个世纪里德国最重要的历史著作）拉开了颇具争议的当代史的序幕之后，它便以迅雷不及掩耳之势迅速扩张，相比世界其他国家尤其是意大利和日本，当代史对德国内部关于自我理解和战前历史的讨论产生了巨大的影响。一些重大司法审判程序的广泛效应是不容置疑的：如奥斯威辛和马杰达内克诉讼程序，20世纪70年代末播出大屠杀肥皂剧的新电视媒体，德国国防军图片展以及纪念碑争论，它们各自产生的效应要比历史学的苦心钻研所产生的直接影响更大。但最晚在此类争论进入第二阶段之后，历史编纂学的成果也得到了人们的认可，因为人们通常会发现，历史编纂学已经可靠地澄清了许多问题。除一些新的高潮外，如马丁·布罗斯查特的《希特勒的国家》和汉斯—彼德·施瓦茨的《阿登纳传记》，西德的当代史以一种无法遏制的花样翻新和丰富的产量而著称，但它并未在布拉赫尔的创新性推动之下持久地提高一种真正的现代政治史的理论理解力。

世界各民族大都会极其不情愿地面对他们在过去共同犯下的罪行。西德人也逐渐顺应这一潮流，而且数量惊人，这与未被予以高度重视的当代史的推波助澜是密不可分的。此外还有一点:通过比较人们会清楚地发现,世界上没有任何一个国家的历史学能够像德国的当代史和近代史那样(过去和现在)在1945年之后对公共舆论产生如此深远的影响,相对于社会学和文化学也是如此。

上文提到的三个方向或三种流派中最后、但相当重要的当属社会史了,它从20世纪60年代中期开始迅速发展:它由维尔纳·康泽推动,间接地也得到特奥多尔·席德尔的支持,但最为持久的影响则来自汉斯·罗森贝格,他主要师从格哈德·A·里特尔,后者培养出了最多的严谨的社会史学家。此外,当时对社会史感兴趣的年轻历史学家来自德国的各个地方:格廷根、柏林、蒂宾根、科隆、汉堡和海德堡。这些新流派通过一些共同的特征而名噪一时。

对德国"违背文明"的长期社会前提作出解释,这是社会史学派的中心任务。那种由来已久的关于德国"特殊之路"的论点也因此获得了影响。据我所知,当时一代政治学者第一次毫无保留地支持今天行话中所说的"西化"。这与他们在留学英美期间的个人生活经历也是有关联的(法国没能像美国和英国那样慷慨地给德国人发放奖学金,不能不说是其文化政策的一项重大失误)。自以为德国历史主义具有无法超越性的狂妄自大心理开始向那种好奇心退却,即人们从那些更为系统的相邻学科中如社会学、政治学和经济学中能够学到些什么,以此来恰当地领会和把握结构与过程。这种好奇促使人们转而研读马克斯·韦伯和马克思年轻时代的作品。那种在系统和结构范畴中体现出来的思想魅力就源于他们二人,当然这是以明确贬低个人主义为代价的。对理论阐释的兴趣导致了一场旷日持久的理论争辩(在特奥多尔看来是继德罗伊森和布克勒时代以来的第三次大辩论)和兰普雷希特争执。这场辩论虽然迟早会波及德国历史学的所有特殊时期领域,但它主要还是由近代史学家们发起的。他们当中首当其冲卷入这场辩论的是社会史学家,因为他们最为明确地坚持理论指导下的实践行为,坚持对认知兴趣作出详尽的解释,坚持将问题置入一种全面的经过理论解释的相互联系之中。

科学明智始终是这场辩论的关键性特征,在此过程中并未出现坚持一种唯一正确的理论约束力的正统观念:坚持黑格尔的历史哲学也好,坚持原产英国或法兰克福的新马克思主义也罢。恰恰是后一种可能性在1968年前后弥漫了整个德国上空,就连保守的政治史家也对此表示担忧,甚至将之描述为迫在眉睫的危险。但是尽管对1848年以前"年轻时代的马克思"思想进

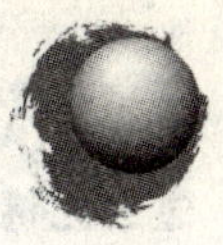

行了各种深入细致的研究，德国各高校却没有一位历史学家作为真正意义上的马克思主义者脱颖而出。

这种令人暗自吃惊的直率基本上受三个因素制约。首先，谁要是懂得怎样在历史学范畴里进行思维的话，他就不会在一个像联邦德国这样的冷战"前沿国家"里，而且是以前东德这样一个遭万人唾弃的国家为邻。其次，因为参加上述理论争辩的年轻学者无一不在可塑之年有过长期旅居美国或英国的生活经历，故而这些国家注重实效的自由主义和日常生活中的民主对他们产生了持续的影响，他们也因此同时具有了一种针对带有历史神学色彩、要求最终决定权的救世说预言的免疫力。最后，他们当中的大多数都坚信，实施一种连续的改革政策需要人们付出关注和耐心，也就是说波普尔的非完整性改革要远远胜过暴力变革。在迄今为止极其保守或至少右倾自由主义的历史学发展史上，首次有一大批青年历史学家致力于社会民主和工会事业就正好说明了这一点。

就这点而言，完全多元论的理论解释符合一种时代的特征。根据不同的客观问题，马克斯·韦伯的行政体制理论、格申克龙的工业化理论或者电动合成的不同帝国主义理论都能够得到解释。在与1968年前后大量涌现的传统过分要求的对峙中，这一基本观点证明自己可以立于不败之地。它也使得那种自由的理想得以被坚决地捍卫，即思想、构想和理论应当在理智的市场上自由地相互竞争，虽然理论支持者影响的扩大使受到惊吓的保守的专业同行们将他们看作是马克思主义者，但是鉴于这场理论讨论的真实性和明辨性特征，所有那些非难言论很快就灰飞烟灭了。

归根结底，第三次原则性争论在极短的时间内就取得了成效，以至于随后达到的内省水平很容易就能够被超越。不言而喻，这与考虑到理论阐释存在于西德历史学中的那种不可否认的补救之需求是分不开的，而且最终也与论证的说服力有关。尽管如此，这一成就仍需要人们作出解释。

对讨论结果的接受以及由此对理论指导下的社会史和经济史的认可一方面是由这一事实促成的，即这些学科无论在方法论上还是在实践操作方面，它们在对待原始资料和析释经验结果时能够与最苛刻的政治史学家一样严格和缜密。因此在舆论批评中，那些具有自我意识的新人从未因为不注重方法论和欠缺经验基础而受到指责。这使得年长的学科带头人们能够依据评判标准迅速打消他们的疑虑。

此外，这一领域还有一个与当前的"新文化史"明显不同的地方，对于"新文化史"将在下文加以探讨。在对上述流派进行了大量的分析研究之后，人们发现，该流派缺乏一种文化学方面的方法论指导。比如说仅从35本自传小说中就得出有关帝国时期民族主义和资产阶级关系的重大结论，尽管至少有350本(而且很容易搞到)有代表性的自传小说可供参考，更不用说那些因过于分散而无法统计的作品了。再如仅以几篇文章为依据就得出最为荒谬的关于爱情、激情和同一性的一般性结论，以及从一位贵族对其情妇的回忆中推导出19世纪妇女的“性特征”，尽管贵族男子对异性的自由关系早已有之，且女人的情欲吸引力也不是在19世纪才被发现的。

另一方面，一种认识广为传布(尽管如格哈德·里特尔所言，它并未被人们牢记在心)，即占统治地位的政治史尤其是外交史长期忽视对现代经济和社会中的紧迫性问题进行有效的研究，虽然1929～1949年仅仅二十年的经验就已经说明了某些社会现象的生存意义。近代社会史的推动者，主要是对理论有着广泛兴趣的特奥多尔·席德尔、维尔纳·康泽和奥托·布龙讷，他们以讥讽式的好奇对待这场理论辩论，亲自对之进行干预，并用自己的威望作为保护伞覆盖整个辩论活动，他们的这种做法也在一定程度上助长了上述漏洞的形成。

对理论感兴趣的社会史学家的那种做法最终被证明是有益的，即他们并不像通常正统的马克思主义者那样把自己的主要研究对象(现代社会)理解为占支配地位的经济基础发展运行的结果。相反，他们甘愿承认现代社会本身具有一种发展动力，这种发展动力是由统治利益、社会团体的特殊利益、不容忽视的经济驱动力和指导行为活动的意识形态所决定的。意识形态这一概念在当时应运而生，因为它能够较好地与利益分析说相协调一致。当然，如果能在意识形态概念中恰当地融入宗教和其他“宇宙观”的调控能力，那将是更为明智和有远见的做法。这方面的先锋者应该更加充分地了解常被引用的马克斯·韦伯关于现实的双重结构问题。因为韦伯的行为理论使对相对“客观的”人口发展过程、经济过程、社会结构过程和政治过程的重视与那种在“宇宙观”指导下的对世界的感知相结合，行为人最终主要遵循的就是这种对世界的感知。

无论如何，通常情况下那种紧急危险得到了避免，即把社会升格为一个在某种程度上独立的集合主体，然后让其在历史发展过程中登台表演。从缩略的角度来看，社会作为集合概念是难以避免的。但具体而言，社会的含义往往是指经济、思想体系和政治的“社会秩序和权力”，无论小到个人还是大到团体，它们都是在这种秩序和权力的持续影响下而形成的。

为了也能够在公众中树立自己的形象，社会史学界一反常态地积极参

与第三次理论大讨论，以此表明自己从事科学政治活动的意愿。当代人的经验再次为这一态度提供了依据：宁肯过早地公开明确地表明自己的立场，也不愿像父辈人那样再次承受别人胆小怕事的指责。

此外，如果暂且抛开历史学家这一话题，并从广义上来领会和把握世代这一概念，则人们必须意识到1925～1940年对后世造成巨大影响的一种现象。因为属于被打上民族社会主义、战争和战后时代烙印的"1945年一代"的人有：于尔根·哈贝马斯、威廉·亨尼斯、拉尔夫·达伦多夫、赖讷·莱普修斯、卡尔·迪特里希·布拉赫尔、马丁·布罗查特、赫尔曼·吕伯、托马斯·尼佩代、海因里希·奥古斯特·温克勒尔、沃尔夫冈、汉斯·莫姆森和其他一些年轻学者。剔除炫耀卖弄的成分，人们也许能够这样评价说，这一代人无论在科学界还是在造舆论方面都取得了明显的效果，其持续时间之长令人惊叹，造成的影响堪称绝无仅有。把"1945年一代"作为一个集合从整体上加以研究也许将是非常值得的事情。

社会史和文化史之间的决斗

与1200多个历史学教授席位相比较，或者拿历史学家协会的成员数量来衡量，社会史学家总是只占很少的一部分。但是对那些对理论感兴趣，同时又愿意对经验进行更加深入的研究，而且不想再将行业发言权拱手让于政治史的学者而言，社会史还是具有相当的吸引力。

在经过了大约二十年的时间之后，社会史陷入了四面楚歌的境地，这一局面一直延续到了今天。一方面，在反对以结构和过程形式的“冷静”思维的同时，个体行为人的行为能力和他们的处世经验（简而言之，那种“代理处”因素）受到了人们的重视。对社会史的批评主要针对西德社会史中一处不可否认的行为理论欠缺，它置韦伯的再三强调于不顾，忽视现实的双重结构问题，即“现实历史”条件以及认知和意义阐释。

除科学界内部对社会史的正当批评以外，人的思想和精神大气候也发生了深刻的根本性变化。那么这种转变的基础是什么呢？

始于20世纪70年代初的史无前例的世界经济萧条，逐渐为人们所意识到的环境问题，“第三世界”无休止的战争以及一种具有仇视启蒙宣传的福柯风格的、以哲学为基础的新怀疑论的影响，所有这些削弱了人们对过去二十五年的乐观主义和对西方现代化优越工程的信仰。与此相联系，人们开始愈发怀疑韦伯、马克思、卢曼和帕尔松等人的重大理论，这些理论以极为严格的结构思维压制了行为人和他们各自的生活命运——在一个使涉及程度、心理状态和自我表现等文化价值上升为有约束力的行为准则的时代里，这无疑是一个致命的缺点。

多元文化社会将人们的目光引向其他的组织原则、对立紧张关系和配给经验，而非诸如社会结构和等级、市场和经济增长等熟悉的范畴。同样对这些结构变化作出反应的“语言学转向”以及语言哲学、语言学、人种学和社

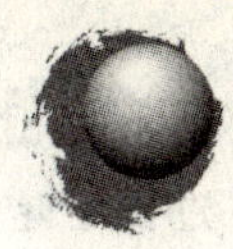

会理论的合力影响汇聚成对一种“新文化史”或历史文化学的讨论，这一讨论随即以典型的优先权要求对最明显的敌人即理论指导下的社会史发起攻击。

这种讨论在德国基本上是从十几年前才开始的，因为相比法国、美国和英国这些率先开展此类讨论的国家，德国过去和现在都具有某种针对过度要求的免疫力——因此，这里主要涉及的绝非是一种典型的德国文化迟滞现象。

上面提到的免疫力与德国历史学中的注疏学传统和理论导向有关。自德罗伊森和狄尔泰时代以来的古典注疏学总是以语文学的功效为出发点，把对文章的译释、“解码”和“会意性”解释摆在中心位置。不少今天被认为是“语言学转向”的卓越成就都不言而喻地属于古典注疏学的实践范畴。语言可以使表达委婉或开门见山，它可以掩盖或揭露统治关系——哪一位通晓注疏学的历史学家不知道这一点呢？显然，同样以“语言学转向”为基础的“文化主义”能够最轻松地从一种像美国语言学这样的科学文化中赢得初始活力，因为它不受注疏学的浸染，而是继续追随实证主义理想。

对于这场变革的理论家们而言，赫尔曼·海姆佩尔美妙绝伦但又不无讽刺的座右铭“博学使人不思进取”再次显示出其适用性和有效性。如果稍微博学一点儿的话，福柯就不会对历史主义和注疏学作出重大误判了。每一次探索都会带来一些学习经验，在旧有的熟悉的领域里也是如此。人们在德国为这种免疫力的效率付出了惨重的代价，因为对文化史的必要研究以及不得已时与某些文化学大师的正在交锋总是被一再推迟。这种局面必须要得到改观，德国人必须马上消除自己的矜持态度。

迄今为止的一个中期结果是：文化概念继续保持无定形的态势，其含义往往在所有的可能性之间来回摆动，而现代历史虽然不乏高调的要求，但却在很大程度上欠缺有充分说服力的经验研究。不管怎样，新近还是有一大批优秀的作品问世，如保罗·诺尔特杰出的《20 世纪德国社会等级制度介绍分析》，塞巴斯蒂安·康拉德的《找寻失散的民族——1945 年后的德国和日本》，托马斯·默尔格的《1914 年前莱茵河流域天主教资产阶级分析》，曼弗雷德·黑特苓的《一战前德国和瑞士城市中的政治资产阶级》，斯文亚·戈尔特曼关于 1900 年之前国家外部形态生成问题的“国家之躯”，乌特·普拉内尔特的《德国的反女权主义》，马努埃尔·弗赖的《1760～1860 年的纯洁公民》。所有这些都与传统的评判方式进行了抗争，并且代表了一种受人欢迎的革新运动。

每一项成功的科学研究背后总有一些这样的成分，它们只是在文化的浪潮上随波逐流，对差异与解构、推理与本体等一些时髦词感兴趣，感觉不受历史学严格的方法论的束缚，并且另辟蹊径地选择了高雅的文艺小品这种形式。这一点在某些研究方面得到了特别明显的体现，这些研究美其名曰为“推理分析”，但却既不熟悉福柯的“考古学”推理分析，也不知道他的“家谱学”推理分析，虽然它们不厌其烦地把福柯作为权威人士和神圣不可亵渎的灵感加以引用。众所周知，福柯的第一种推理分析后被他本人否定，第二种的深奥莫测也无特别吸引人的地方。一种当然完全有可能的历史学推理分析的精确性(准确限制推理构成、确定社会结构、使共同语言及其惯用语句具有同质性、权衡语言游戏的行为重要性等等)在这些研究中未留下哪怕是一丁点儿的痕迹。相反，这些研究只是从传统的协会公告等资料中复制出如关于工业利益和国家利益的普遍公开辩论，它们并未探讨协会研究的那种典型的两难境地，即协会内“观点制造者”的评判以何种程度反映、歪曲或指导了那种很难被打听到的“基础”观点。

借助于有说服力的科学研究人们也能看出，将来也许不是对立冲突，而是协同合作具有最好的前景。因为无论是诺尔特和康拉德的分析、默尔格和黑特苓的资产阶级研究，还是普拉内尔特和戈尔特曼的作品都展示了尽可能多和必要的社会史成分，同时也没有放弃自己对文化学解释的偏好。这种彼此融合的意愿当然不是德国独有的现象，具有相同内省水平的类似的扩散过程在美国、英国和法国的历史学中也能看到。

“新文化史”的欠缺

尽管如此，经过与世界其他国家的对比，人们还是能够发现“新文化史”的一些不容忽视的缺陷。长期以来，文化史辩论醉心于一种单纯幼稚的探险激情，1900 年前后在韦伯、西默尔和特勒尔奇等人之间展开的文化学讨论对某些重要问题已经解释到了何种程度，这一点好像正在逐渐摆脱上面提到的那种探险激情。因此，人们作为历史学家不断会有怀旧的体会。

当前，相对结构主义形成了一种广泛的文化史潮流的认识论基础。作为相对结构主义的过度发展形态，极端结构主义居然也吸引了像尼克拉斯·卢曼这样有清醒头脑的学者，但是鉴于极端结构主义经常会导致荒谬的误解，故而在此无需对之加以赘述。一种现在尚不占主导地位的说法是，相对结构主义正好是新康德主义认识论的复兴，对此马克斯·韦伯在其《论客观性》尤其是《论科学原理》一文中已经坚决和卓越地进行了捍卫。只有在明确的“价值思想”的照耀下，或者用今天的行话来讲，只有在经过阐明的认知兴趣的指导下，科学家才能对所研究的问题进行建构，而他在仅具备些许探险家的好奇的前提条件下，在浩瀚无垠的历史采石场里是绝对找不到这一问题的。

例如，一项对人权起源的研究需要首先确认上述认知兴趣为合法，这不言而喻是一个充满价值评判的过程，这些价值评判必须通过详尽的探讨从而使自己具有争辩力；此后我们才能针对某一问题拟定具体的分析方案，认知兴趣也才能将注意力转移到过去的起源和联系上来，这些起源和联系也许正是实证主义历史学家所不曾觉察到的。从某种角度来看，韦伯的“宗教社会学”为此树立了典范，即经过阐明的“价值思想”怎样能够赋予一项大规模的科学研究以灵感并对之加以组织建构。

总之，当前结构主义所要求的至关重要的思维方式和思维程序是所谓的“新发现”，这些“新发现”是新康德主义认识论完全能够意识到的。当然，目前的复兴运动也以某些亮点和精确的解释超越了这一出发点，真正的收益其实也正在于此。但是结构主义思维的明显连贯性还是从闻所未闻的革新要求身上炸掉了某些成分。

在美国这样一个经济实力不断增强的日益上升的消费社会中，一种富有启发性的文化史已经开始形成，并且还导致了总体资本主义概念的升值。与美国不同，德国的“新文化史”在“社会”这一字眼对许多文化史的拥护者而言简直成了令人仇视憎恶的概念之后，继续对社会生活的主要现象予以排斥。社会结构的等级制度、受市场制约的社会等级带来的坚韧后果、获取机遇和资源的特殊等级限制、精英阶层和起伏频度的作用功能，所有这些社会生活的主要现象都遭到了排斥，仿佛如果不这样的话，现实历史状况的权力就可能会被解除。

与那种经常能够被遇到的将社会、社会结构及“社会现象”渐隐的决定联系在一起的是以下这些不容拒绝的问题：“新文化史”的理论假设究竟是以哪些社会想象、至少是对打上社会烙印的“秩序和权力”的想象为基础的？放弃恰当地解释文化史对造成社会差异的不同制度的想象，与此相联的都有哪些缩略和简化的表现方式？为了最终消除这种缺陷，新文化史都面临着哪些步骤？个别社会史学家有可能顺应理智诚实的号召，在详尽解释自己的认知兴趣方面做得过于夸张。特别是在考虑到社会“情境”的条件下，对认识论前提作出更为详尽和有说服力的解释，这将是“新文化史”所要面临的任务。

在德国至少同样有害的是对经济史的渐隐，而在美国人们看到的则完全是另外一种情形。在全球经济一体化的背景下，在新自由主义装饰下的涡轮资本主义（一种在世界股市和资本市场上由基金会、大银行和投机商支撑的非正式的美国金融帝国主义）新阶段，这种对经济史的渐隐无异于令人窒息的对现实的视而不见。作为在社会心理学、法律和政治方面根深蒂固的，而且也带有一定社会自我逻辑性的独立的组织结构，现代资本主义（如韦伯所言我们日常生活中最强大的力量）早已被建立并得到了巩固。“新文化史”早晚必须要面对这种现代资本主义，否则将受到衰败的惩罚。至少是清晰易懂的对亚当·斯密学说的贯彻，对西德的“社会市场经济”以及对新自由主义市场教条的推理分析必须能够逐渐吸引一些有清晰头脑的人士。

相同的指责也同样适用于那种不可原谅的对政治史的忽略。的确，某些文化史学家持这样的观点，即对符号和程序的分析受政治讨论和政治庆

典的影响，迄今为止很少或根本没有解释清楚政治生活的各个维度。当然情况也并非总是如此。在托马斯·丘尔德斯对魏玛共和国时期政治语言的等级隐喻进行研究的时候，他发现了一个直到今天仍很著名的要点。但是为何等级语言只在德国而且是直至今日还能保持如此大的影响力，这一点并未得到解释。

总而言之，对“方法”和“原因”的提问往往排斥了描写和因果作用的解释。科学研究早已证实，社会达尔文主义对希特勒和其他纳粹头领的精神世界产生了压倒性的影响。如果今天再次仔细研究进化论和种族生物学讨论，则人们肯定会对1880年以来的极端民族主义现象及其影响有新的认识，从而避免孤立地看待纳粹领导层。

最重要的一点是：政治史不能失去自己的主旋律，即为争得政治统治和合法基础而不懈地斗争。“政治的东西”是一个模糊值，如果人们出于谨慎而不想以对卡尔·施米特的敌友关系的极度简化为基础，而且这种简化急需通过统治形式和合法形式得以详述。在这种情况下，人们应该彻底坚持韦伯的观点。当然，程序和符号、讨论和宇宙观所扮演的重要角色是不容忽视的。特别是在政治史因1989～1991年世界历史的重大转折（随着苏维埃帝国的解体和俄罗斯世界大国的衰落以及一种新的全球力量格局的形成）而急剧升温之后，如果文化史不能成功地、富有创见和令人信服地阐释统治和合法疑点的中心而非边缘问题的话，它在吸引力和市场价值方面将会有所损失。

鉴于“新文化史”的上述明显欠缺，一种经过理论思考的社会史所具有的领先优势好像始终很难被赶上。这种判断当然也是以此为依据的，即社会史仍然能够吸引超过半数的学者，也许恰恰是这一点自一段时期以来因为新社会史的魅力和“旧”社会史的局限性而显得令人生疑。在某些方面人们依旧能够看到那幅熟悉的画面，在画面中韦伯的那句名言“随着指导性价值思想的改变，科学研究也相应地发生变化并聚焦新的问题”再次成为人们争论的焦点。

在对一种出于“赶时髦”而推行的文化史进行批评之前，还是要对开头提到的第二种确定作一番评论。如果说从第一种观点来看那引起学科重点及主导潮流的差异性和非对称性处于中心地位的话，则人们在这一变化多端的表层背后不是能够识别出一些共同趋势。

在20世纪五六十年代，先是植根于战后二十五年间完全出乎意料的持续经济繁荣（埃里克·霍布斯鲍姆在其《极端的年代》一书中称之为西方工业资本主义的“黄金岁月”)，继而由增长范例所承载，直到“经济理论历史学派”的异国出游，经济史在世界范围内经历了一次升温浪潮。但经济史的繁荣对创造经济奇迹的联邦德国波及程度却最小。

社会史的迅猛发展从20世纪60年代末一直持续到80年代，除社会特征外，社会史往往还想澄清长期被忽视的经济发展和政治的社会基础。

上述两大趋势大致映衬出政治史的惊人衰退，后者从80年代才开始重新复苏。由于明显的原因，德国当代史在这方面是个特例。但无论在理论上还是在方法论上，德国当代史对于尔根・奥斯特哈默尔和克里斯托弗・图尔纳在其作品里体现出的现代政治史所做的贡献迄今为止一直不是很大。

就连一种特殊的后现代论证手法迄今为止也无法激活当代史领域的辩论。显然，这种时尚潮流把对犹太人的大屠杀称作是西方文明及其工业崇拜、笃信进步的唯科学主义的“黑色”现代化容量的产物。这与福柯把西方社会想象成阴暗的、推行丧尽天良的“生物政治”的“地牢社会”是同出一辙的。在其世界观遭遇彻底冷落之后，迄今为止视西方资本主义为世上万恶之源的格拉姆斯基主义者绝非偶然才跳上新的基础批判的车辆，从而可以义正辞严地将民族社会主义的深重罪恶当作普遍的文明堕落予以抨击。通过把屠杀犹太人事件以上述方式欧洲化甚至全球化的做法，它迫使人们完全放弃历史联系，也就是说忽略德国在大规模屠杀欧洲犹太人时所处的特殊历史条件。掩饰每一笔明确的历史清算都会带来严重的后果，对此当代史何时能够最终予以抵制，这一点人们将拭目以待。

马丁・布罗查特在担任慕尼黑当代历史研究所所长的将近二十年时间里，对研究所的发展起到了积极的推动作用。在他身故后，其继任者霍斯特・默勒使该研究所陷入了一种僵化状态。对当代史研究的无动于衷与这种僵化状态是不无联系的。如果说慕尼黑研究所此前还促使人们开辟新的研究方向(“自下而上”的纳粹历史、反对占领和抵抗运动、“第三帝国”与联邦德国之间的连续性)的话，那么它在布罗查特辞世后实际上已经开始沉默。该研究所的知名期刊《当代史研究季刊》开始萎缩，它不再探讨有争议的话题，也激发不起有建设性的争论。截至1994年，默勒一直在以一种傲慢的固执试图捍卫慕尼黑研究所在当代史研究领域里的垄断地位，采取的方式就是百般阻挠专注于前东德历史的波茨坦当代历史研究中心的成立。他的这一企图并未得逞，而且他领导的研究所迄今为止也没能在东德历史研究方面取得令人刮目相看的成绩，更谈不上什么盖过波茨坦研究中心的科

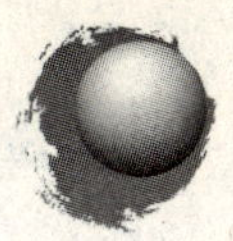

研成果了。新的、未被解决或者仍旧悬而未决的政治史问题在德国当代史中大量存在。但是怎样才能克服这么一种倦怠状态(也是因为慕尼黑当代历史研究所的状况),这一点现在还不得而知。

随着时间的明显推移,"新文化史"的挑战已经在各个领域产生了效果。继汤姆普森提出文化史的先锋角色之后,"新文化史"从20世纪60年代开始在法国、美国和英国(在德国从80年代才开始)提出了明确的要求。前文已经概述了当前社会史与文化史之间的对抗。对这场决斗的结果预测显然也要在很大程度上取决于个人的科学经验和规范的预先决定。

“新文化史”不问政治的禁欲态度

本章标题引出了最后一个观点。简短地说，鉴于我们对环境的依赖性以及我们的思维和语言完全规范的混杂结构，我们在人类科学中总要不可避免地含蓄地（但愿尽可能明确地）表达政治态度，从而使自己的观点和立场具有说服力。没有什么像令人生疑的“不含任何价值评判”的标榜那样经常被人误解，因为韦伯“毫无顾虑”地主张人们专注于认知兴趣和指导性的价值思想，但接着又想为研究未加思考的伦理要求和新的价值评判的潜入大开方便之门。对那种无法消除的政治“责任”的理解认识以及作为其后果一种相应的行为能够从20世纪60年代开始在西德历史学领域有如此的作为，这主要是两种影响作用的结果：其一是那种急切呼吁人们不忘政治责任感的时代特色；其二也是（此乃经常遭到讥讽的理论争执的重大收获）对历史学研究能够、想要和应该达到什么目的所作的认识论解释。

严格地讲，年轻一代历史学家通过一种明显不问政治的基本态度对上面提到的那种收获提出了质疑。另一方面它也表达出一种理论上的不彻底性，说得不客气一点儿是对自己职业涵意的逃避。人们在近代社会史、经济史和政治史中肯定也能发现这种变化了的基本态度，它在“新文化中”中体现得最为明显。新文化史极尽政治禁欲之能事，尽管它也有清楚易懂的理论可供炫耀。

为了说明这一论点，让我们回顾一下历史上的几次大讨论，而非众多细腻的政治辩论。曾经有哪怕是一位年长或年轻的文化史学家参加过十四年前的“历史学家争论”吗？尽管那场争论毫无疑问而且也正好涉及世界观和语言问题。文化史学家中有谁参与到围绕屠杀犹太人纪念碑的辩论当中了？他们当中没有一位这样做过，只有那些精脱的年长分子曾提出过赞同和反对的观点。文化史学家何时对丹尼尔·戈尔德哈根无法言表的《垃圾

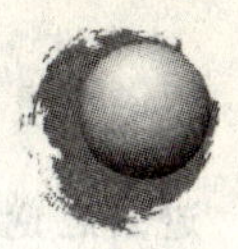

书》作出过反应？尽管书中也涉及心性、仪容和话语。他们中有谁对德国国防军图片展发表过评论？该展览的效应完全以图片破除禁忌的力量为依据。虽然展品在绘画技艺方面还存在诸多不尽如人意的地方，但展览活动还是给文化史学家提供了足够多的进行干预的理由。

当初"德国基金会"将"康拉德·阿登纳奖"颁发给柏林历史学家埃恩斯特·诺尔特，随即引发了三起丑闻事件，而且此事给人们提供了足够多的进行干预的理由，可有谁冒险对此作出批判性评论了？首先是基民盟丑闻，在对颁奖一事保持明确的疏远态度这一问题上，就连新的政党和议会党团高层人士也意见不一。即使安格拉·默克尔两年前对当时的基金会奖得主沃尔夫冈·绍伊布勒大唱颂歌，她也没能减轻这起丑闻事件的重荷。但是对一种新路线的拥护现在允许甚至要求基民盟成员与历史划清界限，必要时在法律论证的基础上最终放弃政党创始人的名字。第二起丑闻当然才刚刚开始，也就是说人们意欲抬高"历史学家争论"的失败者埃恩斯特·诺尔特的地位，尽管他从那以后顽固地坚持极端民族主义和偏狭的思想。第三起丑闻产生于慕尼黑当代历史研究所所长霍斯特·默勒准备为诺尔特高唱赞歌的那一刻。就算默勒为舆论批评所迫，要求有自由发表言论的权利，那么这一权利在任何时候都不会引起争议。但是务实的理智可能会要求他勿以这等阿谀奉承去暴露自己的软肋，损害研究所的形象和研究人员的团队精神。

文化史的代表者再次错失了明确强调自己政治立场的良机。这一说法同样也适用于那些年轻的历史学家，他们近来致力于完全合法地澄清前西德知名历史学家与德国"褐衫党"有染的历史。既然他们作为动机之一(其动机总体看来根本未被明确阐述)强烈要求清洗历史遗留问题，他们也就完全有理由参与上述历史讨论。之所以这样，也许是因为整个"文化领域"(P·布尔迪厄)在过去一段时间也发生了变化：大学历史学教授们往往不再担纲"历史知识分子"的领军人物，这一角色现在更多的是由一些新闻记者来接替(如弗兰齐丝卡·奥格斯坦、古斯塔夫·塞伯特、福尔克尔·乌尔里希、约翰内斯·维姆斯)。

那些具有长期艰巨性的问题的解决情况又是怎样的呢？改组改造问题、社会福利国家的捍卫问题、南北差距问题、市场迷信的胜利进军问题、新自由党人的信仰替代问题以及多元文化社会问题，所有这些无一不是亟待新生代历史学家解决的问题。

"新文化史"在为自己辩护时使用了一些熟悉的论调，例如"新文化史"

不在乎引起轰动的公开争论，而更看重运用高明的手段暗中削弱一些理论范畴，这些理论范畴迄今为止被认为是优哉游哉、自以为是，但实际上它们却带有一种预先判断的负荷。这些观点对于科塞莱克的概念史而言肯定并不陌生。如果这一福柯式的启发能导致令人信服的认识那将更好，但是从长远来看，政治责任心是不会满足于这么一种概念史的解释的。

再比如，妇女史和人种学研究的政治推力是显而易见的，因此只有纯粹的无知才会否认"新文化史"的政治意图。这种观点在美国也许适用，但在跨越大西洋前往欧洲的途中它的内涵已明显大打折扣。女性青年历史学家对性别史的政治兴趣在这儿已明显下降，仿佛中心任务已经解决，现有状态在没有持续的政治活动的情况下也能轻松维持。人种学研究的刺激作用虽然能够在德国使人们重新将注意力转向鲁尔区这个各种族融合的地方，或者转向诸如布雷斯劳这样的德国人和犹太人共同生活的大城市，也就是说转向多元文化的区域社会问题和城市社会问题，但却尚未导致一种明显和明确的政治责任的生成，这一责任是在那种相当软弱的科学所固有的针对"大师讲授"（无论是保守的、自由的抑或现代化理论的）的反抗之外的。

文化史的非教条主义学者应该在今天而非明天对他们的政治责任给予详尽的答复。这样做会把他们立即引向他们自己的时代经验（这些时代经验当然远非"1945年的政治一代"那样千篇一律）和理论基本决定。如果这些经验和决定能被坦率地加以讨论，则在他们和遭到诋毁的社会史学家之间会最终形成一种更具建设性的对话。的确，时代经验一般说来无法传承，也很难被推广，但由此产生的分歧还是会有所斩获的。比如说双方的对话有可能会打开一个共同的利益场，该利益场（正如马克斯·韦伯的一个指导性提问所瞄准的那样）通过具有各自价值范围的"社会力量"涉及特定人物类型的特征。这将迫使对话双方尽可能精确地阐明社会构成条件。

总之，跟不久前里查德·罗蒂鉴于美国的情况所发的怨言一样，近二十年来德国的政治讨论中基本上也缺少"文化史一代"的声音。但是由于历史学总是以明显和细微的方式与政治局势保持着联系，因此这种政治上的禁欲态度迟早会被证明是"新文化史"的最大障碍。如果"新文化史"不最终消除这种禁欲态度，那么它作为历史思考的力量遭到失败也是在情理中的事情。

1945年以来的理论流派

回顾过去,20世纪后半叶都有哪些重要的国家历史乃至跨国理论流派值得人们加以强调和烘托呢?

Ⅰ. 在1945年之后的头十五年里,世界范围内好像没有一支变革潮流得到了人们的认可。同期在德国占主导地位的是一种在道德伦理方面非常敏感,而在方法论上却完全保守的历史主义,它以一种具有压倒优势的守旧的政治史为特征。虽然布拉赫尔的《魏玛共和国的解体》一书意味着一次突破,但该书在很长一段时间里一直形单影只,孤立无援,它懂得如何将结构分析方面的思考与按时间顺序排列的事件史联系起来。尽管德国的毁灭政策、俾斯麦民族国家的没落以及国家的分裂都提出了众多根本性的问题,可关于理论和方法论问题的讨论还是在不紧不慢中逐渐暗淡了下去。只有特奥多尔·席德尔以其理论感知能力在着手研究历史与社会学的关系问题、结构与个体问题和特定类型学的启发价值问题。最多还有赖因哈德·维特拉姆参与到这一解释工作当中,但他还是更为持久地(即使经过缜密思考)与历史主义的传统保持着联系。

同期,变革时代在美国、英国和法国也尚未拉开序幕。但是一股春潮已经从50年代开始涌动,并对传统的政治史施加了越来越大的压力,迫使其不得不为自己正名。来自美国威斯康星州首府麦迪逊的默尔勒·库尔蒂被证明是美国社会史和文化史的早期倡议者。"工人史"和被遗忘的底层社会的历史在英国经历了第一次复苏,这在很大程度上要归功于埃里克·霍布斯鲍姆。在法国,巴黎和其他省市大学的教授们继续捍卫政治史的霸权地位,但它已明显受到了年鉴学派的纲领性推动力的挑战。传统的政治史拿不出任何有说服力的观点来反驳布罗代尔的创新研究和开拓工作。

Ⅱ. 从20世纪50年代末开始直至60年代,以弗洛伊德学说为基础的心理史学标志着历史学向未知地带的第一次进军。如前所述，心理史学基本上是一种北美现象（除零星地扩散到法国贝藏松等地外）。为何它的影响只局限于美国呢？

一方面，在这个时期心理分析作为针对社会中上层成员心理问题的疗法继续保持升温势头，而且这一趋势也恰恰在人类科学当中创造了一种相对于弗洛伊德心理分析学说的积极态度。造成上述现象的另一个原因也许在于对二战经验的加工处理上。除美国外，迄今为止又有哪些国家和地区顾及到了那些如恐惧和惊慌、恐怖和崩溃等剧烈的思想活动？制造大屠杀事件的相关国家的政治史和军事史对此完全保持沉默。这样看来，那种迅速兴起但又很快消逝的对心理史学的兴趣预示着人们终于开始对在历史发展过程中被忽略的维度给予正确的评价。

在人们从方法论层面上找到一种令人满意的分析途径之前，心理史学已经开始走下坡路。即使在间隔了一段时间之后，发展心理学和异常行为心理学也都未能刺激心理史学的重新复苏，按理说应该恰恰是后者能够继续推动心理史学的发展，毕竟弗洛伊德心理史学家在对希特勒的异常行为作出心理史解释方面付出了如此多的努力。

近来对心理问题的兴趣在“新文化史”特别是在情感史中又重新复活了。但是仅凭一些弗洛伊德学说的词汇是不够的，这一苗头在方法论上还显得非常稚嫩。如果这种研究方向应该继续得到关注的话，则严肃的科学使命和严谨的治学态度要求人们要对此作出双重研究。

Ⅲ. 新古典经济学理论最初曾经以具有高度艺术性的抽象的表现风格而赢得历史学的青睐，在该理论重返历史学王国之后，历史学领域的第二次革新浪潮也随之涌现。如前所述，美国年轻的经济理论历史学家按照其要求把这幅高度发达的资本主义“自由”市场经济的图画转载到了所有的历史时期，尽管从务实的角度来看，近代时期尤其是美国现代时期对他们而言是处于中心地位的。尽管经济理论历史学派所具有的那种天真的傲慢，以至后来的诺贝尔奖得主道格拉斯·诺特从根本上将“西方的腾飞”归因为对财产权的确立和保护，但是与其他文化形态相比，它还是抓住了西方特殊地位的一个重要因素。马克斯·韦伯在准确表达西方特征时已经完全意识到要对财产权利予以法律保障，鉴于他在领主支配权方面的法律学习经历，这一点也就显得不足为奇了。

经济理论历史学家在某些方面（当然首先是在自18世纪以来的美国经济史领域）取得了一些重要成果，这些成果经受住了来自学术界的批评。但

是那种毫无保留的(即使是短暂的)对经济理论历史学派的信赖仍然是一种美国特有的现象。

与同期的新古典理论一样,经济理论历史学派正好也遭遇到了令人困惑的局限性,因为经济行为的社会文化联系很明显极大地限制了人们对不以时代为转移的解释力的要求。这一经验直接把人们引回到了那种由马克斯·韦伯所发展的社会经济学。它也标志着在新古典经济学的理论探讨中出现了一种文化主义转折点。新古典经济学提出的以不断追求成本收益计算的"同类经济学"的理想典型为前提的"理性选择"遇到了社会文化条件的约束力量。

这一认识被针对现代消费社会发展状况的历史研究创造性接受了下来。在美国和英国,这种认识皆导致了惊人的成果。只是在很久之后,这种研究活动才蔓延到联邦德国的历史学领域。如果不考虑这一研究方向对新古典理论假设的深入修正,它的一个重要优势在于聚焦近代资本主义在所有社会生活维度中的发展状况。当马克斯·韦伯、维尔讷·佐姆巴特、埃恩斯特·特勒尔奇、爱德华·伯恩斯坦以及许多其他学者于19世纪末和20世纪初围绕资本主义这一现代世界的基本现象展开辩论的时候,对资本主义的大讨论在某种程度上又得以重新恢复,因为处于中心地位的已不再只是长年享有特权的工业资本主义。

Ⅳ. 政治史的发展呈现出异乎寻常的矛盾态势,在所有被观察的国家里(无论有无新的潮流趋势),政治史研究皆占各类史学专著的大部分。在德国,卡尔·迪特里希·布拉赫尔在方法论和理论方面的划时代成绩多年来令各类专著和综合类论著望尘莫及,但这一成绩并未发挥出普遍的典范作用。布罗查特也以《希特勒的国家》一书使自己保持了三十多年的特殊地位,因为他也懂得如何经典地使结构分析与事件发展过程相结合。因此,人们一般可以认为,方法论和理论研究的萧条在很大程度上是德国政治史尤其是国际关系史的标志,过去是如此,现在也是。

从20世纪90年代中期开始,上述领域的研究才又一次获得了新的推动力。作为最重要的变革,一种符合关系史和转变史(而非熟悉的比较史)的新型国际史脱颖而出,于尔根·奥斯特哈默尔是在德国熟练应用这种国际史的代表人物。以此政治史终于给自己打开了通向全球舞台的窗口,而六七十年代的帝国主义研究并未做到这一点。通过对1939~1965年处于比利时、美国和土著三方影响下的刚果政策的分析,托马斯·默林走上了一条类似的坦途。在他之前,阿尔布雷希特·哈格曼对南非种族隔离制度的研究也选择了这条道路。自欧洲经济共同体成立以来，人们开始对欧洲政治进行深入的研究，这也许将迫使政治史更为经常地拓宽自己的视野。

V．从20世纪60年代直至90年代，人们到处都能看到社会史的广泛发展。如前所述，从专业科学的角度来看，这一现象主要是对狭隘的政治史尤其是外交史作出的一种反应，因为它们在很大程度上渐隐了重要的社会现象。其次，社会史的广泛发展也是对变得狭隘的经济史的一种反应，后者虽然经常充作经济史和社会史，但实际上却从未真正把社会包括在自己的研究范围之内。再者，迄今不为人知的研究领域即"未知地带"也对社会史的发展产生了一定的诱惑力。

如果人们想对德国"违背文明"的做法和高度现代化的西方社会向史无前例的专制暴行堕落的现象进行研究，并将之与美英那种民主制度和自由主义的表现力进行对比的话，当代史在解释社会现象方面的不足就会显露出来，这也是社会史迅猛发展的一个重要动机。这一主导性兴趣促使人们深入分析帝国时期和魏玛共和国时期的德国社会。因此，若要实现一种这样的启蒙动力，社会史相比政治史而言必须有更为深入的支点。

这里所说的"更为深入的支点"意指：社会结构及其不同的阶层和精英，社会组织如协会和党派，以及政治和经济的紧密结合。美国、英国和法国有着与德国不同的推动力，它们提升了社会史的价值和内涵。

然而社会史在发展过程中却未能形成占主导地位的优势理论。的确，在长达近二十年的时间里，英国确实有过另外一种情形，在这段时间里新马克思主义历史学家的智力潜能得到了充分的体现。但此后英国又恢复了旧有的多元论格局。马克思主义者在法国更多地是专注于经济史而非社会史研究。当马克思主义作为行动指南和明世学说失去光泽的时候，它在法国历史学中的影响也随之消失。在美国从未出现过马克思主义"学派"。虽然在相对较短的时间里，马克思主义对欧根·盖诺费斯、加布里尔·科考、罗伯特·福格尔和大卫·蒙特戈默瑞等人的理论阐释产生过一定的影响，但是这种影响不久就又灰飞烟灭了。而在联邦德国，新马克思主义所扮演的角色则更显得微不足道，对此东德超正统观念的范例难脱其咎。

总的说来，社会史的发展具有自由随便的模仿特色和折中主义风格。它时而应用阶层论、等级论和精英论，时而借鉴政治学家的协会论和政党论；它有时运用社会化研究，有时又借鉴暂时随意编造的"有组织的资本主义"概念。韦伯理论的复兴只是非常缓慢地才赢得了影响，这使得一种统一的抽象概念和解释的相似性逐渐深入人心。渐渐地带有女权主义倾向的妇

女史也找到了自己的突破方向，如消除以男性为导向的等级概念和“性别”概念，使人种学研究更加贴近人种异质性这一社会现实。

从类别系统的清晰度和视角的广度来看，韦伯提出的“西方社会史”显得最具吸引力。因此“新文化史”的一个重大缺陷就在于它始终严重忽视韦伯作品的珍贵价值。“新文化史”不应再像以往那样以短暂的时髦现象作为解决世界之谜的杰出方案，不应再对“博学使人不思进取”的命令不予理睬，这样它才会最终发现有多少认识以前已经存在，特别是韦伯已经为之探明了哪些金矿。

当“新文化史”潮流也蔓延到德国时，社会史相比其他历史学专业更为严格的理论导向不出意外地引发了激烈的批评（尤其在联邦德国）。但更为重要的则是全球局势和生活史状况的彻底变化。

因为对昔日备受推崇的马克思、韦伯、帕尔松斯和卢曼的重大理论的明显局限性感到失望，人们很快便又开始对启蒙传统和西方现代化工程进行越来越尖锐的批评。一些信仰无政府主义的幻想家（如福柯）助长了一种沉闷的进步怀疑论和相对理性遗产的绝望悲观主义的形成。在原子弹、极度的军备竞赛和日益临近的环境灾难的阴影下，这种基础氛围开始向四处蔓延。对西方社会多元文化特征的体会、绝不情愿悄无声息地对西方现代化攻势作出让步的文化传统所具有的顽强生命力以及原教旨主义在现阶段所有文化形态中的扩张力都加强了“文化”的现实力量。坚持语言优先权的“语言学转向”也为“文化”的升值做出了贡献。此外，朝同一方面努力的还有认识论结构主义、新的指导科学如文化人类学和文艺学。

以上诸多影响因素的共同作用为前文提到过的“新文化史”开辟了崛起之路。

Ⅵ. 国际上多数的“新文化史”都将自己理解为一个满怀必胜信心的、完全由后现代主义流派所承载的得势者。“新文化史”使其拥护者具有这样一种感觉，即他们属于国际先锋派的行列，能够以不可抗拒的力量最终打破僵化的人类科学世界。

毫无疑问，后现代主义论证能够给学术界带来某些益处。它在质疑僵化的思想模式、打破一成不变的运动力量和化解从本质上被冻结的现象等方面的推动力完全可以开辟出通向更为贴切现实的理解力的道路——如果这种思维方式不马上又僵化成一种新的正统观念的话。

尽管语言分析在一种具有牢固注疏学传统的历史学（如德国的历史学）中不会产生天赐神物的效应，但语言分析的升值也能够超越古老的思想史导致一种成功的推理分析。当然，语言的现实塑造力量经常被这一新学说的信徒们所高估。其结果便是一种时髦的经过修饰的思想史的形成，这种思想史明显低估或根本不想承认历史发展过程中的其他潜能。

回忆一下霍米·巴巴那种令人毛骨悚然的世界辅助语言（人造语言），人们很快就会清楚，这种语言本质上完全以昔日殖民社会的经验为依据，在对任何一种措辞未做出明验之前它是不能被随便使用的，因为欧洲社会的异质性有关与那些结束殖民统治的人种异质性国家完全不同的性质。很明显，"殖民大讨论"的参与者与巴巴一样遭受了自己家乡的文化杂合之苦，尽管他们已经有了多年的国外生活经验。比如他们所创造的"杂交性"一词就能以多种原因而被人误解。这里所涉及的情况可以很容易地被描述成不同信仰和观点的调和。但是那些神秘的热衷于时髦语言游戏的自我封闭者们却全然反对人们有这样的考虑，因为他们担心这些考虑会被马上怀疑成对世代繁衍怀有恶意和偏见。因此，只要"殖民大讨论"并非促使人们对主观臆想的同质性进行自我批语式的检验，而只是在履行毫无内省的机械单一的程序，它就绝不能给人带来直接的认识上的获益。

跟以前相比，上述受后现代主义思想启迪的新流派无疑也对一些被忽视的领域如"世界观"的意义（而非"世界观"的起源和作用）以及宗教仪式、节日和修辞传统的意义进行了更为细致的探讨，而且这一探讨经常蕴涵一种相对于所有其他尝试的优越感。通过强调民族主义的巨大灵活性及其大量的转嫁推诿和不断臆造新传统等特征，"新文化史"把民族主义作为"天然的"核心单位进行了拆分。但是它却忽视了民族主义的长时因素（来历传说、再生概念和历史使命等等），尽管这些因素以惊人的顽强在所有民族主义形态中坚持了下来，或者用有些陌生化的时髦语来说，不断赢得新的外表。试问这一新流派对战争暴力的研究何在？至少只有个别民族国家是在没有战争的情况下产生的。它又何时关注过革命和内战呢？毕竟这些现象都远远超出了语言影响所能达到的范围。

尽管"新文化史"取得了一些令人称道的成绩，但是在对它的评价中居多的还是存在的不足和明显的局限性，如果涉及无定形的后现代主义在提高认识方面的效果的话，当然人们绝不可把后现代主义与"新文化史"相提并论。以下简短说明一下该流派三个特别有争议的欠缺。

1. 所有后现代主义者都竭力反对"那种"现代化理论。当然这里所说的被蔑视的对象往往只是指那种神话美国和以人种学研究为中心的事实上相当天真的现代化理论，它在20世纪五六十年代尤其为美国社会学家所捍卫。

如果不考虑这一点，即这种争执因一些聪明头脑的参与也给学术界带来了某些收益，则那种将整个从事现代化研究的思想流派完全渐隐的做法是不可取的。从亚当·斯密、费尔古森和米拉尔经由马克思、韦伯和杜克海姆直到伊丽亚斯和帕尔松斯，一场极富启发性的辩论走过了长达二百多年的风雨历程，人们应该对辩论的结果加以了解，当然也要批判性地加以吸收。但事实上人们经常有这种印象，即一种与热衷于对坚定信念的表白相结合的令人惊讶的无知取代了卓有教益的研究探讨。

此外，迄今为止人们尚未提出一种占优的问题解决方案，更谈不上去证明一种通过自我批评进行自我修正的可比能力了。截至目前，人们只是在像一位勤劳的家庭手工业者"缝制被褥"那样添加鲜艳的彩印画，而非哪怕是一次表明要对阐明和解释进行更为全面的引导。当拉丁美洲和东南亚正在效仿西方现代化的榜样而极力赶超的时候，当黑非洲在内战、种族屠杀和军事独裁的混乱状态中仍竭力使自己不完全失去与世界的接轨时，来自西半球富裕地区的后现代文化主义者们却在追随福柯捍卫其对西方现代化进程的阴郁诅咒。

2. 对西方社会发展进程中出现的阴暗面如当前"涡轮资本主义"(E·卢特瓦克)的肆虐无度、支持旷日持久的军备竞赛和北半球对南半球的剥削等进行有理有据的批判，这样做本无可厚非。但人们一定要与那种可悲的失败主义严格地划清界限，这种失败主义不再注意和觉察自己的文化形态所取得的成就。宪法国家和议会制、自由主义和民主制、工业化和社会福利国家、现代科学和近代国家的创立，所有这些无一不是西方独自取得的成就。当然，在这些现代化过程中潘多拉之盒(喻力恶和疾病之源)也逐渐被填满，这一点是毫无争议的。但是当人们开始着手批判西方的政治现代化、经济现代化、社会现代化和文化现代化的时候，他们为何考虑不到这些在跨文化比较中不断被强调的成就呢?

显然是在苏联失败之后，欧洲和美国之外的世界才开始遵循西方无锋国家的路线。在"冷战"时期，有多个社会模式可供第三世界参考借鉴并为之勾勒未来的蓝图:欧洲/美国，俄罗斯和中国，还有古巴。现在，于西方之外顶多还有中国在敞开国门迅速接纳西方的影响，而朝鲜则作为最后的莫希干人仍在苦苦挣扎。东南亚"四小龙"的行为也很有代表性，台湾、泰国、马来西亚和新加坡这些地区在经历了一场痛苦的、由国际大投机商以及美国银行和基金会径直引发的经济危机之后，开始冷静对待此前被狂热吹捧的"亚洲价值"。相反，一些应该能够抵制腐败堕落、裙带关系和沾沾自喜的麻木状态的西方价值如民主制、自由主义和舆论自由一下子被另眼相待，就像这些国家的反对派一直所要求的那样。

与那种在美语中叫做“揭穿”、在今天被时髦地称为“解构”的论证方式将西方现代化盲目地打入冥府一样，国家历史学中的“大师讲授”也同样遭到摒弃。如果这种批判将矛头指向上升为光明、自由和民主的惠格历史编纂学神话，指向暗地里一再被确认的白人“族长”在这些“大师讲授”中的优势或者指向民族神话，则没有人会剥夺它的正当权利。但实际上这一批判却从根本上针对所有在历史个体也被“分散”后遭受绝罚的集体活动家。它反对任何要求具有明确组织构造的综合试验，提出了一种不明确的点画法来反对那种据说过时的“讲述方式”。但是历史学将会放弃自己的一项根本性任务，如果它不再着手阐明和解释过去与现在以及过去与将来的重大联系(最大限度的对历史学认知兴趣、选择范畴和判定类别的解释)的话。

3. 在这些后现代立场的背后隐藏着一种明显的理智逃避现象。许多文化主义者非常擅长对真正的敌手或摆谱的纸老虎进行原教旨主义批判。但是只要一涉及阐明自己的优势方案和解释自己的认识论前提及政治前提，他们就俨然成了严格禁欲的模范。

正如前文已经批判过的那样，另一方面，这里所说的也是政治上的遁世行为。在自己社会或全球社会的各种矛盾冲突中，后现代主义者持续的政治责任感体现在何处呢？在使举世瞩目的科学成就与一种明显的政治责任相互结合这一点上，迄今为止一直还未有过后现代派的布尔迪厄、哈贝马斯、罗蒂或瓦尔泽，因此也就没有政治知识分子作为后现代派的代表人物，这好像已是该流派的典型特征了。相反，后现代主义信徒以其严密的语言风格经常倒退回精英思想社团，他们吸收改变信念的人加入其中，对其他人则不尝试通过论据去说服之，而是将其严格地排除在外。

在20世纪走完之后，如果对迄今为止后现代主义思想在历史学中的明显成就作一回顾的话，人们不禁会将之与地中海的一处迷人海滩进行对比。如果说阳光、风和清澈的海水在不断变化的条件下总能使沙滩极具吸引力的话，那么后现代主义就好比突如其来的海藻群暂时使沙滩变得面目全非。无疑，作为一种危险的现代化产物，大量堆积的海藻虽然创造出了奇特的形状，给人提供了一幅富有异国情调的景象，但是当它们在巨大的现实力量(阳光、风和海洋)的作用下重又消失的时候，它们留下的痕迹却少得令人吃惊。

理解、批评、认同

——阐释学知识构成中的自我与他者

[德]于尔根·施特劳布　著
吴华英　李菊芬　译

写在前面的话

1997年11月10日，我在文化学院关于“意义构成：自传与历史”专题讨论会上作了一个报告，这本小册子就是在这个报告的基础上扩展而成的。拙著《行为、阐释、批评：文本学行为文化心理学的基本特征》①中的一个章节被用来作为扩展部分的基础。在此我非常感谢发行者和出版社允许我在这个小册子中重新运用此章节中的选段。此外，还要感谢文化学院，尤其是院长约恩·吕森，感谢他为我提供了这样一个机会，使我得以把报告中涉及到的思考用下面这本小册子的形式重新表现出来。

于尔根·施特劳布

① 1999年春出版，是卡尔·弗里德里希·格劳曼、瓦尔特·赫尔措格和亚历山大·梅特劳克斯发行，瓦尔特·德·格鲁吕特出版社（柏林、纽约）出版的丛刊《人类学前景》中的一辑。

第一章　同化、适应以及理解的关联结构

科学哲学以联系为第一要务。从这一点上来说，我们可以称之为“关联性科学哲学”。如果卡西勒尔(Cassirer)、巴赫拉德(Bachelard)这些人的话有道理，那么它是所有现代科学的哲学，但是它在社会科学领域却很少得到应用。究其原因，可能是因为它与关于社会世界的普通(或者说是伪科学的)思维方式相反，后者更相信本质的“现实”、个体、群体等等，而不相信显得虚无缥缈、捉摸不定且必须靠科学研究来获取、建构、验证的客观联系。

(布尔迪厄，1998 年)

要求对异域生活形式进行深入了解的社会文化科学面临着多方面的困境。要对他者的实践经验进行描述，并最终理解和解释他们为什么这么做，就必须首先对那些不可避免的方法论问题作出回答。我们要怎样去接近和了解他者的经验、期望、态度以及行为方式，而不至于遭遇潜伏的危险？要怎样才不至于因为戴着自我的眼镜观察以及采用不适当的方法进行研究，而错误理解异域文化的行为方式和生活方式？经验研究确实想把他者的经验化为自己的经验并形成概念，但是那些成问题的“理解前结构”、经过刻苦训练获得的词汇以及不合适的研究仪器等等，都会给这种研究造成障碍。即使现在社会文化科学越来越重视异域理解的方法论问题，这种论断今天仍然有效。异域的再现如今被看作是最重要的认识论问题，所有的社会文化学都投入了对它的研究。[1]

在这种情况下，最重要的还不是关于道德标准的论证。不过可以肯定

---

① 参见贝尔格和富克斯(Fuchs)的相关论文，1993 年；富克斯，1998 年。

的是，人们依旧还有理由认为，那种经常为明显的权力运作形式开辟道路的监护态度，对社会科学来说很不适宜。众所周知，民族中心主义思想使交际中互相理解的实践陷入了一种不均衡的尴尬局面，它充其量只是体现了部分人的利益。当然，它不仅仅只是针对民族中心主义，它同样也针对关于自我的各种僵化形式——就如在群体、社会或文化中到处都会出现的那样。尽管存在这些实践方面和政治方面的观点，现在尤其要首先指出的是(出于概念及方法论的原因)，从一开始就走了样的再现必定会达不到科学的目标：要是在科学构想中连对他者基本的再现都做不到，那么就更别指望能对异域现实进行有说服力的描写、阐释和解释了。如果因为抽象的观念范畴、意义模式和思想形式与自我的经历和经验背景联系太紧密，导致第一次接近异域现实就失败了，那么(付出的)科学努力就必定达不到其目标。

再现问题在当前具有根本的认识论意义。我认为，在这一点上重要的不是“掩盖陷阱”，因为一旦再现概念与反映理论的认识方案联系在一起，这个陷阱就会再出现。“再现”某事，并不一定就意味着要给出所涉对象的模仿映象——这种模仿映象在知识构成中回避了所有那些活跃而有建设性的因素。“再现”同时还可以意味着：代表某些缺席的事物，尤其是代表那些不在场的人。一旦某人担负起再现功能，只要他所表达的意思能为人所理解，他就会代替他者或以他者的名义发表谈话。不管他是回忆过去的一些事情，还是用将来时态的形式预料将来就是正在到来的过去，或者他不是调和时间上的距离，而是调和空间的距离，或者实行其他阐释性的翻译功效，他都用借来的声音说话。在这个意义上，如果一个代表想要适当地表现异域现实，他必须首先设法了解他者是如何描述、理解和解释自我及其世界的。如果在研究的最后，科学观察者们没法与他者的自我观和世界观达成一致，这一点就尤显必要。众所周知，通常是这样一种情况：成功的再现是在对两个“党派”之间关系进行反思的过程中实现的。这两个“党派”通过交流对现实进行协商并达到相互妥协。借用利科的话[①]，这样的再现与自我特征不符，也与他者的特征不符。它更多地表现了第三方的特征，即具有类比特征的一种相关知识。

在阐释和评价过程中，人们必须在自己以合法的方式偏离自我观和世界观之前就认识到它们，这一点在任何情况下都适用。如上所述，对合法性

① 利科(Ricoeur)，1991 年，第 222 页起。我在这里提到利科的论述时，仅仅指自我与他者之间的距离，这个距离在按他者方式定位的知识构成中得到了适宜的改编和再现。

的疑问在此最多位于道德标准的第二位,位于第一位的是认识论的问题。不切实解决这个问题,经验社会文化学为认识他者的行为方式和生活方式所做的方法上的努力就会白费。

我们有足够的理由认为,在过去这是非常常见的情形。布尔迪厄指出了一个事实:假如他自己是日本人的话,“那些非日本人写的关于日本的大多数东西”他都不会很喜欢。[①] 就是作为法国人,他也熟悉这种不那么令人舒服的感觉。因为他也经常对“美国人种学家关于法国的文章”很恼火,就像他把那些由外来观察者对日本作出的解释强加于日本人一样。在那些从观察者的视角出发描写的、由于异域风情的魔力而灼灼生辉的描述中,我们常常可以看到诸如“日本人的敏感”、“神秘”或者“奇迹”等等的学术词汇,而实际上它们与事实本身根本不相符合。当然,一旦布尔迪厄的这种批判认识产生了广泛影响,上面的情况就会发生一些改变,即使它还远远不能解决所有的困难和问题。

为找到一条研究异域社会现实的正确道路,在过去的二三十年里,社会学、人种学或文化人类学、历史学或心理学等学科领域做出了很大的努力。其中,作为阐释性学科的社会文化学尤其做出了其特殊的贡献。所以现在对于异域理解我们拥有大量的阐释性方法,它们在理论上和方法论上都有很好的根据,并且在经验研究中经受住了考验。[②] 在此期间阐释性科学还形成了一种实践经验,这种实践经验在一定程度上摆脱了专断和惯常情绪。当然,竭力争取使阐释性研究专业化的努力远不会就此结束,对理论基本问题的讨论也将继续开展下去。

下面我将围绕这些问题之一进行详细论述。我的论述前提是:自我与异域之间构成一种“相互关系”,对他者的认识不可避免地与这一点发生联系。异域理解是一种“关联性”行为,一种“关联化”。它总是从某个特定的立场出发,以某种特别的视角识别和鉴定他者。对他者的再现绝不可能是对对立面完全中立的想象和描述。它更证实了一种关系,确切地说就是:关联事件暂时的结果,活动家们虽然能参与塑造它并对它进行反思,但是绝不可能完全控制它。

我这样运用关联和关联化概念,显然偏离了布尔迪厄的使用方式,因而也偏离了其社会学理论前提和方法论前提。因为布尔迪厄对他者的自我观

① 布尔迪厄,1998年,第13页。

② 参见索弗勒(Soeffner),1979年;荣格(Jung)、米勒—多姆(Müller-Doohm),1993年。

和世界观不是特别感兴趣。他更致力于发掘结构方面的条件，这些条件从其本身来说也形成了个体或群体自我观、世界观及行为方式的特征。对他来说，所有在社会学方面令人感兴趣的东西，最终都要归结到客观关系网络的相应位置上去。布尔迪厄着重指出了“社会实践与其科学描述之间”不可逾越的“距离”。[①] 他运用普遍主义理论构建了其行为理论模式——该模式是他在法国的时候在其经验研究的基础上创建的。在这一点上，他很接近于社会文化学的所有惯例，但在其他方面他对这些惯例却持非常激烈的反对态度。当然，布尔迪厄也看到，只有对自己的模式进行深入客观的检验，才能证实其普遍性。此外他还多次强调，通过深入考察“客观的、历史上确实存在的现实的特殊性”[②]，上述方法可以得出普遍性的知识，这种知识能清晰地揭露“社会世界的内部逻辑——也可以说是：所有现存能想象得到的社会世界的逻辑”。当然，他毫不犹豫地相信这些要求与主流科学一致，完全是可以实现的。他甚至直接假定，他发明的理论范畴和关联性对描述和解释法国、日本及其他“特别发达社会”中的关系原则上都很适用。在布尔迪厄看来，这一点是不言而喻的，因为他把自己的社会学看作是“目前所运用的比较历史学”的一种形式，或是“一种致力于特殊文化领域的比较人类学”。[③] 对于那些可能与该理论概念及解释相对立的现象，布尔迪厄也准备好了对策：把差异改换成起作用的等量或变成表面上的差异性——这些差异性是生成结构的基础，如此等等。他还把“在观察变量时领会恒量也即结构”[④]这一点也写进了其社会学草纲里，他相信这一点也应该会发挥作用。

通过把他者的学术体系作为相互关联的交际行为，尤其是作为一种绝对可以结束根本差异性的行为来证明或进行反思，上文所述方式的假定受到了置疑。这些东西不仅在布尔迪厄那里找不到容身之地，就是在通常显得严格而广博的社会文化学的广大领域里也都不能立足。对于想要探寻在任何情况下都相同且恒定不变现象之结构条件的努力来说，不均一性通常是它的绊脚石。从这个视角看，不可测量、不可比较性充其量不过是蒙蔽了

---

① 富克斯，1998 年，第 111 页。布尔迪厄划定的界限使其传统社会学批评“与受批判的行为一起共同假设：研究者不是感兴趣地或全心投入，而最多只是暂时地和并不严肃地参与他作为主题的实践。这样，那种要求作者和与之相关的人们不断拉开距离的苗头，一方面把行动者反省式的自我主题化能力的意义降低到最低限度，同时也弥补了作者自身身份的断裂，但是他们根本上与其所描写的那些人相互作用相互关联”。

② 富克斯，1998 年，第 14 页。

③ 富克斯，1998 年，第 14 页。

④ 富克斯，1998 年，第 14 页。

那些没有仔细观察的人们。照这么说来，即使事物——隐藏在其现象表面的差异之后——决定于同一个结构原则或法则，根本差异也只看到那些对多样化现象天真地信以为真的人。毫无疑问，追寻“深层的”共同性能体现一个重要的科学方法，它同时还能使人考虑到这种探寻是否会冒险对获取项目形式表示支持，会不会也在那些不一定存在自我的地方寻找自我（当然最后也找到了）。

对异域文化的个体、行为方式和生活方式的认识活动，以及对异域文化本身的认识活动，从根本上表现了一个相互关联的工作程序，正在进行认识活动的人的认知范畴和概念范畴已经深入这个工作程序，这个事实是无法改变的。然而人们对该事实的态度截然不同，他们以不同的方式去适应它。而最有分歧的地方就在于认识到：一旦（或多或少）盲目地运用自我的视角和模式，它们（自我的视角和模式）就会阻碍自己原本应该可以实现的事情。要是不仔细观察了解异域事物是什么就占有它，那么到最后他手中拥有的还是只有自己原本的东西——就是说，没有新的东西，没有获得新的理解和认识。对异域事物不作充分考虑就无条件地把它同化到自身文化中来，这一点实际上还属于理解的现行前结构。这种同化没有提及迄今为止还存在的预设态度、可用原稿和模式，它甚至还“拯救”了其他形式的偏见。经验研究的结果到底可能——但绝不是必须——是什么，这一点经常被当作前提条件，并且还成了无偏见研究的替代，而这种替代根本就值得怀疑，甚至还可能是毫无用处的替代。在纯粹预设看法中已经运用了自我的模式，认为它们可广泛运用——至于人们能否以适宜的有创造性的方式来利用它们，对于这个在遵循公开原则[①]的经验研究中可以加以回答的重要问题，大家却避而不谈。实际上，这个问题还在开始研究之前，就已经被从学术视野中剔除掉了。

对他者的、异域的同化性吸收妨碍了人们对现实的理解，但同时也可避免出现不太愉快的后果。撇开那些新的陌生的现象，如果世界永远都像它过往存在的那样，那么就还得有思想和行为上的转换。然后人们才能胜任一种学习方式，这种学习方式在迄今为止还存在的思维框架和实际的世界关系之内运行，然而它不会触及这种思维框架本身和个人的重要身份模式。这种保护作用可能是最有力的因素之一，它经常使科学家们谨慎而固执地坚持自己的模式，而没有让其真正受到检验。它总是出现在我们面前，很顽

① 参见伽达默尔，1986 年，第 273 页；霍夫曼—芮姆，1980 年。

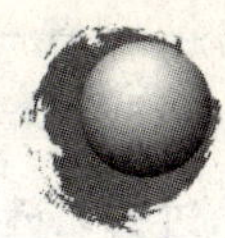

固地存在于某些领域。而恰恰就是在这些领域里人们最容易忽略它[①]——跟在比较文化社会学和心理学领域里一样。

理解不纯粹是一个在实践中毫无用处的认识程序，相反，它能干预理解者的自我结构并改变这种结构。不过从心理学角度看，这一点对当事人来说不会总是那么动听。对于同化理解——这种已经实施了的同化理解可能会导致蒙蔽异域现实（实际上，以这种方式再现的他者文化，仅仅体现了受到保护且得以实施的自我，即使他者文化作为异域风情呈现出来时也是这样）——存在一个二选一的可能性，这种可选择性也可称为“适应性”理解。要是以这种方式对皮亚杰(Piaget)的著名差异理论进行研究并加以解释，就会把所有的社会理解解释成适应性能力，理解成调节——为适应他者而作的调节。然而当自我模式的同化性应用不加思考地使异域现实适应自我的时候，适应性理解就要求自我的认知和概念模式作出适应性改变。这种适应性理解不单只是使他者和异域文化适应自我，它也要求后者去适应前者。

要在理解的这些形式之间划定界限，并不总是那么容易，而且在交际过程寻求相互理解的实践中理所当然不会有绝对的同化，也不存在完全的适应。但是在这些类型之间，还是可能存在“强调”的差异性，而且它的存在也很有意义。它引领这条道路通向阐释性知识的关联性概念，也通向这样一种概念，它相信：所有的异域理解都是在不触及自我的基础上对他者的吸收。在此意义上，理解是一个“跨”主观的事件，是主体间的一个过程。它最终会在所有参与者那里留下痕迹，它把与他者交际活动过程中的同化与适应程序都统一了起来。

这种认识在所有社会文化科学中长久以来都受到忽视。尽管这种状况近来有一些改变，但是知识建构仍然只是一种片面的同化理解行为。常见的方法论为这种不合理要求开辟了道路，那些方法都是以此目的而设置的。通常被简单强加的、对现代科学来说独特而无所不包的行动有效性，是同化理解最强有力的推动力。以前就可以看到，大量的经验研究项目从一开始就是要侵占异域。实际上可以帮助理解异域事物的那些概念早就存在了，不过它们都是基于自身的经验及反思，与他者的那些令人感兴趣的经验通

---

① 普遍化思维的心理保护作用是一个经常受人轻视的方面，轻视它的那些人喜欢把科学上的知识构成当成纯粹哲学的、认识论、方法论的问题来对待。如果这些科学研究成功的话，最后就应该得出研究的纯粹逻辑，在此研究中主体的特殊能力和特性并不受重视——对此，我们想到的是研究者的创造性或者其社会能力，但也可能联想到他也有恐惧和智力局限。众所周知，上述这些方面的东西已经被推进到形成科学假设的前沿阵地。

常都不太相关或根本无关。至于这些概念在不同情况下的应用是否都合适，这一点肯定没有人专门进行验证。普遍化思维活动利用常见的范畴，就像是基于自身经验领域一样，它们通常等同于一个投影、一种反映，没有其"客观"合法基础的检验它们也能应付得来。它们与布尔迪厄(1998年)所指责的心理、社会和文化现实的物质化息息相关。社会文化科学领域无法拒绝对关联性科学哲学、认识论和方法论的要求，而它们不断对其进行阻挠。

但是阐释学的代表们越来越经常地提出这些要求。怎样理解并推动在方法上受限制的异域理解——这种理解根本上是靠上述方式的相互关联程序来维持的，这跟以前一样还是一个开放性的问题。但有一点已经是毫无争议的，那就是，对社会文化学知识构成的方法论规则设置了原则上的限定。要是我们把自我与异域的事物联系起来，并与他者协商，我们最终把什么东西表现为他们的(以及我们的)行为及生活现实，我们就不能从头至尾机械地按规则来处理事情。

"科学是一种实践，它不只也不能完全依赖可解释的简明易懂的规则和程序。"通过这种认识，伽达默尔的哲学阐释学维护了自己的权利。跟所有的实践一样，社会文化学研究具有一定的偶成性。如波普尔(Popper)等人的"研究逻辑"所预设的那样，当有效性检验在时间和环境状况及主体创造性方面完全没有偶然性时，在形成假设的领域里就不存在偶然性要素。如今这种认识不再使大家感觉不安，这种不安的感觉曾经在许多人身上存在过，而且还可能被重新唤醒，因为这些人在绝对知识与不坚定的相对主义之间，看不到存在任何中间情况的可能性。而这种唯科学主义的选择已经过时，因为它把由方法理性保障的真实王国很突兀地摆到了非科学的世界观及行为方式的非理性深渊面前。一旦一个人了解并尊重社会文化学实践的方法论规则，他就绝对不会脱离方法论研究的调节性原则，他也能因此坚持与此相关的理性生活方式——这种生活方式的成员们能彼此理解并相互批判自己的所作所为——的理念。

现在我们要进行深入研究的难题与方法论问题有关，并且远远超过了方法论思维的范围。要进行阐释并想以此来构建知识，就得发表看法。即使主要是涉及他者和异域，也不能回避这一点。温奇建议社会文化学家们潜入他者的世界，并且在应该"再现"他者的时候就只使用他们的话语。但温奇肯定是太过"乐观"和片面了，虽然他的设想具有阐释性知识构成的关联性特征，在某种程度上是对传统方案中他者退隐的补充。他的对手把自我文化和社会的规则及语汇提升为所有事物的尺度，并不厌其烦地随时使

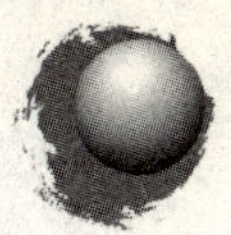
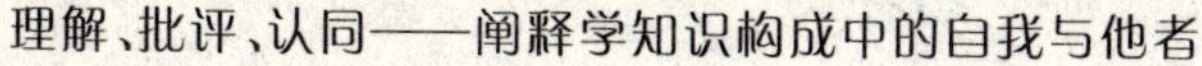

用,而温奇却想使自我尽可能完全地从以他者的行为举止为基础的规则重构中脱身出来。不过,这二者在理论上似乎都一样有错误,在实践上都不可能。

要是真的想去理解他者,就得首先知道他者说什么。人们将不可避免地会用自我的眼睛去审视他者所说的东西,然后再用新的、有关联性的方式来重新表达它。同他者谈话,或者谈论他者、谈论其实践及生活形式的时候,人们将用自己的声音说话,发出同意或保留意见的信号。要是有人看到他者做什么或不做什么,要是他认识到他们为何能这样或那样处事,要是他最终能解释为什么人们要这样来处事,那么他就不再纯粹只是社会文化世界的一面镜子了。观察者从来不会有纯粹的观察语言,当他努力对异域现实作纯粹的描述时,他自身必定也会与他所观察到的东西进行比较。要是他没有明确地做到这一点,(他所运用的那些)规范化的符号——没有它就没有语言——也会表明阐释者的(臆想中被压制的)意见及其评价。

阐释性社会文化学正处于一个两难境地,并显示出明显的悖论特征。知识主体的"前结构"常以微妙的方式削弱下面这一点要求:不要过于草率地使异域现实适应自我而由此错误认识异域现实。而另一方面这种"前结构"还是阐释的不可回避的前提条件。真正的异域理解必须是把自我和异域相联系起来的一个行为。模式,尤其是那些对各种形式的行为及方式起决定性作用的价值和标准,不能完全脱离这个行为。换句话说就是:以比较思维作为其知识构成的阐释性科学,无法回避关于"承认他者"的问题。为什么是这样,对该问题的思考将会得出什么结论,这些将在下一节里进行解释。

第二章　阐释、比较、评价：问题的核心

有阐释就有比较。没有以决定理性(bestimmende Vernunft)和反思理性(refliektierende Vernunft)为特征的比较，社会文化学研究就不能实行。谁运用比较分析法作出"决定"，他就把实际情况纳入了一个已存在的概念范畴内。他通过归类，构造或再创造出一个抽象秩序。只要所运用的总概念能正确评价个体的事实情况，对这种决定性思维或如阿多尔诺所提出的同一性思维，就不会存在任何反对意见。当然，也不是每个总概念都会正确触及个别现象的特性。只要阿多尔诺作为特殊事物的代言人出现，他就会激烈批判同一性思维。然而他绝不会引起大家的错觉，认为除了以同一性思维来判定事物之外还存在一种思维形式。实际上，以特殊事物的名义来作区别，这跟确定性的同一性一样，也是属于思维的事情。这种思维创造、再造同时也危害到原有秩序体系。

康德曾在其第三次批判——判断力批判中，把"反思"理性跟决定理性区分开来，因为"反思"理性没有运用可支配的总概念。由于个体的反思能力不允许其从属于可支配的概念之下，因此反思理性或判断力在三段论的小前提逻辑方面没有优先权，因而不能这样来处理。此反思型判断力首先确定的不是共同性，而是差异性。此外，它还为偏离熟悉事物的个体寻找到了一个合适的新概念。该反思理性的"逻辑"活动模式就是皮尔斯(Peirce)所描述的外展运动。[①]

---

① 皮尔斯把外展运动看作除了演绎和归纳之外逻辑推理的第三种形式。这种外展运动是否能在概念的最高意义上理解为"逻辑"推理方法，可能还有待考虑。这种"逻辑"推理方法跟上述两种传统类型一样，拥有相似的强制力量。皮尔斯的提法，我觉得非常适合康德关于思考判断力的论述。这一点很大程度上也是由于"外展"型推理者或"反思型"评价者同样具有被强调的创造性想象力的意义。参见芮希尔茨(Reichertz)，1993 年。

比较就意味着:决定和反思。建构社会文化学知识必须依靠比较。要是更进一步观察的话,我们会发现,在比较过程中往往隐藏着一些很棘手的难题。每一种思维都是与某种语汇相联系的,这种语汇包含确定性的范畴化、模式化,以及对所讨论事实的评价,这种情况绝不会是好事。理解包含下面几层意思,即:运用所作区别检验这种区别判定是否具有充分根据,可能的话摈弃它们而确立新的差异性。我们通过该区别判定表达自己的经验和知识,并由此把所谈论的现实当作我们的思维和行为空间来处理。尽管是这样,还是有人提出了关于区别判定的内容规范的问题。

众所周知,有人很明确地把行为社会文化学阐释说成惯例批评。众多科学阐释者们在阐释其分析过程、描述其研究结论的时候,都是站在一定的立场上的。他们赞同或反对以某种特定方式去思考、感觉,去行动、去体验。他们认为一方值得称道,而另一方是可疑的。他们支持并促进和推动这一方,而对另一方保持警惕。同样,还有一些阐释者,他们拒绝发表评价性的意见。他们满足于对思维、感情和行为的特定形式的所谓内在逻辑的重构——至少他们的意图是这样。他们充其量也只是把行为惯例和生活方式摆到一起,以便使其差异更清晰,但这样做并不是为(分等级地)作出判断和评价。

有人可能会对此提出一个尖锐的问题:这到底能行得通吗?在规范的参照系之内,阐释者们(必要的话)把自己定位为“个人”,也作为“个人”来活动,而在这个参照系之外还会有阐释存在吗?科学阐释者们能摆脱属于其个人定位能力和行为能力的构成成分吗?或者不一定——不管怎样——要深入到概念,深入到阐释者为理解他者、理解对自己来说可能非常陌生的人及其实践而使用的语汇场?换句话说就是:当阐释者们尝试去理解他者时,他们是否不必非得对自认为已理解了的事物表态?或者他们是否可能通过使用也许非常微妙的规范性符号,而使自己显得“不明确”甚至被认为是保持沉默?

如果情况是这样的话,接着就会涌出一大堆不太愉快的问题。这些问题超越了马克斯·韦伯(Max Weber)在那次载入社会文化学史册的传统价值评判之争中划定的范围。[①] 这里我不打算对这个辩论作过多讨论,而是以阿倍尔和凯特勒的下述观点为出发点:

---

① 韦伯,1968年;退尔(Thiel),1972年;泽席(Zecha),1976年;更新的论文在阿倍尔(Apel)和凯特勒(Kettner)1994年的文章里可以找到。

"解释——理解——产生分歧"、后经验主义的范例和批判理论的推动(此理论是关于根据知识兴趣来区分的科学理论的),这些并不只是动摇了科学理论关于"经验理论最好具有实际陈述的系统特征"的立场,它们还开阔了我们的眼界,使我们注意到更远的领域,在那里文化人类学把社会行为作为研究对象。此外,它们还使我们对那些价值和利益在科学研究中扮演的多重角色加深了理解。但是,要进一步认识到知识和利益之间的多方面关联,并不一定要有彻底的相对主义,既不要求降低权力的有效性,也不强求要把价值关联与最后失去理性的行为等量齐观。它更需要的是对我们"追求科学客观性的行为"作进一步的讨论。对价值自由的揭秘并未解决德国社会学中实证主义的争论,相反,它对注重客观性的人类文化学的自我反省提出了一个持久的任务。

围绕价值和标准,以及与其相关联的生活问题,人们展开了一场大讨论。实际的选择权和论据在社会文化及历史渊源方面一直都还遵循着一点:在处理生活方式和生活形态的问题(尤其是那些与主体相关的问题)时,要考虑到实际对话者及潜在对话者的公共福利和共同利益。① 这里就有一个明显的区别:在这些事件中,是否对违背了自身主观性的东西(以及对论证的"完整性"形式)②进行了理性的论证;或者,是否只在自身的基础上孤立地谈论、决定和处理事务,而没考虑到他者的意愿。这些讨论是否会从根本上形成"原则"、"价值"或是"标准"的统一思想,似乎还不是很明确。可想而知,最后可能出现的结果就是,其中一定会产生无法沟通的分歧。那么在此基础上要做到的就是寻求更多的可能性,以避免粗暴的争论,并且还要实现以或此或彼方式"相互共存"的目标。

如果像某些人所想象的那样,关于存在和应在的问题不能很明确地相互区分开来,那么它对于那些对此感兴趣的科学来说又意味着什么呢?(顺便提一下,这并不意味着我们可以从存在推出应在,也即以存在的事实来表明所希望的东西是正确的。就此"自然主义的错误结论"来说,上述论文毫无意义。)那些醉心于行为研究的阐释性学科,在其整体而规范的意见表述中,不可能完全没有描述性的东西。那么对于这一点,人们又能从中得出什么结论呢?想要弄明白"事物"是什么的阐释者,如果为了能理解少数事物而不得不发表意见;或是在任何情况下都能很好地处理那些他们必须去深

① 哈贝马斯(Habermas),1976 年;坎巴特尔(Kambartel),1976 年 a,1976 年 b。

② 参见歌约本(Groeben)、施耐尔(Schreier)、克里斯曼(Christmann),1993 年。

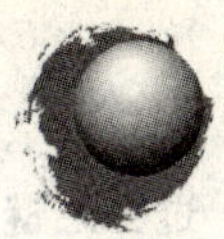

入分析的有效性要求。对于这一点人们又从中能得出什么呢?

在阐释研究中,如果不可避免地出现上述方式的表态,那么,尽管肯定理解只是批判理解的一个方面,而且同时还是“成问题的、难以解决的”,但是存在的主要问题可以通过批判阐释的例子加以阐明。(然而在批判性阐释中,人们却可以更容易认识到会掩盖肯定性理解能力的东西。当批判性阐释直接切入肯定他者的问题时,肯定性理解行为使阐释者与阐释行为之间的关系呈现出和谐统一的整体,因此也掩盖了该问题。)批评包含这种或那种方式的疏远行为,这一点又以一种尺度为前提,这种尺度不仅允许“任意的”差异存在,而且也容忍有价值的、规范的差异。采用规范差异的阐释很快又会产生一个新的问题:是否因为他者和异域是参照阐释者所采纳的标准——这些标准绝不能是被评价者的标准,所以并不是所有“批判性”注释学都会误解他者和异域;并不是每一种批评式的理解都是纯粹的误解,这种误解以一种充其量只是被伪装成理解的强权行为,使他者之物或异域适应自我,并由此彻底地误解他者之物和异域。

这实际上是很危险的,这种危险不只隐藏于阐释者的评价里,而且已经存在于所有评价的前提中。这一点,在马特斯 1992 年一项名为“比较行为”的分析中有非常清楚的说明。在此我想对这篇文章再作进一步的研究和深层次的讨论,看是否只需要暗示而不需要作出评价就可以做到阐释和理解。自我的思考方式、范畴、模式以及(尤其是)实践取向、选择权和优先权,它们可能会很严重地阻碍我们认识他者和异域生活。只要大家认识到这一点,我们就能实现让他者和异域生活保有原有状态这一美好的愿望。恰好就是这种对实践的负面评价,妨碍了我们去认识那里的不寻常事物。正如所说,这个魔鬼就隐藏在对此与彼、自我与异域的比较中。因为人们在作出评价之前就有了比较,再由这种比较引导出对其的评价。然而,对比较行为所作的分析显示,前面所提到的美好愿望是不可能实现的,理解只能作为自我与异域之间的一种调和。诠释者会不可避免地陷入这样一种处境:自我与他者之间的界限(也就是体现现实的、规范化的差异的界限)被取消。中立的诠释者是不存在的,他不可能摆脱那些可能令他者恼火的看法。要再现现实,就要在再现过程中并以此再现过程与现实进行比较——以判别、预测、描述、分析和解释的方式。有时还要很微妙地,而且几乎不让人察觉地表达出自己的态度和立场。

哈贝马斯在他的交际行为理论中为其立场进行辩护。他关于“意义理解问题”的观点在此可以用作我们所作思考的另一个参考。为能突出最重要的地方，最后我将把关于理解的问题与关于他者认知前提的问题联系起来。对此泰诺尔（Taylor）提出了一些重要的提议。我赞成把下面两方面的问题联系起来：第一，意义理解的认识论与方法论问题，二者是如何在所有比较阐释科学中产生的；第二，对他者的认同在社会文化方面的存在（伦理、道德和政治上的）问题。在这方面不该有丝毫人为的误解，因为这两方面问题的结合只不过是把原本就配套的东西放到了一起。社会文化学不仅仅是为了对他者的认知问题进行分析，虽然这个问题在多元文化社会和全球化世界里日益积累并激化。这些学科产生这些问题有其历史原因，目前它们也正在尽力去处理这些问题。它们由此形成的认识也是对"自我"的认识，这种认识同时也是对比较性科学经验与知识构成的传统方式的认识，它有时会在很大程度上阻碍对其他外来社会的认识，并因此导致错误的判断。实际上，这种认知上的空缺意味着拒绝认可这个世界的成员。科学知识以及对他者的认可如何能形成一种更为有效或者说更"幸运"的相互关系，这是接下来的研究要考虑的核心问题。

阐释者必须把他者之物当作"不一样"来观察，并且要通过一种"专门适用于它"的方法。这项双重任务形成一种无法解决的紧张关系。为能调和自我与他者之物的关系，并进而能表达自己所追求的经验和认识，阐释者必须在此关系范围之内活动。而且由于这种关系的原因，人们不会摈弃科学阐释。阐释的方法论及方法并不需要用来缓解这种紧张关系，而是要去阐释它。

第三章 比较行为：互相适应还是异域理解？

格拉泽(Glaser)和施特劳斯(Strauss)很早就在其论文引言的中心观点中提出了“比较分析”这一理念。在许多文本中他们都强调了比较对于内容丰富的实践性理论之发现与形成的重要性。“比较分析”这一表述有资格成为一个在深层次研究方面到处可见的普遍性概念。笔者本人从另外一个角度提出了比较阐释的理论模式，这一模式与要求对比较分析的一般逻辑学和方法论作出解释的任务有关联。该模式引出这样一种观点，即阐释性社会文化学应完全成为比较性学科——并且是在比较群体还没有清晰形成之前，因为自我之物作为比较视野总是会参与到他者的经验性探究和对经验的理论性理解中去。

这一观点其实并不新鲜。19 世纪的时候，格拉地高(Gladigow)在其阐述宗教学理论时总结道：“比较方法几乎已成为科学研究领域里占统治地位的研究方法。比较语言学、比较宗教学、比较法学、比较宪法学达到巅峰，没有任何一门学科能违背这一方法。”尽管比较作为一种方法引起的争议从未停止过，但人们还是赞同他的这一结论。在围绕比较方法出现的论争中，如格拉地高所说，控制比较并使比较不可或缺的非科学的认识热情引起了人们的强烈关注。直到现在，获得比较素材的前提以及利益引导的兴趣，这二者实际上以一种决定性的方式共同决定了通过比较能获得什么。关于这方面有无数个例可以证明。例如，“‘基督教的比较事业’就是如此，它随着文艺复兴和发现美洲开始发端，并‘向现代世界的征服者们传输了一种强烈的对统一的偏见'……一个能够证明比较和利益之间关系的明显例子……"①

接下来,我将撇开这些明显的关系不谈,但我并不是要否认其重要性。起初使我感兴趣的也不是比较目标所包含的实用政治及社会文化方面的涵义,比较的这种目标传承了"欧洲启蒙运动的基本信念",即尽管有许多可辨明的差异,人类还是有非常多的同一性。根据"启蒙"的观点,人们处事行为及生活表现形式的多样性,很明显地存在于"关于人类存在条件和可能性(conditio humana)的普遍定论"这一统一性中。但是这一假设尤其是在认识论方面存在问题,笔者打算在这方面进行更深入的研究。比较学科的普遍人类学有过这样的结论:"作为比较的认识目标,首先,范例性比较没有经过深入思考的实践在发展,而且'只不过是'要尝试证明世界上启蒙文化的元素及其类似事物。"范例性比较寻找相同点,而类推性比较却以"相同点作为前提,进而推理出未知"。比较思维的这两个变体总是在自我被普遍化之前就已理解他者之物。"托约尔池(Troeltsch)的连贯历史主义在理论'标尺'的另一个终端,给个性化比较在历史系统学中分配了它的位置。"但问题不在于范例性比较或个性化比较二者谁占优势,由于预设观点已提升到了原则地位的缘故,这二者都避而不谈比较思维的典型特征原本是什么。所有比较学科及在这些学科中发展起来的方法都存在这种情况,只要稍微举几个社会学、心理学知识构成方面的例子,就会明白这一点。

马特斯要讨论的是:社会学是以何种方式被看作一门绝对的比较科学的?② 从杜克海姆(Durkheim)时起,该学科就把比较方法的必要性列入了其自我认识的中心位置。马特斯的阐述是针对跨文化比较来说的,尤其是针对所谓"非西方"社会的社会学分析——如当前欧洲和北美社会学家们所做的那样。不过他思考的范围并没有仅仅局限于这一门学科,这一点毋庸置疑,因为他还提到了政治学、经济学或心理学,同样他还涉及了其他一些学科。马特斯的知识社会学和思维社会学方面的观点倾向只是在下面有限的问题范围之内使人感兴趣。而就我本人来说,我感兴趣的主要是其比较阐释的逻辑和方法论。

---

① 格拉地高,1997 年,第 115 页。格拉地高在所举的实例中引用了索雷(Sole)的话。1982 年,第 114 页。

② 马特斯,1992 年 b。马特斯在其文章标题里暗指阿贝尔(1948 年)那篇正好谈到"理解行为"的论文。然而,这种借用和分类鉴别——即比较的方法学反思目前的处境跟十年前阿贝尔为理解所作的辩护一样难堪——是这两篇论文之间唯一的关联部分。马特斯强调指出,阿贝尔的思维及辩护方式与一个早就过时了的立场有千丝万缕的联系。马特斯尤其想要通过科学思维社会学的看法,在分析假想的"纯粹"思维程序时超越阿贝尔简单的"科学理论上的"公正。

应该加以判断的是：马特斯批判的是社会学（以及其他学科）对“比较”这个标题的理解和实践。在社会学方面杜克海姆具有很特别的地位，他对至今还占优势的“比较”理解具有决定性的影响。马特斯说，这种自其出现之日起就能反映社会学特征的“比较”行为的结构，受到一种几乎难以察觉、但非常有影响力的先入之见的影响。这种主要是文化上的先入之见最终使“比较”的说法成为一个骗局。时至今日，还存在关于社会学研究的理论、方法论及方法视角方面的辩论，在这些辩论中，通常被冠以“比较”二字的东西往往都是名不副实。根据马特斯的说法，大量的研究证明，所谓的“比较”只不过是如何使异域现实来适应自我。他所批判的这种“比较”活动妨碍了人们“出于自愿把异域现实作为熟悉的现实来关注”。

如果本论断正确的话，那么究竟还有什么东西能拿来进行相互比较？这时有人提出了一个敏感的话题，即应该计划和推行作为他者对自我的“入籍式”适应的“比较”。这一点意味着：当开始进行所谓的“比较”时，使异域现实适应自我的活动就已经进行了。因此，马特斯也提到了一种“在概念上导致的现实消亡”，这一点往往打着“比较”活动的幌子而不为人所觉察。在使用特定“比较”方法的过程中，异域现实被系统地消隐掉了。它们完全没有（或者绝对不适合）用社会学家的语汇或科学概念来表述。这些想象出来的“比较”的缺陷在于，它们没有考虑到“中立”的标准。因为比较的一个方面不仅只是被比较的事物，同时它也提供了比较的尺度。这种“比较”的范围是早就确定了的，它们在某些研究者的语言和观点中固定下来，这些研究者或多或少有点盲目地假定此一点能与彼一点进行有意义的比较。然而刚好就是这个假设是应该事先经过检验的假设，而且就是这种检验可能正好与那些被标记为“比较”的东西相背离。

这正是马特斯所激烈批判的：自我的熟悉的东西不易察觉地广泛投射到异域现实中。这种正在被普遍运用的思维方式很早就已经为自己开辟了一条道路——早在用概念表述所追求的“比较”之各组成要素时就已经开始了。如果从一开始就不假思索地使用一种（科学）语言，并在某种观点下根据某种尺度来对事物进行相互比较，那么将不可避免地会忽略比较思维和研究真正的任务。

马特斯举了一个出自文化比较研究的例子：社会学家在非西方国家寻找获得了社会独立的婚姻家庭，在那里他们也普遍（几乎是不可避免地）“发现”了这种家庭模式。大量社会学发展理论把社会“现代化”与传统亲缘关系体系的瓦解相联系，这种传统亲缘关系体系原本对我们早就熟悉的家庭生活模式有利。“人们迟早会在各处找到这种‘家庭’”，这个在现代化理论的“普遍化思维”中占主导地位的假设在“经验比较”研究中很快得到了证实：在西方文化圈之外也存在这种家庭模式，起码会出现“在那儿的‘现代化进程’的‘高潮’时期，出现在城市中心的、按婚姻家庭模式存在的居住地。人们寻找并且找到它们，但是没有对其进行比较”。

第二个例子是：像这种“家庭”一样，“社会”一旦与“比较”扯上关系，也就是一个会把人引入歧途的社会性结构形式。“发展”——它也是一个特定的文化性纲领，“社会”的“发展”在西方社会学（以及其他学科）中经常被用来衡量一种标准。按照该标准，则西方世界英裔欧洲的“现代”社会形成了一个暂时的顶峰，这个顶峰构成了“传统”社会的分界线。社会学思想的这种“主导性差异”为历史的、国际的或者跨文化的比较提供了一个背景，但是马特斯把它批判为“文化的无穷尽——我们自我感知和世界感知的根本使命”。过去多数不加思考的“普遍化思维”认为，为以后（按照已知的模式）原则上到处都能够找到这种“社会”，人们按照民族国家的领土模式来理解它。其实这种做法不单是社会学研究才具有的特点。

假如我们不再考虑社会的发展，而是关注属于“个体”的那些个人，那么对于概括性批判的一般化了的变体，我们就会获得足够的直观材料。个体发展的心理学专门领域理论——也是一个特殊的西方概念——显示，那些认知的、语言的、道德的、社会的、性心理学的、动机的、意志力的等等特性和能力，就是想象中无处不在的人类个体发展的遁点。而正如“我们”就是“成熟的主体”一样，总之都是英裔欧洲世界的成员，人类个体的发展正好也突出表现为这种“成熟的王体”。

同样也适用的是：总是在所有“经验比较”研究之前就已形成了结构或者变量，通过它们，最终被检验的、所谓相互比较的现象从一开始就已被鉴别并确定为属于同类。“比较”活动在心理学上的基础也经常是（就像用相互矛盾的方式说话一样）在理论上预先规定基本的深入比较活动现象的质的一致。马特斯在阐述这门学科时所说的话很有道理：“针对人类个体通常具有相同的心理这一根本观点，它能超越时空的限制，来消除在行为举止方面的差异，抵挡‘其他都一样（ceteris paribus）’字句的残留影响。这样它就可以避免面临‘比较’问题的麻烦。但就是在这样一种行为中，它却屈服于人类看法中的特定文化影响。它通过先在的普遍化思维向自身隐瞒了这个问题。因此，恰好是心理学在为数不少的‘他者’的社会里（如远东）不期遭遇反抗，于是大多数在学术上只能勉强宣称其为‘飞地’。”

很显然，我们可以预测到，这只不过是心理学发展中的下一步棋而已，心理学还将在其自身文化之外建立起来。我们只须等待，直到其他文化都发展到普通社会文化进化中的先进阶段。因为到那时，它们就也能够提供"现代"心理学早就提到过的那些个体。

马特斯的论断一语中的。心理学中所有的东西，直至思维、情感、意愿及行为的最细微的差别，归根结底，总是会有一个相同点。这种现象的基础就是"普遍化思维方式"，它不需要人们再进行客观比较。这种方式本身原本比较先进，但经常没有经过反思。根据这种思维方式，有差异的行为都可以理解为人类普遍心理基础在现象上的变形。质与量的差别只不过表明了，在任何地方总是保持不变的心理其实有多样的外在表现形态。所谓的"比较"就是很干脆地从那些主观臆想的基础知识中提取参照物（然后进行对比）。在心理学方面，社会文化学关于理论构成形态的实践前提的反思，可能比在社会学中更少。为能在经验研究中得以有效地运用，这些结构必须在社会成员的经验中有与之相应的知识。但这种事实，以前和现在都很少有人注意到。①

列举一例：麦卡克里兰德（McClelland）在其关于效率动力的论文中，不仅对"我们文明中个人主义的但有效的方向"表示肯定，而且"把它（这种方向，出自于尔根·施特劳布）当作特别道路引荐给不发达国家和组织"。在这里，关键在于：麦卡克里兰德利用其对传说、童话、神话和短篇小说的内容分析，确定了普遍人类效率动力的文化和发展的自主存在性。即使人们承认在这一点上他的研究是成功的，但在其科学研究中他用了一种符合西方现代身份的方式（如泰诺尔所说）去理解这种"效率需求"。因为在麦卡克里兰德的论述中，具有鲜明"效率动力"特征的人普遍表现得像成功而理智的企业家。因此，这也说明了，所谓"效率动力"的普遍心理学概念并不仅仅是这样决定的，以至于麦卡克里兰德的研究（大约是在印度）"同时也描述了两种传教"（泰诺尔）——对来自西方的理性个体观点的传教；对"生活运气是与效率和经济成就相联系的"观念的传教。此外，麦卡克里兰德这篇可能属于人类学主题的文化类专稿构成了还有待商榷的科学"比较"的基础，而且在这些比较中，对比的双方之一不可避免地会获得不好的结果。

对外来文化（印度）转化的真正认知，对"可能的多样性选择"的科学而

① 然而最近有迹象表示，这种情况将要发生变化，至少在（非常不统一的）"历史心理学"（于特曼 Jüttemann，1986 年）范围内，有部分的工作是朝这个方向发展的。特别明显的是杰尔根（Gergen，1985 年）提出，社会结构主义要反对心理学思维和研究的未经反思的普遍性假设。

又坚定的展望，都以这种方式受到了系统的阻碍："凡是所保留下来的，都只是为了其自身而追求效率，对任何时代、任何社会来说都是贫乏而空洞的。用如此粗糙的作品根本就解释不了什么。到最后，受重视的既不是其价值，也不是多样性的选择。只是基于很肤浅的证据……麦卡克里兰德相信，通过现代（西方的，出自于尔根·施特劳布）认同，印度的传统信仰和风俗就不会成其为问题。但撇开所有其他的考虑，我们有很好的理由去区分在延续不变的社会中新的身份对少数个体的影响与整个社会都处于这种情况之后所产生的影响，以及这两者之间的区别。"

这些粗略的研究不仅不适合描述和解释文化的变迁和跨文化的发展过程，同时，以建立在未经检验的普遍性假设基础上的心理学纲领来指导思维和研究，还会使文化内部或社会内部的某些东西还在萌芽时就遭到忽视。因此，在我国，那些很少（或者充其量也只有一点点）由麦卡克里兰德的"效率动力"来确定其行为的小孩、少年和成年人，也就马上显得好像不够成熟、不够完善：他们在与他者"比较"时拥有些微不太鲜明的效率动力，而这种事实被看作其个人及个体行为和生活实践的客观标志。但是事实上这种标志又说明了个人及其实践的什么呢？肯定没有什么最中肯的回答。实践性的自我认识及世界认识（其基础可能是激进的有多种选择性的行为和生活方向），其自我逻辑仍未完全被按麦卡克里兰德意愿进行比较的效率动力心理学所认识。

在现代心理学中，带偏见的普遍化思维方式实际上自其产生之日起就已经存在。它不仅适用于心理学及其"自然科学"的自我认识，就连反对此心理学的人也非常拥护这种普遍性思维方式。在这一点上，关于文化、历史或个体唯一性的崇高言论，改变不了任何东西。迪尔特（Dilthey）关于心理学中的比较及比较方法的论述，以示范的方式阐明了这一点。目前他们正在解决思维的基本问题，这些问题从一开始就阻碍了对比分析的可能性。

简单来说，1895年迪尔特发表了一篇论文（不过不久他又收回了这篇文章），其标题应该是叫《关于比较心理学》。[①] 在这篇论文的最后一章，作者着力对其他学科领域的比较方法作了一个大概描述，并探讨了把它引入心理学的可能性。马克利尔在其对迪尔特心理学所作的有趣解释中，着重提到了"反思性经验"这一概念。他写道：这种反思性经验"包括自觉比较且超越

① 1896年，迪尔特在对这篇论文的正文和标题作了大量修改和压缩之后重新发表了它。迪尔特全集（1975年a）中有其原稿。

了自身，因为外部感知的对象没有失去其身份”。如果在马特斯对比较行为的思考范围内进一步考察迪尔特的心理学，那么马克利尔观点中大胆冒失几乎站不住脚的东西就会一目了然。因为迪尔特没有恰当利用比较的问题，他更多的是通过上述方式将其隐藏起来，因为这个问题确实与思考理性和经验没有共同点。迪尔特在其心理学中（在其所有变化和发展阶段），很明确地以“普遍人性”为出发点。正如作者所说，普遍人性是建立在所有个体的结构形态的基础上的。这样可以得出一个明确的结论：“所有个体性的区别归根结底不是取决于人与人之间质的区别，而是取决于其心理过程的程度差别”，除此之外再无其他因素。这个结论对异域理解来说就意味着，阐释者能在其自身心理活动的基础上理解他者。迪尔特认为，阐释者能通过以模仿异域为目标的自身心理过程某种形式的影响来领会他者。

在此迪尔特纳入了理解和比较概念，他没有觉得其中有什么问题。在“理念论文”的心理学构想中，内省式的自我观察和自我描绘的结果被证明是所有异域理解直接而充分的根据，内心的经验是理解他者经验的关键。在比较心理学初步描述的纲领中，迪尔特把（历史学家的）理解也与理解者内心活动的普遍化联系起来。

在后来的（注释学）文章中，读者可能会识别出上述理解纲领的某种变化，这一变化表明研究者们已经超越了内心经验，并获得了一个关于理解的理论，“这一理论比较好地协调了自我与他者之间的关系”。但马克利尔关于“较好地协调”的含糊言论表明，迪尔特没有全部消除其理解纲领中旧的不足。其主要问题在于，迪尔特是从人类共有的精神特征基础出发的，也就是从关于人类本性的理论基础出发的，而这种人类本性对所有的理解和比较都至关重要。但是，假如由于心理学家（或历史学家）在描述、比较和理解时带有理论概念的偏见，所有的“差异”只是描述这种千篇一律的心理些微不同的特征和造型，在这种情况下，人们如何能注意到根本性的差异？迪尔特的观点正好契合了马特斯的批评，“心理学其实只能由普遍心理学和其分支构成”，这一观点在迪尔特的作品中多次出现。在《关于描绘和剖析心理学的理念》中，尤其是关于“个体性”的最后一部分里，这一点表现得尤其鲜明。

在迪尔特 1910 年发表的论文《人文科学中历史世界的建设》中，他断然判定：“普遍真实性……并不是人文科学的基础，而是最后的结果。”如果要证明“普遍真实性”在经验方面有充分的基础，这一类型的认识可能就是科学工作的“最后结论”，但它们并不是唯一的可能性结论。我们在进行比较时应该不带成见,而且应该更合理,这样,在确定根本性差异或判定不可能进行富有成果的比较时,比较的结果才能够达到顶点。并不是每次的结论都必定是普遍适用的论述。这不是过分谦虚的象征——假如科学研究不遵循普遍规则的话,而是一种从不同角度对事物进行观察的要求。

在心理学的理论史和研究史上有太多这样的例子。这种权威的且决定了"比较群体构成"的比较标准(参照物)往往只是一种结果——文化和社会投影的结果,实施理想化和普遍化了的自我的结果。在这种投影的基础上,"所有的一切都表现出相同的基础。而且,从一开始就预料到了可比之处的"比较",使该可比之处通过贯穿始终的普遍化行为立足于同一(抽象的)概念的层面上,从而成了"自我实现的预言"。从知识社会学和思维社会学的角度观察,所谓的比较,从一开始就趋向于异域对自我的适应,趋向于"按自我的标准使他者适应自我",一句话:趋向一种认可行为,这种行为把所有那些"不适应自我的东西都置于边缘差异的状态"。

所谓的"比较"心理学对待他者的经验不够严肃认真。从一开始,通过相互信任创造出平等的气氛而使其得到缓和,这样他者的经验就完全不必再进行所谓的"比较"了。在一个决定性的判断行为中,它们被归入这种或那种抽象类型——一个范畴、一种模式,而没有反映在其自身的特征上,也没有反映为潜在的新鲜事物。科学的认识以这种方式同异域现实保持距离,同变化的经验保持距离,依据(自我的)经验来排除他者的现实经验——尽管严格地说,这种"经验"必定被当作"对他者经验的获取"。

如上文所示,现在绝不能只是为了清楚说明前面所提到的比较难题,而勉为其难地进行文化比较。上述对比较行为的批评很容易使人联想到关注文化和社会内部差异的比较分析。但即使是自我("西方")的社会现实,"也不是社会概念所体现的社会现实,尽管它两个世纪以来都是按照该原则来组织的。它主要是排除'他者'并使之边缘化"。

按照特定标准,某些个人及团体的状况相对来说不容乐观,而且这种情况还必然存在。比如说,如果比较标准和尺度只参照"西方社会中产阶级"(尤其是在北美)非老年"白人"的生活形式,那么老年人的声音必然逐渐消失,他们最多还会谈论赤字和某个扎眼的"另类",而这些就显得不够进步,甚至有些刺耳。如此看来,从陌生的环境,从外部,有时从相当远的距离之外获得的认识,就已经不再是其原本面貌了。

普遍心理基本构成的假设功能也具有局限性,这些局限如今逐渐受到注意。但因为某些根本性的分歧、变化和多样化经验造成日益扩展的影响,

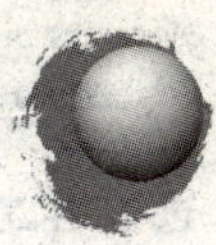

这一假设在逐渐走向破灭。只要越来越多的人意识到并相信在人类的生活方式、思想、感情、意愿和行为方面存在着深层的差异，那么比较的难题就会困扰科学家们。在这一过程中获得的认识有时是来无影去无踪，有时会让人摸不着头脑。当受批判的"比较"模式从根本上被保留下来，而且应用到相反的前提下时，情况就更是如此。

比较阐释在此所持观点的要求是显而易见的。这种观点并不只是把比较看作一种行为，认为它会促使在理论上预先存在、并得到承认的异域现实去适应自我的熟悉的现实。比较过程中的决定性和思考性行为与思考性判断力的重要意义之间的区别表明了阐释分析如何做到不只是表面化地做比较性处理。在把阐释性行为与比较视野相关联时，最先识别出适合的比较标准，这就已经属于比较阐释。在决定性和思考性阐释过程中，比较尺度的准确含义是比较的一个重要组成部分。阐释行为的规则、比较视野之间的这种或那种关系，这些都是阐释者参与其中并对此拥有理由、动机和兴趣的事件。阐释性行为在接受过程和解释过程中形成。变化是一个相关性结构，而且每次正确的比较都以原则上是暂时性关系的"意外事件"结束。这一关系在"相互分开"的讨论范围中产生，并且在科学领域里与此范围的扩展有关。

正因为这些，在行动中要考虑到一种要求，格拉泽和施特劳斯很早就已经提到这种要求。他们两人与经验主义的代言人一起，试图让人注意到他们的意图：构建科学的经验、认识和理论，能使他者的经验和认识得以在其中保存。只要有可能，都应该对那些靠不住的现实"从自身出发"（马特斯）进行观察，而不用阐释者付出自我否定的代价，其前提是下面的问题要能有积极的答案：是否该比较难题已经解决了？不过实际上这个问题无论怎样都注定不会有积极的答案。

当然，如果阐释者想要自己去弄明白他者的、异域的现实，他必须有所克制。他必须撇开自己熟悉的视角、语言和概念范畴，以便能够接近他所感兴趣的现实，并让它们用自己独特的方式说话和进行表达。即使这些要求很合理，但它们会很容易诱使（阐释者）缩小比较阐释的关联特征。与此相反，可以确定的是，阐释者虽然能够有所克制而且谨慎地运用自身的视角、范畴和模式，但绝不会完全放弃它们。作为主体性的语义行为，阐释构成了解释性行为。它们通过在自我和他者之间的调解沟通而实现这一点。

他者的经验和知识量在阐释性研究中总是表现为"某些东西"——某些基于阐释者的特殊视角和观点而形成的东西。一方面是异域现实、他者的自我理解和世界理解的简单复制，另一方面是阐释者使该现实纯粹"拿来"式地适应自我，成功的阐释行为就在这两方面之间游移。"如果没有开始时相互之间的承认，比较就行不通"，这个说法也适用于这种情况。在继续比较的过程中，"自我的东西"也不会自行从阐释及其结果中彻底消失。如果阐释确实沟通了一些东西，它就会在一个中间地带内活动，这个中间地带一方面把自我之物与他者之物区分开来，另一方面又随时发掘二者差异之间的关联性。

比较和理解有一个构想，它赞成完全照搬日常世界中自我观、世界观的"主概念"或"通俗概念"（杜克海姆）。不过这一构想并不充分，它就好像基于这样一个立场——根据它，一般的主概念会失去含义，而且在科学上会被认为不重要而被排除掉。心理社会现象，在从阐释者角度去理解它们之前，也即它们（部分地）获得另一种语言含义之前（在此情况下它们很难保持不变），在各自具有象征意义的语言论述中成为主题。即使有点"片面化"，但都想从活跃的关联性理解中获得对现实物体的认识，不过它错误判断了阐释性经验及认识构成中自我和异域的必然交织。社会文化学并不涉及"客体本身"的结构和质量。当能够实现互相谅解和理解时，它们（最终）都会使用一种明显对照的语言——a language of perspicuous contrast[①]。那些已领会某些东西，并且也打算在自己的文化中表达这些东西的阐释者，不会完全使用这种需要对其内容和实践进行解释的语言。在这一点上温奇弄错了。我们很熟悉建立在社会文化团体、集体、社会或文化成员基础上的相互理解，但这种理解绝不是科学阐述的结果。阐释以一种详尽、透明和利于理解的方式来介绍差异和区别。它们把各种差异关联起来，但不隐瞒变化的推理构思过程。把差异关联起来并不意味着把它们视为等同，理解也绝对不是差异之处的融合，因为这种融合只会使自我遭到失败和否认。差异仍然在这种沟通中相互依存，阐释并不满足于异域现实的消失。

对他者和异域现实进行阐释和理解的人，可能会变得与现实有点格格不入，最终他自身还可能会产生一些变化。阐释是异域理解和自我理解的重合，二者能得出这样的结果：自我与异域的推理性关联表现为一种批评的形式。即使这一点，按上述观点也属于理解的问题。"确实实现并利用了比较的可能性"，如果有这个经过仔细验证的前提条件，比较阐释就有可能成为批判性阐释。在与哈贝马斯探讨关于社会科学里意义理解问题的过程中，我将会对阐释与批评之间的关联进行进一步研究。

---

① 泰诺尔，1981年，第205页。在206页，泰诺尔强调指出，其概念与伽达默尔的界限融合思路有相似性。这种相似性表明，二者有共同点，但这并不排除差异的存在：因为"清晰的对照"绝不应该消融在哲学阐释学的熔炉里。参见施特劳布，1999年，第250～252页。

第四章　阐释和理解作为对有效性要求的批评

在关于社会学意义理解问题的分析中，哈贝马斯解释道：适合于阐释的任何形式的表达不仅说明了一些东西，而且还要求承认其所表达的东西。有效性要求就是结构上具有意义的意见表述、文本以及文本类似物的基本要素。实践行为、语言行为及其文本形式的具体化，这些都体现出有争议且尚不完善的知识。社会文化学的文本阐释解释并反映了与有效性要求相关联的知识体系、信仰体系及观念体系。显而易见，在这种理论前提下，以“理性”态度阐释和理解文本，不仅要求运用足以保障阐述透明度及主体之间条理性的工作方法，此外，还必须能辨别书面形式的有效性要求，并对其作出反应。要真正认真对待所表达的意见与行为，就不能忽略其中包含的有效性要求，而是必须表达对它们的看法。

上述这些可以通过对内在原因的陈述清楚地表现出来，但也可以保持其含蓄性。阐释者特别把在他自身看来有争议的意见或者有效性要求主题化。他首先会把那些接收者们不会赞同的要求作为疑难问题来论述——实际上阐述者本身也属于这个接收者群体，同时也可能赞同他们的观点。在这些情况下，一个关于有效性要求的清晰论题就应运而生了。不过它们可能会遭到质疑或反对，也可能会激怒他人。但这些反应最终要么使人承认——经过验证的意见表达是可以在主体间得到认可的；要么使人怀疑其有效性在论据方面无法立足；或者使之成为一个公开的暂时还悬而未决的问题。

每次提出的有效性要求以及能证明其合理性的理由，构成了语言行为、非语言行为和客体化行为的“语义内涵”，这个论点使意义理解失去其“毋庸置疑的叙述性特点”。若要“从内部”对行为进行阐释，就必须对与之相关联的有效性要求作出反应，否则会错解其含义或以偏概全。根据这种观点，“意义问题与有效问题的分界”就失去了意义。在致力于阐述与理解的研究中，阐述者不可避免地会陷入到类似对话结构的辩论中。在这场辩论中，行为实践和生活实践的理性及非理性尤其会面临危险。其中理性问题不仅涉及机械性或策略性行为的成功机率，而且也涉及被赋予道德和美学意义、且指向所有理性而无偏见之主体的行为导向及生活导向的可接受程度。这样，意义理解将成为一次带有参与研究者语言和行为能力印记的交际经验。参与研究者还必须“尽量”与他人沟通，如果他想去理解某个群体、社团、社会或文化，就必须使自己融入其中，成为他们“至少是潜在”的对话者。

哈贝马斯把各种在理论上可行的行为概念同理性难题联系了起来。他认同不同的行为概念、有效性要求以及与之相关联的论证类型之间存在的差异。一旦涉及对有效性要求进行辩护或批判，这些论证类型就显得尤为重要。在此，哈贝马斯遵循的主导思想是准实体论前提和理论行为模式的理性内涵。之所以称之为“准”实体论前提，是因为特定行为模式各自包含的“世界”概念是以结构理论为基础来定义的，而行为者与这个“世界”建立了某种关系，能够影响并改造这个“世界”。众所周知，现在交际行为概念包括哈贝马斯所解释的所有其他行为模式，这种交际行为模式统一并超越了目的论的、标准化的、戏剧性行为的理论概念。这一点同样适用于相关的准实体论前提和理性内涵。特殊模式普遍一体化，是由于交际行为概念考虑到所有归属于其他概念的“活动者——世界关系”，以及相关的有效性要求。它甚至还包括更多的东西，因为交际行为概念还赋予行为者语言能力，这种语言能力能够与和自我行为及他者行为相关的有效性要求进行相互比较。

在个别情况下，隶属于交际行为概念的准实体论前提存在于行为者与三类世界所建立的关系中，这三类世界共同构成“归属于交际过程的关系体系。参与者通过这种关系体系来确定究竟在什么方面才有可能达成相互理解。参与交际者可以就某些方面相互达成一致……但他们绝不是仅仅只涉及客观世界现存的或可能出现的事物，他们还提到了社会世界和主观世界里的某些东西”。其中客观世界(即“所有可以真实描述的实体的总和”)、社会世界(即“所有合法的人与人之间关系的总和”)和主观世界(即“说话者特殊而可理解的行为经历的总和”)可被视为最根本的三个世界。

交际者提出的理性要求或有效性要求符合这三类世界的关系分层。正如这种模式包含目的性行为、技术工具性或策略性行为，交际行为者也会维护获取事实真相的权利，这些权利还可以在理论上得到论证。他们通常会

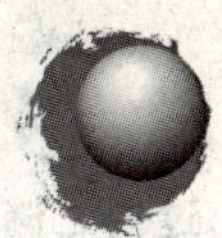

在某些情况下这样做，比如行为难题使这些反思有结果时，或者提出的质疑被排除时，等等。如在规范的行为模式中所预期的那样，交际者也会针对行为规范和社会准则的正确性提出要求，同时他们作为行为者也必须遵守这些社会准则。既定的社会准则能说明行为是正确的，但准则的正确性有可能在实践的论证中引起争议。倘若交际者在自我表达的行为中涉及主观世界的个人经历、需求、意图、愿望和感受，他们也会对其表达的真实可靠性提出要求。哈贝马斯引用戏剧艺术中的情节来说明这一点，他认为戏剧艺术的情节真实性和可靠性是为疗救目的而进行的批判的对象。这里特别还应提到具有评价性的表达，因为在自我表达的行为过程中，具有象征性的经历、需求、意图、愿望或感观态度（大部分地）通过与价值建立关系而得以阐明。评价性行为涉及活动者认为适当的价值标准，美学评论则为论证这些标准的合适性提供了原型。

与其他行为模式不同，交际行为的概念原则上以行为主体与所有类型的有效性要求的对比为前提，即建立在真实行动的基础上。通过相互理解，行为主体“不再只是简单地涉足客观世界、社会世界或者主观世界，而是在其表达的有效性面临其他行为主体驳斥时限制这种表达。作为协调行为的机制，相互理解只能在相互影响的参与者就其所要求的有效表达取得一致的情况下（也就是说，主观内在承认他们相互提出的有效性要求）”才会起作用。

交际行为主体在现实生活实践中（大多数是含蓄的）所提出的有效性要求类型，同样也是文本阐述者在其经验性研究中偶然发现的类型。即便是社会文化学的阐释，也是按交际性原则来构建的。当然，为科学目的而设置的进行数据调查和分析的情境，在某些方面与哈贝马斯的交际行为概念最初所指的现实生活环境不尽相同。科学上对交际理解的关注并不在于直接为协调行为意图、行为计划和行为的实施服务，但现实生活中的相互理解大多数情况下直接应用于实践。虽然研究者还是得与其对话者共同商定这种情境的定义，并使自己的行为与合作者之间的行为协调，但是在通常情况下，科学的经验和学识构成并不能识别本应立即得到满足的深入实践的行为要求，它只有在行为解压的环境下才能得以实现，这种环境使日常行为问题远离生活困境，并使随之引起的反应变得可接受。从时间上看，行为解压可能会使分析得以拓展，并确保思考和评价的自由空间。这种自由空间也即制度化了的辩论，它不具有影响判断力的语用学障碍。当然，这并不代表科学知识不应服务于解决行为及生活问题，因为科学知识可以且应该对生活提出的问题作出切中肯綮的回答。

科学研究者的假定—反身观念有别于生活世界中行为者的语言行为观念。研究者致力于重构和验证(含疑难问题的)已有知识,以及描述、分析、解释并评论和扩展日常知识,但他在某个重要方面与日常生活中的行为者很相似。虽然交际行为的概念并不单单体现在语言理解或“阐述性理解行为”中,但科学的阐述和理解成果可以理解为交际行为。那些持行为理论观的阐释者,把特别的“活动者—世界关系”及理性要求强加于他们对其行为进行研究的活动者身上,同时他们也以这种方式来解释自我。阐释者的这些认知性语言成果是以交际能力为前提的。科学阐述与日常生活中的意义成效及理解成果不仅在其功用和目的上有差别,它们在考虑实际情境下的现实条件及方法的细微方面也不尽相同,但在结构上(实体论前提、理性含义、有效性要求等方面)则几乎差不多。

值得指出的是,“阐释者只有在透彻了解了文本作者进行理性表达的原因之后,才能理解他可能表达的意思。……也就是说,阐释者必须首先透彻了解:为什么文本作者觉得提出某种(真实的)看法、承认某种(正确的)价值标准、表述某种(真实可靠的)经历是有道理的,这样他才能理解文本的意义。……作者及其同时代的人以所积累的文化知识为出发点来构建自己的阐述,而仅以这些文化知识储备的认知性、道德性、具表现力的要素这一背景,便可推测文本的含义。反之,如果阐述者没有对与文本相关联的有效性要求表明态度——哪怕是含蓄的,他就无法辨别确定这些先决条件”。

对理性的要求也属于有刑事责任能力的人的内在行为结构,交际行为理论就是从这一点出发而形成的。由此,阐释和理解将变成必须考虑那些会使行为具有说服力并能证明其正确性的行为动因的活动。如果我们都能像哈贝马斯那样注意到这些动因,就不会回避对这些动因的评价、接受、质疑或摒弃,否则人类行为的独特性就会遭到错误判断,而“动物理性”的行为能力在结构上与其语言和反应能力紧密相连。由于行为具有理性的内部结构,所以在行为描述及分析与对有效性动因的论证之间并不存在严格的分界,这种有效性动因从活动者的角度看是一种理性,而且还以合法而“有价值”的实践为根据。(当然,人们也可能有意识地作出不合法的行为,但对此需要或好或坏的理由。)对原因或行为理由的感知要求人们发表(至少是含蓄的)观点,因为哈贝马斯原则上不会以纯描述性的方式理解有效性动因。

哈贝马斯把几乎是强制性的评价作为先决条件,在我看来,这种对交际行为理论来说很典型的理性理解的概念是站不住脚的,因为阐述者绝不可

能被迫对阐释行为内在固有的有效性要求发表看法。况且所谓含蓄地发表的看法,也并不是那么容易识别的,有的甚至根本不能识别。注意到理性要求构成的行为内部结构,把阐释与理解同可能性结合起来,并对实践所含的有效性要求作出评价性反应,只要这些能令人信服,那么“必须要进行评价”这一点就显得有点过分。应该使人在一种阐释行为中看不出阐释者对其所描述的东西到底持怎样的观点。同样可根据经验对行为动因进行重构和理解,而不必对其发表看法。①

这里有一个极端的例子,只要阐述者愿意,作为清醒的旁观者他可以解释涉及道德问题的原因,这些原因以活动者的内在视角来解释:为什么纳粹时代十分平凡的普通大众会积极参与纳粹活动,而这些人中的多数都有众所周知的理由,让自己的行为在表面上看是合法的。按他们的观点,这些理由使欧洲犹太人的灭绝即使不成为时间的戒律,也应该是有约束力的社会现实结构范畴内不值得特别保留的事件。至少,对于杀害犹太人这件事来说,不需要任何个人的辩护。在接受种族主义反犹太人运动(以及其他纳粹主义思想体系与实践)并以此为世界观的人看来,枪杀、放毒气、通过强制性的工作使人丧生,以及其他反对犹太人的措施,虽然可能最后会出现“很严重”的后果,但这个后果不是出于个人的想法、意愿和情感而产生的。还有,即使这些人不想杀人,甚至起码在开始的时候还对杀害手无寸铁之人持一点反对态度,但当他们想到即将来临或既成事实的杀害行为时,通常不会觉得自己实际上已面对了在精神上会带给他极大痛苦的不连贯性认知。从行为者的角度看,世界观与行为的关系是相一致的(此外还需要注意的是:这并不意味着披露一点这种世界观就已经对这些行为有了足够的解释)。

作为阐述者,人们可以描述所有这些(以及其他更多的)事件,并把它们统一化为理由结构和动因结构,这二者可以(至少部分地)解释,为什么有些人会这么做而不那么做。当阐述者尝试理解和解释为什么人们会将屠杀犹太人付诸实际行动,他们怎么可能把杀害手无寸铁的人当作每天的工作,这时阐述者不必非得对这些重构行为及其动因发表看法。如果某人出于对犹

---

① 此外,对行为内部理性结构的鉴定,很可能显示出“古代欧洲”人们的自我意识。这种自我意识具有典型的文化特征,它绝不可能被普遍化。这里所提出的批评性阐释及理解的理论是具有典型文化特征的事物,至少在这方面我是支持哈贝马斯的论点的。我把这些基本的先决条件看作一种表面现象,从中决不可能产生深受“逻各斯”影响的文化成分。不过人们可以对这些先决条件进行思考,如果它们没有与他者(其行为或文本构成了阐述行为)分离开来,那么人们可以把它们当作自我阐释的“先决条件”(或在一定程度上作为阐述对象),尤其可以论证的是:为什么人们紧盯着这些先决条件不放,并想以理性的态度作更深层次的阐述——尽管没有任何人或事真正强迫他们这样做。

太人的仇恨而去屠杀他们，那么行为理解会局限于对原因和动机的追述，至少是着重于此（对这种解释的补充完善，或许能通过详细阐述反犹太主义运动的文化社会史以及分析行为者的社会性及其生平等来完成）。阐述者在这里可能会不由地表达评价性的看法，这些看法在我们看来是理所当然的，因为除了谴责以外，对上述行为人们还能如何评价？但对此发表看法并非是不可回避的。屠杀“可能”会被当作简单的杀害行为而被思考和剖析，但阐释者不必勉强陈述其“违法性”或“谋杀事件”本身，也不必费力搜寻“意识形态方面的盲点”或探寻其如何“误入心理病态的歧途”，更不必使用那些显示启蒙运动者道德（或其他方面）优势的标准模式。人们同样对自己所描述的行为及理由不太肯定，这种不肯定既不张扬也不含蓄（凭借这些，阐述者可能会被识别为反犹太分子，并参与证明纳粹主义——尤其是欧洲犹太人的灭绝的合法性）。阐述者能使自己的立场左右逢源——尽管乍看上去这一点更难做到。

至于人们是否满意或应该满意这种可能的观望，则完全是两码事。若要对这一问题进行思考，就不应再严格以建立在经验基础上的阐释和理解的内部逻辑结构的重构为根据。哈贝马斯对意义理解难题的追述并未脱离标准化内涵。他尝试证明为不可欺骗性的东西其实是一个伪装成必要性的实践性选择，尽管这个选择对于经验与学识的具体构成并不是无足轻重。如果它为人们所用，它将改变阐述的范畴，由此也改变以特定方式理解阐释行为的可能性：上述例子中的道德评价，是把个人和集体屠犹活动作为简单的“谋杀”来理解和分析的“逻辑”前提。反之，这一点又是把个别人赞成或批准，甚至组织、计划并实施，且事后又极力掩饰的谋杀行为置于犹太人大屠杀背景下的条件。这样一来，大屠杀在我们的意识中就只会成为史无前例的“有组织的犹太人大屠杀”，或独一无二的“死亡工厂里工业化的人类灭绝”，并且它还促进了“反人道罪行”或如阿伦特所提的“反人类罪行”新范畴的形成。评价性看法对经验和学识构成的可能性来说，绝不是无关紧要的。实践性选择包含各种经验和知识的可能性。换句话说，它们在认识论方面不是中立的。尽管如此，任何阐述者都不会被强求对他们所描述的东西发表评论（前提条件是，为了支持上述例子，“杀害”的概念或其他的表达或描述，被当作描述有争议行为的较客观的类型来接受）。

从交际行为理论的角度来看，对理性理解的构想是符合标准的。行为理解以针对重构行为动因的含蓄观点为前提——否则它不能称之为理解，或无论如何也只能是一种肤浅的理解，这个看法并不单纯以从实际出发且

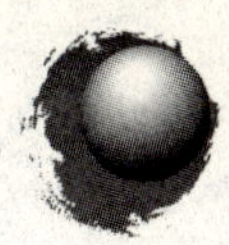

有说服力的阐释及理解的重构为基础。更确切地说这种看法需要一个规范化的标准(在我看来,与其说这个标准合理,倒不如说它逾越了语义学定义而十分离谱):那些把对阐述行为的注解同理性(也即对被注解对象尽可能客观、且能引出一般性结论的评价)相联系的东西,应该被当作“真正”的理解。所要求的评价在此要部分避开被评价的对象,尤其还要避开阐述者本身,这一点完全不需要强调。使伽达默尔的哲学注疏学受到特别关注的东西,同样也适用于哈贝马斯,即:不对自我和批判性异域理解的基础、尺度进行反思就对他者作出评价,这会使阐述和理解的意义与目的遭受误解。

根据这里的观点,符合标准的评价性阐述是一种选择,而不是被强迫或必须要做的事。这种观点允许(或要求)对下面这个问题特别作出解释,即为什么应该带有批判性地进行阐述?(此外人们还可以使上文提到的认知功能起作用,它使人们清楚地看到,规范的道德评价对经验和知识构成起决定性作用,因为这些评价构成能以“某种方式”理解并研究行为方式和其他现象的前提——如将大屠杀当作谋杀来分析理解。这种理解与研究角度就是体验和识别还处于起步阶段且有争议的现象的认知条件。我认为该论据很有说服力,但同时也想指出,就其本身来说,它还含有一个尚值商榷的前提,该前提存在于一个我认为也具有说服力的假设中,即:人类活动的实践关系网是通过规范的定位和区分形成并结构化的,因此,为能以与对象相应的、经验丰富的方式完成任务,就必须在规范的语言中对科学描述、分析和阐述作必要的改变。在下面的论述中我将不再考虑此论据。)在我看来,对该选择来说最重要的论据标准是:只有不受限制地运用判断力,才能确保尊重并认可其文本潜在对话者并对其文本进行阐释。

第五章 理解与认可

如果不是基于对被认可者独立的、交际性的评价，那尊重和认可也只是一句空话。对个体的认可可以理解为：对他们的态度、行为、交往方式及生活方式表示赞同或反对。认可并不是对一切都持主观而无限度的宽容态度，它只能在认真严肃的讨论中产生，而且这种讨论最终要具有足够的理由来评判：态度、行为、交往方式和生活方式是否值得尊重和认可。甚至可以激进一点讲：对个体的认可就存在于评价性的讨论争辩中，这种争辩具有个体的态度、行为、交往方式以及各自被生存烙上印记的生活方式的痕迹。从根本上说，对个体的认可主要并不取决于其态度和行为是否得到赞同，也不取决于其生活方式被认为是好是坏、受欢迎或遭排斥、被赞赏或被批评，而是取决于他们是否被当作具有语言能力和理性思维能力，能与他人进行明智的讨论，并对自身的实践活动作自我反省式观察的人，而受到"严肃认真"的对待。这就意味着，他们被当作这样的人来对待：他们自认为对其部分独立自主的行为有很好的理由。就通过这一点，人们会把他者的"人"当作这样的个体来对待：他——即使其行为明显受到活动空间的限制——至少有最低限度的选择自由和行为自由、思想上和实践上表达意见的可能性，因此也有最低限度的责任感。即使不具有这些，人们也不会把他们——如托多洛夫联想到大屠杀中的刽子手、帮凶和旁观者时所说——当作真正的人看待。[①]

① 当然，人们也会由于外界的原因而非自身的过错被迫陷入一种完全强制性的处境，由此关于个体行为的批判性评价问题将无从谈起，甚至几乎不可能提出这样的问题。对于这种情况，纳粹集中营中战俘的境况便是很好的说明。他们是"守卫者"灭绝人性的阴险尝试的牺牲品（对此他们也进行过绝望的抗争，幸存者们再三证实过这一点）。与此相关的说明可以参看托多洛夫的贴切分析。1993 年，第 193～195 页。

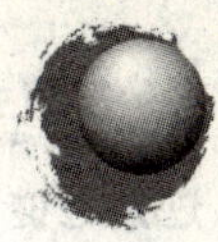

从以上的论述可引出一般性的结论：把他者当作真正的人对待的前提是，把他看作有反应能力和行为能力的“主体”，而不是当作一台自动机器，其所作所为完全遵循外来的指令，也就是说他以某种方式被异化了。人作为个体被尊重和认可，其最先的前提就是，能深入剖析自己的态度、行为和与其相适应的生活方式。在此，按照目前我们所有已知的认识，认可可以被理解为人类基本的需要，对认可的这种需要在任何情况下都是不可或缺的条件。泰洛尔指出：“当周围环境或社会呈现出一幅侮辱或轻蔑的景象时，个人或群体会受到真正的伤害，甚至会有畸形发展的危险。不认可或错误的认识会埋下隐患，会造成一种压抑，会使他者陷入虚假的畸形的生存处境。”认可并不仅仅是出于礼貌而表示尊重。托多洛夫在他与米歇尔·巴林特的对话中就特别强调，别人的认可就如同空气之于呼吸那么重要。后来他在与卡尔·菲利浦·莫利茨的对话中又补充说，所有错误的认可会“让我们感到如鲠在喉的尴尬”。可以相信，任何人处在一个狭小的圈子里都会感到彻底的孤独。还有一种更加无法忍受的情况就是，生活中完全没有他者的反响、回应和要求，就好像身边不存在任何人。

拒绝给予他人认可会伤害或麻痹他人，甚至会使其失去个性，最糟糕的是还可能使他失去人性。如泰洛尔在本体论提纲中所说，这种拒绝深深刺痛了当事人的个体身份。个体身份的形成、复制和改造并不是独白式的自我创造行为，它必须通过他者与具有对话式结构的实际认可相联系。当然，我们都知道，我们很难毫无困难地做到这一点。认可必须通过持之以恒的努力去争取，常见的对“努力争取认可”的谈论便表明了这一点。即使在这里对这个观点不作更深一步的探究我们也可以断定：身份的认可是在“与他者半坦诚、半含蓄的对话”中实现的，它本质上取决于说话者与他者的对话关系。

从这一点可以判断泰洛尔并没有隐瞒其对认可的政治性构想。在上述关系中有一点具有很重要的意义：泰洛尔首先谈到了文化的认可（其次才谈到属于特定文化范畴的人的认可）；此外，他还论证了一个重要的问题，即在什么前提条件下，要求拥有认可权的文化可以且应该获得事实上的认可。泰洛尔认为不存在自发的认可。人们往往对由于不被认可而感到痛苦或受到伤害的文化（或个体）身份体现出明显的敏感性，在这一基础上，泰洛尔对“所有的文化都完全具有同等价值”这一观点提出了质疑。尽管他已了解了这一观点的“有效核心”，他还是质疑以这种观点为基础的信仰行为，并要使之经受理性的考验。同时从中还可以得出一个结论：任何文化都可以超越自身必经的没落阶段。在面对一种文化时，我们假定该文化很有价值（并且将来还可能因此不再有文化的蔑视），但这种假定无法取代对文化的研究，也不能取代由客观讨论所产生的结论。一种文化“确实很有价值，或具有与其他任何一种文化同等的价值”，关于这一点的评价如果算是真正意义上的评价，那么它只会是在文化研究的后期出现。“如果在我们的价值评价中，应该用语言来表达那些不以我们的意志和愿望为转移的东西，那么这种评价不会受伦理原则所规范”，上述这一点并不是从一开始就是确定无疑的，这需要反复运用到交际理性及与之相关联的判断力。其他表现出来的尊重和认可可能只是纯粹的表面现象，是一种掩饰得很糟糕的表达同情和恩赐的象征。准确地说，那些要求获得认可并维护其认可的合法权的人，根本没有重视这一点。谁想要获得认可或努力争取他所属或所代言文化圈的认可，他就会想要受到严肃认真的对待，想要受到尊重，而不是被赐予同情："任何一种想要抹煞这种差异的理论，似乎曲解了它宣称进行了深入研究的事实的重要方面，至少表面上看来是这样。”而在我看来，就算不是“表面上看来”，而是经过仔细推敲，情况也是如此。

在未经充分考虑的伦理要求之后，接着就是人们出于负罪感和愧疚感而滔滔不绝地表达的虚伪的尊敬和认可。由此，他者没有被作为个体被尊敬、被认可，而实际上其（文化）态度、实践活动以及生活方式原本都应受到尊重。泰洛尔写道："客观地看，这一点除了说明对其智力的蔑视之外，不能说明其他任何问题。”人们一旦成为有伦理理由但盲目受尊敬的对象，就又会受到某种形式的侮辱。一旦涉及具有语言能力和理性思维能力的主体间的关系，人们便会通过感动其所处圈子里的人而获得认同。但这并不代表他们获得了绝对意义上的认可。如果对一种文化及其所属成员不加以了解和深入研究就给予“尊重”，这会引起矛盾分歧。一旦这种虚伪被识破（实际上它通常都会被识破），那些被假意认可的对象就会大发雷霆。如果没有对其他文化和个体（及其态度、行为、交往方式和生活方式）作深入分析，以便最后“经历自我改变”（至少曾经存在过这种自我改变的可能性），那么谈论尊重和认可他人是毫无意义的。真正意义上的尊重和认可的满足依赖于这种比较，而人们可能根本就没有尝试过这种比较。如前所述，这种尝试是一种极为困难的行为，但没有这种尝试，也就不存在理解，不存在对他者的认识、尊重和认可，这一事实是无法改变的。

人类的共同生活是一种“冒险活动”，而其中最重要的就是人类对重视、尊重和认可的需求，而且这种需求从一开始就存在，这一点托多洛夫在阐述其发展心理学时就有阐述。然而，如上所述，真正的认可并不会盲目地被给予。托多洛夫在普遍人类学领域进行了卓越的尝试，而且在某些方面他与泰洛尔也有共通之处。他的这一思想在他阐述“即使最严重的侮辱……也好过根本不认可”这一观点时得到了强化。这种表述是以区分两种类型的认可为基础的：从狭义上来理解，认可即承认人的存在；从广义上来说，认可就是确认这种存在的价值。谁下意识地拒绝给予认可，他便会完全忽视他人的存在，会表现得毫无顾忌并由此而贬低他人。这一点比起“某些人不赞同他者存在的观点，对其存在大肆抨击，并由此拒绝认可他们”这一事实来说，毋庸置疑会对他人造成更加严重的伤害。在此差异的基础上还可以看到，完全虚伪的尊重和认可(即出于道德压力而非出自内心的假意承认)，可能会在不知不觉中趋向彻底失去价值，而这种假意承认认为，有没有对特定态度、实践活动以及生活方式的价值进行评价都无关紧要。尽管他者的存在并未遭到公开的否决，也就是说他者还绝不是“空气”式的存在，但他的存在被剧烈压缩了。他们没有被看作完全的人，他们的态度及行为原本应当被当作对话式的辩论对象而得到理解和回应，但实际上却是被置之不理。他们也由此被贬得一文不值，甚至不值得人们去考虑如何评价他们，而对于如何去评价他们这个问题，我们不期望会获得一个可能影响所有参与者的答案。

后来所作的思考使阐释性社会文化学远远超越了经验与知识构成的实践基础，它们打破了以文本形式的数据材料为工具的科学分析框架。要是谈及文化与个体，并思考对他者的尊重和认可问题，那么谈论的对象就不再局限于“文本”和以文本形式表述的经历与期望、态度、行为与实践活动，以及与其交织在一起的实践准则的知识构成问题。

人们一定会谈起那些创造出有待阐释(或已被阐释)的文本的人么？答案是不一定。为了确定这一点，除了对文本进行纯粹的阐述外，还有必要做点其他的事情。要对具体的人及其生活实践态度和行为进行评价，前提条件不应仅仅是一种可能的谈话(在其中文本阐释者没有进行公开的对话)，而更应是一个真正的谈话，谈话的双方能互相辩驳，能使对他者的陌生化理解得以进展，使得双方最终达到相互理解。如果没有这种相互理解，对作为个体的人进行批评和教导就会很尴尬，而且不会起任何作用，因为谈话对象一旦觉得自己受到了误解甚至不公正的对待，他们肯定就会觉得这种对话与自己无关。在此意义上进行评价的文本阐述者(通常都)并未谈及或针对具体的人，其言词尤其不会直截了当地针对文本的创作者，因为他可能曾经就是文本阐述者的"访问对象"。

但是文本阐释者也不会与抽象而孤立的"人"的经历、期望、态度、行为以及不相关的人的实践活动建立关系。如果社会文化学把具体行为与目的、常规、情境或历史经验以及其他结构上关联的指导性元素等等这些联系起来,那么它首先致力于对这些"非个体的研究对象"进行描述、理解和解释无疑是合理的。但是总有这么一些人,他们在科学研究最终作为经历和认识体现出来的东西中,或多或少可以重新辨识出自身及其生活。作为科学研究者,如果他声称只与文本及文本中可识别的东西有关联,想以此来逃避与人类活动建立共同关系,这是一种诡计。文本是阐释社会文化学最重要的经验基础,这是正确的;阐释社会文化学的知识不能使任何人满意,不能感动任何人,这一点是错误的。但是科学知识也可以对真正的人造成伤害。即使现存的由文本构成和繁衍的知识,也至少间接提到了尊重与认可具体个人的问题,即它是否与文本创作者或其他人有关。如上所述,看起来两种类型都可取:一方面,人们要能根据学识和能力,对所有经验和知识构成的结构性比较进行阐释,以便由此得出的结论不只是对他人身份的简单认可。如果只是单纯地使他者来适应自我,那么阐释者就不能获得科学的认知,并且可能会断然拒绝给予他人尊重和认可,这一点应该是在经验研究中首先要避免的。但是另一方面,在阐释者完全放弃对根据艺术的一般规则来想象的态度、行为及生活实践作出反思性评价时,也不会获得真正的尊重和认可,这一点非常清楚。

我们也不必全盘否定,那些不同意发表评价性观点(因而显得很谨慎)的人其实也作了阐述和解释。[①] 我觉得那种声称"当'真正'进行阐释的时候不可能存在这种谨慎"的观点有些过头。而实际上这种谨慎可以完全避免一种明显的风险,即草率的(道德)评价会妨碍人们去获取深刻的认识。我认为,对批判性的(且标志着交际理性的)经验和学识构成作出详尽的原因阐述才更有说服力。贝尔马斯,尤其是库尔曼也断言,完全放弃对隐含阐释行为的有效性要求发表看法,这在某种程度上也是"不道德"的,于是他们以另外一种形式表达了这种关键而规范的论证。因为要求个体(或文本)道明事实真相,并真实表达自我主体性观点,这一点很容易被忽略。库尔曼认为:"只有当他者——根据想要对他者有所了解的人的看法——原则上能说出真正新鲜而且令人惊奇的事情;只有当他原则上能对那些想要认识他的

---

① 这一点刚好与哈贝马斯 1981 年(第 191 页)的观点相反。

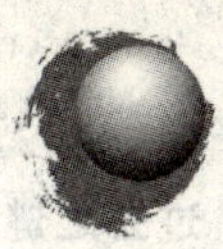

优势观点发表看法;而且……只有当他原则上能不断说出一些真实的事情,他才能作为主体被了解并同时获得认可。”

如上所述,表述真实的、令人惊奇而且新鲜的事情,以及维护观点的优势所在,这并不是对话者的特权,尽管这些对话者的文本就是阐述的对象。因为相反,致力于解释的阐述者却要求获得含有阐释行为之批评的特权。为使这种批评不至于成为以自我为中心的行为——这种行为十分有利于阐释者(以及其所属群体)自我陶醉、寻求优越感以及建筑心理防线,它(这种批评)必须遵守以下简略介绍的原则:

第一,有教育意义的批评要建立在“宽容”的基础上。这同时也意味着,大量的实践活动、生活及身份形式的各个方面,都应处于理性批评的范围之外。只要实践活动、生活及身份形式既不妨碍对普及平等和公平的追求,也不伤害特定个体的尊严和幸福,或损害对生活的普遍尊重,那么它们就不应该是理性批评的对象。社会文化学的阐释并不是法庭式理性的辅助工具,因为法庭式理性是为对主体进行无限制惩戒服务的,或用于消弭对文化、社会及个体差异性无休止的评价。“存在美学”领域里出现的一些问题,一旦它们“稍微”涉及对他者来说微不足道的群体和个人的生活方式,就会脱离批判理性的作用范围。

第二,笔者对“心理学”批评特别感兴趣,因为它尤其关系到行为及生活实践方面的阐述,而这些方面又与人们所经历(或期待)的“痛苦”存在内在联系。对此,作为痛苦经历的行为及生存的可能性会受限制,这一点引起了越来越多的关注,尤其是当这种限制具有文化和社会原因——更深入一点讲,这种原因是意识形态方面的——的时候。总的说来,人们所承受的和感到害怕的痛苦体现了理性主义心理学的基本观点。

第三,心理学上的分析与批评不作关于成功生活的假想是积极而普遍的设想,它要尽可能地放弃实质性的(预)假设。一旦这种假设渗入到批判性阐释中,人们在与他者相遇时,就必定会运用这种假设,也就是说它们本身可能成为批判阐释的对象。在相互谅解和实施理解的过程中所作的批评,常有“两种可能的接收者”。在阐释中,人们对话—讨论式地建构他者(或异域)的事物和自我的事物,同时人们也可能把它们认定为某些值得怀疑且应受到批判的东西。如果异域理解与自我理解相互交织,阐释性行为内在固有的有效性要求的批判性检验就会触及阐释者们的自我理解——这种自我理解对阐释行为来说起决定性作用,也会涉及阐释者参与其中的集体实践和生活方式。所有这些都被卷入到了比较的涡流中,在其中阐释者的判断力扮演着重要的角色，当在阐释行为中相互关联地构建自我之物和他者之物时，此判断力也参与其中。我们应该思考这一事实，以便阐释者意识到：他们个体也已参与了阐释行为的建构。

马特斯对比较行为的反思也使我们得以认识到阐释行为的结构。通过这种结构，(西方)科学家们针对所谓需要理解的他者(或异域者)“贯彻实施”他们与之密切相关的所有概念和思维形式、意义模式和判断模式。不过，仔细琢磨起来，科格勒(Kögler)的批判—对话式注释学偏离了阐释者的自我反思和自我批评。在其大纲中，异域理解主要适用于，阐释者通过与异域个体和异域文化的相遇获得经验(或者了解这些经验结构)，这些经验又与其本身的自我观和世界观相对立。异域理解在此特别起批判的主导作用，此批判也是对阐释者参与的“权利渗透”的社会文化生活形式的批判。在与他者或异域者相遇时，批判—对话式注释学想要阐明这种阐释者自身也卷入其中的象征性的秩序，这样，在最初只有“知识”存在的地方，这种知识表现出与“权利”最内在的关联。福柯(Faucault)的讨论分析对皮特(Pate)来说，就代表着这种意图。鉴于异域现实不可缩减的差异性，自我应该具有“相对性”且能让人看清楚。归根结底，这种与他者或异域者的相遇是为了能用另一种眼光看自我，尤其是能把自我理解成某些可改变的事物，或者或许在异域理解过程中已经变形了的事物。批判也意味着(甚至有时是唯一的)：与自我、与到目前为止没有受到质疑的经验、期望、意义模式和知识结构拉开距离。然而，按此观点，批判并不是“单向道”。作为行为及文化科学注释学的规则原理，可以确定，阐释者的批判性评价能够同时与自我和异域者相关联。

第四，变化经验和异域经验从多种角度要求阐释者具有判断力。要正确运用自己的判断力就绝不能狂妄自大，不能有种族中心主义，不能有偏见：“因为我们根据价值或本体论的语境严肃地理解语言，我们不必自动地假设我们自己的语言在语境中就是正确的，而外语就是错误的。相反，我们从一开始就要假设，我们可以在了解异域社会的同时更多地了解我们自身。”完全按泰诺尔意愿来进行阐释的语言，实际上是一种一目了然的对比语言。他者及自我的行为和生活方式都用这种语言来表述——只要在二者中间能构成共同的坐标点或范畴：“它应该是这样一种语言，通过它人类之间可能存在的差异得到系统化描述，这样自我和他者生活形式的差异性被精确地描述为一种非此即彼的差异性。这样一种对比的语言可能会显示出，他者的语言在理解过程中受到了歪曲或者在某些方面没有得到充分理

解;要么显示出我们自身的语言面临这种处境……要么显示出他者和自我的语言这二者都面临这种状况。”[①]如前所述,公正地检验是否构成对比较和批判所必需的共同坐标点,这一点已经属于比较思维的任务。

第五,批判性阐释不仅仅反对个别表达或行为的有效性要求。因为它们经常存在于某种语言活动或生活形式中,所以行为科学批判或许可以走得更远。“整体”似乎会由于某种个体行为而面临风险。使某些行为成为可能并有意义的行为程式、自我观及世界观等,在阐释性分析过程中会遇到问题。当然,没有人会草率地表述一个这样谈及实践和身份之根本的批判(也没有人会毫不犹豫地接受它)。泰罗(Tallar)认为,如果在对话中,批判性阐释怀疑参与者根本的自我观和世界观,那么对话就会变得很困难。泰罗通过各种例子非常清楚地阐述了,批判性阐释不一定要涉及那些在谈话双方的共同世界里发生的事情,而是完全可以集中于他者的语言和世界。阐释者可能觉得,让人觉得陌生、令人感到惊讶的不是某种细节,而是他者的语言与世界的组成部分。因此批判性阐释通过这种经验认识到,我们不能假设存在一个共同的世界和语言。如果谈到“同性恋”、“吉普赛人”或“犹太人”,或者如果我的邻居不期然中使用如“女人”或“堕胎”等这样的词汇,这样的经验相对来说很容易在“我们的”社会文化实践中产生。在这类情况中,交际和阐释问题就存在于,“我的邻居对‘女人’的理解显然跟我完全不一样”。由此显而易见,这与“一个”世界里的差异无关,有关的只是不同的词汇和方式、语言活动和生活形式。处于这样的环境下的“必要的辩论”陷入了一个复杂而纠缠不清的事件中:“因为语言的使用牢牢地扎根于一种生活形式。我的邻居之所以这样谈论女人,因为他也是这么思维、这么处事、这么经历的。他自己也是这样被别人谈论的,我当然也是一样。所以我们应该对生活形式作比较。”

同样,对于社会文化科学也是如此,这些科学在它们认识到令人产生错觉的、异化的语言游戏和生活方式的同时,清楚地把握到了社会文化实践和同类形式的界限、偶连性、可改变性,并使其接受者清楚地意识到这些。要是成功地做到了这一点,它们就完成了一个重要的使命。如果它们在这里具有不完全放弃道德标准范畴的实践心理学理性的话,它们不一定违反了科学。如果谈到或多或少有些令人痛苦的生活形式和生活道路,会使自己

---

① 鉴于对所谓“原始”社会神秘的行为、自我及世界观的理解,泰诺尔清楚地解释了他的观点。此外他脱离了弗雷泽(Frazer)经常受到批判的立场,同样他也远离了其反对方(维特根斯坦[Wittgenstein]某种思考中的一个“简单化”了的变量)。

纠缠于人类事物的那些需要个体整体判断力的关系网络。谁要是把批判理解为社会文化学研究的合法目标，他就绝不会怀疑在异域现实的“内部逻辑”和关联中来观察并描述异域现实才是最重要的。当然，这在某种程度上太过了，甚至远远超过了经验性研究领域通常所提供的。然而，正如已经指出的，这并不一定就是致力于社会文化范围里行为阐释的科学家们所从事的全部事情。

参考文献

特奥多尔·阿贝尔:《理解行为》,美国社会学杂志,54,1948 年。

特奥多尔·W·阿多尔诺:《消极辩证法》,法兰克福:苏尔坎普出版社 1975 年版(1966 年初版)。

卡尔—奥托·阿培尔、马特阿斯·凯特勒:《神话的价值自由——论人类文化学的客观性》,法兰克福:坎普斯出版社 1994 年版。

埃贝哈德·贝尔格、马丁·富克斯:《文化、社会实践、文本——人种志学再现的危机》,法兰克福:苏尔坎普出版社 1993 年版。

皮埃尔·波迪:《实践理性——行为理论》,法兰克福:苏尔坎普出版社 1998 年版,第 7 页。

詹姆斯·伽利弗:《关于人种志学的权威性》,载埃贝哈德·贝尔格、马丁·富克斯《文化、社会实践、文本——人种志学再现的危机》,法兰克福:苏尔坎普出版社 1993 年版,第 109~157 页。

威廉·迪尔特:《人文科学中历史性世界的构建》,全集 VII,莱比锡、柏林:托伊布纳出版社 1927 年版。

威廉·迪尔特:《关于比较心理学——论对个性的考察》,载全集 V《精神世界——生活哲学导论》之关于人文科学基础的论文,乔治·米施发行,斯图加特:托伊布纳出版社、格廷根:晚登霍柯、鲁普莱希特出版社 1957 年版,第 241~316 页(初版,部分于 1895/96 年发行)

威廉·迪尔特:《描述和剖析心理学的理念》,载全集 V《精神世界——生活哲学导论》之关于人文科学基础的论文,乔治·米施发行,斯图加特:托伊布纳出版社、格廷根:晚登霍柯、鲁普莱希特出版社 1957 年版,第 139~240 页。

马丁·富克斯:《实践性认识与差异再现》,载阿莱达·阿斯马、海德龙·弗雷泽《同一性》,法兰克福:苏尔坎普出版社 1998 年版,第 105～137 页。
汉斯—格奥尔格·伽达默尔:《真理与方法:哲学解释学纲要》全集,卷一,图林根:莫尔出版社 1986 年版,初版 1960 年。
肯尼士 J·杰尔根:《社会结构主义者研究:背景与暗示》,载肯尼士 J、凯特·大卫《人的社会结构》,纽约、柏林、海德堡、东京:施普林格出版社 1985 年版,第 3～18 页。
布尔克哈特·格拉地高:《比较与利益》,载汉斯—约阿希姆·克利姆凯特《宗教学中的比较与理解》,威斯巴登:哈拉索维茨出版社 1997 年版,第 113～130 页。
伯尔尼·格拉泽、施特劳斯·安贤·L:《基本理论的发现——性质研究策略》,芝加哥:阿尔丁出版社 1967 年版。
歌约本、罗伯特、施耐尔、马吉特、乌尔苏拉·克里斯曼:《论辩中的公正:论辨完整性作为交际伦理学的价值纲领》,载《语言学报告》(147),1993 年。
尤尔根·哈贝马斯:《交往能力理论的预备考察》,载尤尔根·哈贝马斯、尼克拉斯·鲁曼《社会理论还是技术理论》,法兰克福:苏尔坎普出版社 1976 年版,第 142～290 页。
尤尔根·哈贝马斯:《交往行为理论》,卷一,《行动的合理性和社会合理化》,法兰克福:苏尔坎普出版社 1981 年版。
尤尔根·哈贝马斯:《民主法治国家的认可之争》,载查理斯·泰诺尔《多元文化主义与认可政治》,艾米·古特曼发行,法兰克福:菲舍尔出版社 1993 年版,第 147～196 页。
巴巴拉·亨利:《多元文化主义、联盟、同一性——泰诺尔对程序自由主义的批判》,见《行为文化阐释》,载《心理学及相邻学科学报》(3),1994 年。
罗纳尔德·黑茨勒、安娜·赫内尔:《社会阐释学入门》,奥普拉登:内斯科＋布德芮其(UTB)出版社 1997 年版。
克里斯塔·霍夫曼—芮姆:《阐释社会学的社会研究之数据获取》,载《科隆社会学和社会心理学杂志》(32),1980 年。
阿克塞尔·霍内斯:《为获得认可而斗争——冲突的道德语法》,法兰克福:苏尔坎普出版社 1992 年版。
托马斯·容格、斯蒂芬·米勒—多姆:《解释过程中的"现实"——社会学的理解和方法》,法兰克福:苏尔坎普出版社 1993 年版。
格尔德·于特曼:《精神的历史意义——对心理学对象的历史理解》,海德堡:阿桑尔出版社 1986 年版。

弗里德利希·坎巴特尔:《认识与行动》,载《理论与理由——对哲学科学理解力的研究》,法兰克福:苏尔坎普出版社 1976 年版,第 46～61 页。

弗里德利希·坎巴特尔:《不能机械理解的理性——对动因需求的教条化谴责之教条》,载《理论与理由——对哲学科学理解力的研究》,法兰克福:苏尔坎普出版社 1976 年版,第 76～91 页。

依曼纽尔·康德:《判断力批判》,法兰克福:苏尔坎普出版社 1977 年版,初版 1790 年。

亚历山大·可辛卡、尤尔根·施特劳布:《“邪魔说”还是心理学思维?——如何解释纳粹集团的普通成员对他者生命的屠杀?》,载《分析与批评》(20),1998 年,第 95～122 页。

汉斯—赫尔伯特·科格勒:《对话权利——伽达默尔、福柯、罗蒂的批判阐释学》,斯图加特:美茨勒出版社 1992 年版。

沃尔夫冈·库尔曼:《内省与交流经验》,法兰克福:苏尔坎普出版社 1975 年版。

鲁道尔夫·A·马克吕尔:《迪尔泰:人文学哲学家》,法兰克福:苏尔坎普出版社 1991 年版,原稿 1975 年。

约希姆·马特斯:《文化之间?——面临文化比较问题的社会学》,载《社会世界》特别卷 8,格廷根:施瓦茨出版社 1992 年版。

约希姆·马特斯:《比较行为》,见《文化之间?——面临文化比较问题的社会学》,载《社会世界》特别卷 8,格廷根:施瓦茨出版社 1992 年版,第 75～102 页。

约希姆·马特斯:《关于经验的获取》或叫《关于对作为经验科学的社会学难题的获取,使用社会经验》,载汉斯·施奈德、吕迪格尔·因艾特温《科学湮没了我们吗?——经验与经验论的关系》,慕尼黑:芬克出版社 1992 年版,第 101～123 页。

大卫·C·麦卡克里兰德、大卫·G·温特:《作为经济成就的动机》,纽约:自由出版社 1969 年版。

约·芮希尔茨:《外展型推论与类型结构》,载托马斯·荣格、斯蒂芬·米勒—多姆《阐释过程中的“现实”——社会学的理解和方法》,法兰克福:苏尔坎普出版社 1993 年版,第 258～282 页。

保罗·雷克:《时间与叙述》之卷 3《叙述时间》,慕尼黑:芬克出版社 1991 年版,原稿 1985 年。

理查德·罗蒂:《自然之镜——哲学批判》,法兰克福:苏尔坎普出版社 1981 年版,原稿 1979 年。
申格·施马达:《界限进程—异域进程——日本和欧洲的文化比较》,法兰克福:坎普斯出版社 1994 年版。
汉斯—乔治·索弗勒:《社会文本学的阐释过程》,斯图加特:梅茨勒出版社 1979 年版。
汉斯—乔治·索弗勒:《日常理解力与科学——对科学的日常误解的说明》,见《日常想象的解释——解释的日常现象》(社会学阐释的知识社会学纲要),法兰克福:苏尔坎普出版社 1989 年版,第 10~50 页。
让克·索雷:《基督神化——从文艺复兴到启蒙运动》,法兰克福,1982 年。
尤尔根·施特劳布:《行为、阐释、批评——文本学行为文化心理学的基本特征》,柏林、纽约:德·格鲁吕特出版社 1999 年版。
安贤·施特劳斯:《质量社会研究的基础——经验性社会学研究中的数据分析和理论构成》(布努诺·希尔顿布兰德作前言),慕尼黑:芬克出版社 1991 年版,原稿 1987 年。
福伦克·泰罗:《我们谈论什么?》,载克利斯多夫·孟克、马丁·泽尔《针对理性的拥护者和反对者的辩护》,法兰克福:苏尔坎普出版社 1993 年版。
查尔斯·泰诺尔:《人类科学的说明与阐释》,伽毕斯·科蒂安作前言,法兰克福:苏尔坎普出版社 1975 年版,原稿 1971 年。
查尔斯·泰诺尔:《心理学中的和平共处》,载《人类科学的说明与阐释》,法兰克福:苏尔坎普出版社 1975 年版,第 259~290 页(原稿 1973 年)。
查尔斯·泰诺尔:《人文科学中的理解与解释》,载斯蒂芬·H·霍尔茨曼、克里斯多夫·莱希《维根斯坦:遵循一种规则》,伦敦:路德来格、肯根·保罗出版社 1981 年版,第 191~210 页。
查尔斯·泰诺尔:《认可政治》,载埃米·古特曼《多元文化主义与认可政治》,埃米·古特曼、斯蒂芬·C·洛克菲勒、米歇尔·瓦尔茨、苏山·沃尔夫作评论,尤尔根·哈贝马斯相应论文;法兰克福:菲舍尔出版社 1993 年版,第 13~78 页。
克里斯蒂安·退尔:《基础危机和基础争议——关于以数学和社会学为例的科学基础的标准》,迈森海姆:汉恩出版社 1972 年版。
茨威坦·托多罗乌:《面对极端》,慕尼黑:芬克出版社 1993 年版,原稿 1991 年。
茨威坦·托多罗乌:《冒险的共同生活——普遍人类学的尝试》,柏林:瓦根巴赫出版社 1996 年版。
马克斯·韦伯:《社会学与社会政治学认识的客观性》,载《方法论文集》论文版,约翰勒斯·温克曼作导言,法兰克福:菲舍尔出版社 1968 年版,第 1～64 页。
彼得·温奇:《社会学观点及其与哲学的关系》,法兰克福:苏尔坎普出版社 1996 年版,原稿 1958 年。
苏山·沃尔夫:《评论》,载查尔斯·泰诺尔《多元文化主义与认可政治》,埃米·古特曼发行,埃米·古特曼、斯蒂芬·C·洛克菲勒、米歇尔·瓦尔茨、苏山·沃尔夫作评论,尤尔根·哈贝马斯相应论文;法兰克福:菲舍尔出版社 1993 年版,第 79～94 页。
格哈德·泽席:《〈价值自由原则〉的内容》,载《科隆社会学与社会心理学杂志》(28),1976 年。

第五个维度

——原始文化中的社会性时空及对历史的理解

Die fünfte Dimension

Soziale Raumzeit und Geschichtsverständnis in primordialen Kulturen

[德]克劳斯·E·米勒　著
陶　卓　译

清晨的觉醒

还有些凉。您用力大步向前走去，深深地吸了一口气，享受着夏日上午早些时候清新而芬芳的空气。阳光颤抖地偷偷穿过树叶，在满是潮湿的针叶、青苔和干枯的树枝的土壤上画下点点斑驳。那些枯枝在您的脚步下咔咔断裂。您在休假；您在漫步。渐渐地，森林显得轻松起来，开始变亮。您的目光落到一个蜿蜒至远方的河谷。轻柔的绿色，被开放的花朵点缀得五彩缤纷，一条弯曲的小溪波光粼粼地穿流而过，草地和成群的黑色桤木围绕着它。远方地平线那儿是长满树木的山脉。您停下来，将环绕在您四周的这份和平吸入体内。

然而，如果您知道了刚刚逗留的地方曾发生过什么事情，又会怎样呢？也许，在那边森林的边缘处，曾经伺伏过一个男人，身体半裸，头饰上插着羽毛，从埋伏处跳出，向一个毫无恶意的过客发起袭击，将他撞倒，用满是缺口的大刀把他的头颅砍下，作为战利品带回了家。在那儿，他的家人们用充满喜悦的尖叫欢迎他的归来。

几百年之后，在那儿下面的土地上可能爆发过一场战役，炮声隆隆，刺刀闪闪，马匹受到惊吓腾跃而起，行将死去的人呻吟着蜷缩在地上。到了晚上，土壤被暗色的鲜血浸湿。

又过了很长一段时间，那儿也许出现了一座修道院，宏伟而兴旺，拥有一个著名的图书馆和许多知名学者。统治的院长们有着广泛的影响力，他们缔结了和平协议，推选出国王。但是后来不知何时，在一次毁灭性的战争中，这座修道院受到入侵，被洗劫一空，一直毁坏到墙基。今天，没有人看得见这些墙基，它们连同那些被杀僧侣的尸骨，一起埋在了森林间草地上随风柔软摇摆的草杆、圆锥花序和花萼的下面。

一个事件抹去另一个事件。过去只继续活在人们的记忆里，构成一组从远古继承下来的生活空间。这个生活空间是事件的发生地，它被回忆过往事件的根脉深深穿过。它总是在今天发生类似事件、人们有机会以讲述的方式联系过去、让那些历经许多时代而多样地围拢起来并构成一个封闭整体的弧线变得可以看见的时候，苏醒过来并一次次显露出生机。

第一章　进　入

一个地区只和居住其中的人们生活在一起。这种关系持续的时间越长，就建立得越深。如果它能回到原始状态，是最理想的。那时，许多民族的神话中写道，地面先是被一种独特的混沌之物覆盖，静止不动，尚未分离，没有结构，将未来之物的所有元素和可能性包含其中。一片昏暗，冥思苦想，正如一个古印度传说描绘的那样，“在一片无光的海洋上，消失在夜里”[①]。

高高地滑翔在浆状原始之海上方，以鸟类形象显现的，是最初的上帝。因为没有任何事件发生，他渐渐感到寂寞是那样地无法忍受。他决定做些什么。似乎灵感乍现。这个富有创见的启发扎到深处，搅动起混沌之物。运动来到世界上，力量生发出来，混浊凝滞的浆液开始分化。有时候，造物主也借助神奇的语言威力，将物质分为液体和固体，分为光明和黑暗，让它分解开来具有形态。更多的时候，他会亲自助其一臂之力，用原始的浆液创造出泥浆，将湿的部分挤掉，用剩余的固体物质按照煎饼的形状做出土地。之后，他将这块土地，像圆形木筏一样，放在原始海洋的水面上，放在世界的中心。他将土地放在下面的泥土里，以使它能牢牢地保持位置。一次兴致所至，他继续利用宇宙起源的原始力量，创造了天体、植物、动物和人、淡水、风和云：持续不断的运动将空间填满，并在规则传导之力的驱动下使受动体循环反复。随之，时间——更准确地说是“空间时间”——产生了。[②] 此后，

---

① Reimblod 1970：8，17 ff.

② Müller 1996：185 f.

这个世界上的事件可以发展了。[①]

正如神话接着描述的那样，上帝筋疲力尽地回到宇宙深处，变成消失在远处解除了无聊之棍的“逊位神”模糊的雾状形象。因为此后，他无论何时都可以比照自己，像一个冷静的官员那样，享用按照造物时的预先规定发生在他下面深处的事物。

不过，他其实并没花费太多气力。他只是在地球的核心区域——每个群落都相信那里是自己的定居地——完美地完成了一切。然而在这之后，创造形象的兴趣再次离他而去。他犯下错误，一些事情几乎尚未开始便放弃不做，另外的一些则未被完成。结果是不言而喻的：在完成得极其理想的中心区域的对面，特别是地球的边缘，不成形状的东西、尚未分离的原始物质的残渣、剩余物和创造留下的废墟开始增加；形态颇佳的地区变成潮湿的土壤和草木丛生的“原始森林”，变成寒冷的喀斯特山区或荒无人烟的不毛之地。不可怕——形状古怪的生物们的这个原始的家，仿佛是化石般的见证人，或者也可以说是那些失败的、流产的、部分中断的创作尝试的衍生物。[②]

一开始，界限还不清楚。原始时代的怪物们也穿越地球的内部区域。生物间有了联系。混合体产生了。人类的始祖逐渐开始寻觅并找到自己的路。帮助他们的是神话中好似半个神灵的“文化英雄”们。他们教会人类从动物中分离出来，以规范的方式共同生活，制作器具，利用火和其他许多重要的本领。这些本领帮助人类构建出一种文明而适合人类的生活。文化活跃起来。然而，它只是以完美的形式存在于世界的核心，存在于各人种的始祖那儿。

不过，后原始时期的过渡阶段留下了痕迹，这绝对成为留给后来者的恩赐。自那以后，不仅动物与人类之间有了亲缘变得和睦——这是成功狩猎以及赢得皮毛、骨头和其他生活必需原料的先决条件，区域也在那段时期具备了典型的形状和一定的特征。这些特征中的一部分对人类的生存是不容变更的，它们直到今天还证明着过往的历程。

这些在神话中都有描述。它们讲述了那些神奇的史前时代生物、英雄和人类的始祖是怎样徒步穿越区域，完成重要的事情和经过许多冒险的。

---

① 作者此处试图通过引述基督教创世神话展现世界诞生之初的图景。尽管作者亦已明确说明这是神话传说，但他在此处及下文多处借用这一神话用以建构论述，无疑仍是不妥的。但为保持行文完整，便于读者理解作者意图，原文予以保留。——编者注

② Müller 1995：5. 1996：139 f.，186.

其中的一些已经开始了示范性的宗教行为；一些在原始时代即将结束之际，迁徙到海中或回到天上；其他的则沉入泥土，或者穿过被它们转化成各种各样自然现象的神秘的形变。

创世的最后一个阶段还非常不稳定，可以被明显地划分成两个时期：创世时期的原始生物对地区风貌进行了最后一次塑造，然后就仿佛融入它们的作品，隐退到地球的边缘。因此，加拿大哥伦比亚冰川(Columbia)的萨利希(Salish)海岸称之为“变压器，使变化的人(transformer)”。正如人们所言，它们借助无数的变形“使事物变得有序”。数以百计的岩石碎片、形状古怪的岩层、河流中深不可测的地方、洞穴以及一座座山峰直到今天还是明证。[1] 在与之南面接壤的加利福尼亚的西北部(卡罗克人、胡帕人、尤罗克人等)，人们仿佛再次看到铸入大自然中的原始生物的化石。它们在这儿被称作“创立者”(institutors)。当第一批人类出现的时候，它们要么成为固定的地区风貌的一部分，要么选择了离开。[2] 在居于北美东部和东北部海岸的阿耳冈昆人(如阿布纳基人、密克马克人、佩诺布斯科特人等)的传说里，文化英雄格卢斯卡贝(Gluskabe)，一个典型的“有办法的人”，给予了有力的帮助。为了让地球变得更加变化多端和更适合人类居住，他开挖河渠让河水流入这个地区，建起岩石，堆起丘陵，创造了瀑布并驱走了上面的原始世界魔鬼和混生物。对此，一个神话这样写道：“他继续四处游荡：在瓦班纳基人所在的地方，没有哪儿他没留下姓名；丘陵、岩石和河流、湖泊和岛屿证明了他的行为。”[3]在一些岩层中，他也给自己树立了一个纪念碑：“这个看上去像格卢斯卡贝”，一个佩诺布斯科特人的告密者向人种学者法兰克·施佩克(Frank Speck)透露道，“我认为，他在那儿留下了自己的肖像”。[4]

本地环境中的许多事物都有它能远远追溯到过去的意义。[5] 它们让人回忆起“人类早期生活中的事件”——比如在一个光秃秃的圆形山顶上曾竖有一部连接天地的梯子。[6] 民都洛岛(菲律宾)上的阿兰甘—芒扬族就是这样。有些时候，原始时代的生物为了让人类不断地回忆起它们，将行为直接以表形的方式写入该地区。在北美西南的那伐鹤族，有一块岩石显示出清

---

① Mohs 1994：192 f.

② Kroeber & Gifford 1949：3.

③ W. Müller 1956：74.

④ Speck 1935：9.

⑤ 参看 a. Reichard 1944：26 (那伐鹤族).

⑥ Helbling 1996：240.

晰的手印。那是该民族的祖先陪伴神变之女西行的路上留下的。他们在这儿休憩，以祈祷得到保护，避免可能的危险。他们将手掌按在石头的表面——就像人们直到今天经过那儿时所做的那样。[①] 更清晰的图像可以在吉德拉尔的卡拉什人(兴都库什山脉)处看见。它们证明了算得上是开创历史的划时代先驱的存在。那时，动物、人类、神和仙女还融洽地住在一起。直到后来，因为人们已经无法回忆起的一次事件，他们才相互分开各走各的路。结果是，如一段叙述中说的那样，“众神和仙女化为岩石里的画面，它们在河谷的最高处……以角上纹有图案的野生动物……或者人类的形象出现，让人回忆起原始时代发生的事”[②]。

这个观点原本处处通行：人们至少在地区风貌的显著特征中，很少看得到仔细斟酌过的创造性行为事件的结果，更多的是看到原始生物的物质化。它们仿佛成了凝固了那个远古过去的化石，并且自那以后就作为自己起源史中独一无二的纪念碑，威严地默默竖立在人类面前。

一直到最近，这种意识还特别鲜活地被澳大利亚的土著居民保持着。对他们而言，环境的每个细节、每个地域特征都构成了过去神秘事件的密码。根据传说，那个时候，在那个“梦一样的时期”，构造古怪的、微型或体格巨大的怪物，独自或者成群穿过这个世界。如果它们走的路交汇了，就一起休息，爱上对方或者陷入争吵而将对方砸死。在原始末期来临的时候，其中的一些继续向前进入那边的世界，而另外的则将自己埋入土壤，形成水洼、洞穴和沟壑，或者凝固为岩群、丘陵和一排排的山峰。传说和诗歌告诉了我们它们有时通过一整块陆地时所走的确切路线。河床、沙丘、水潭、树丛和石块就是那个“梦幻路径”的特征点。比如，某些赭色的发掘地表明了一场战役后鲜血浸透地面的位置。人们把卵石理解为骨头堆放地，把陡峭的斜面理解为防风屏的化石，把柱形石头理解为当时墓地所用石块的化石。[③]

对那些祖先已被创造出并从泥土里钻出来的民族，比如在特罗布里恩群岛(巴布亚新几内亚)，标志该地区和诞生了繁荣的洞穴、水域、珊瑚块或石堆，对祭祖之类的纪念活动都有相应的特殊宗教意义。它们可以出现在海岸的种植园或一片神圣的小树林里，还可以出现在乡村集会和节日场地

① Reichard 1944：17.

② Illi 1991：113.

③ Keen 1994：64 f.；s. a. VII，102 f.，178 f. 参看 Elkin 1934：171 ff. Berndt 1970：5 ff. Morphy 1995：187. Layton 1995：214 ff. Helbling 1997：286，290. Toren 1995：170（斐济）.

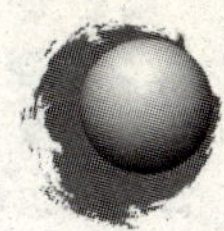

的中间。不管怎样，它们在今天的任何时候对后人而言都是纪念碑。[①]

环境提供了一幅世俗区域和神圣区域的画面，它意义丰富，绚丽多彩。“更单调”的世俗路段到处都有，像岛上的那些就与被深深神化的圣区交织在一起。[②] 这些圣区外表上引人注目的特点被某种程度上“计划好的”底色衬托出来。属于此类的一般还有伟大祖先、创建者和国王的坟墓，以及古老官邸和宫殿的废墟(比如马达加斯加)。[③] 夜里，人们可以看见史前时代的英雄们在天上漫步，像赫尔德林(Hölderlin)说的那样，“在上方的光亮里”，变成永恒的星星。

圣地虽然是已逝时光中所发生事件的明证，但和仿佛冷却的“死火山”还是不同。它们比世俗区域更具“活力”。它们某种程度在物质上被削薄了的可穿透性，让它们看起来像是回到世界那一边的理想穿越地。在坟墓边，人们可以和已故者的灵魂建立直接联系，以祈祷的方式和他们交流，得到他们的赐福。[④] 加利福尼亚北部的温图不寻常的、有点形似动物或人类的岩石，丘陵或溪水河流中的旋涡[⑤]，西伯利亚尤拉克—萨莫耶登苔原上的漂砾或有七个树干的落叶松[⑥]，马达加斯加的洞穴、地裂、泉水、小水塘、水潭和湖泊、某些树种的根系和无花果[⑦]，一直被当作仿佛从地下世界“浮现”出来的鬼怪们所偏爱的栖息地。

不过，特别是这些地方还常常辐射那些原始生灵的多余能量。这些生灵过去沉入这里的泥土，或者转化为石块、岩石、丘陵和其他地形构造。这是一个人们随时可以汲取并获得活力的源泉。这个群落所具有的渊源深厚、能将远古与现代交错起来的与本地环境的关联性，在这儿曾一直是很集中的。它带有令人信服的直观性，从而可以被人体验，而且它每次被参观后重新进入人们的意识中。“这”，正如阿纳姆地东北部的一个雍古族人试图让一个人种学家弄明白的，“不知怎么地对我们而言非常重要。像和人们看不见的灵魂在一起。我们所有人在出生前就拥有了它，并在生命中以及死亡后也一起分享”[⑧]。

---

① Malinowski 1981：378 ff.

② 参看 Hirsch 1995：4.

③ Radimilahy 1994：82.

④ 参看 Radimilahy 1994：82.

⑤ Theodoratus & LaPena 1994：23，27.

⑥ Ovsyannikov & Terebikhin 1994：58.

⑦ Radimilahy 1994：83.

⑧ Keen 1994：64 f.

第二章　在土地里

原始社会的成员不仅通过放弃所发现的东西而采纳所需要的来充分利用环境，他们更多地是和土地生活在一起，将这种关系理解为按照联系的方式而形成的一种互补关系，就好像他们在亲戚中所经受的那样。[①] 两种获得都以有意识的、积极的对立方式构建而成。[②] 如果人类按照古老传说的方式小心对待环境，是有助于他们的生计的。[③] “人们生活其中的地区”，美国人种学家基思·巴索(Keith Basso)看了西部的阿巴契人后总结道，“可以说，也活在人们当中[……]两者彼此交融。而且从不断交互的永恒深度这点讲，人类和土地在本质上已经融为一体了”[④]。

澳大利亚贝尔云——大陆北部科克斯半岛的一个社区——的土著居民，以一种非常直接的、简直就是身体的和生理感染的方式理解这种关系。生活和工作在一个地区的人们，按照他们的信仰用汗味儿和语言的声音来渗透它。[⑤] 对此，这个地方很早就非常熟悉了。气味和话语一样，使它“柔软”(sweet)、肥沃、物产丰富[⑥]：“一片认识人类语言和汗味儿的土地，会供给他们丰富的食物，用神力给予其安全感以抵御威胁，并接纳离别者的灵魂。”[⑦]如果其中有声响及气味为它不熟悉的陌生者在场，这种关联就仿佛断裂了。这片土地采取拒绝的态度，在野兽、植物、水和原材料上有所克制。

---

① Provinelli 1993：5. Basso 1988：102.

② Provinelli 1993：31.

③ Basso 1984：21.

④ Basso 1988：122.

⑤ Povinelli 1993：152 f.

⑥ Povinelli 1993：32.

⑦ Povinelli 1993：153.

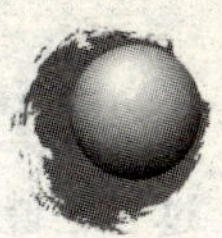

生命面临死亡。[①] 环境宽容的顺从性在一定条件下变成使用暴力的进攻性。风暴袭来，侵入者遭遇不幸，一些人身染重病，一些人死去。[②]

和谐被打破了，土壤腐烂了。因此如果有可能，人们就只好不情愿地让陌生者进入自己的家园。这却伤害了人们所亏欠的照料这片土地的义务。因为它的生活方式与人类接近。矿物质、石头、岩石、水、长满野生植物或果树的地方，明显具有力量，植物和动物具有灵魂。它们因而"感觉到"从前发生的事情，有一种意识。[③] 除了经验和观察之外，神话也提供了上述论断的理由。加拿大艾伯塔省派岗族人(黑足印第安族的一支)的一个消息提供者，用暗示作出解释："纳皮人创造了动物、鸟和人类；当他们需要请求动物、鸟、植物和岩石用力量帮助时，可以与之交流。结果是它们必须具有灵魂，必须具有神圣性。因而，印第安人相信，没有什么东西是没有生命的，万事万物皆应奉若神明。"[④]

要想让一个地方孕育和滋养人类，就应该爱惜它、尊重它。比如，森林是寂静之地，孩子们被督促不要高声喧哗或者唱歌。因为"森林是属于动物的"，奥杰布华人在教导孩子们的时候说，"动物不喜欢被人类的噪音打扰"[⑤]。如果渔夫和猎人行走在西伯利亚东部黑龙江的下游，穿越那儿的森林，他们会非常小心地注意不发表不适当的言论，不谩骂，而只是降低声调相互交谈，不碰掉树枝，不挖松泥土，就像自己也是猎人的人种学家楚纳·塔克萨米(Tschuner Taksami)说的那样，为了不"玷污"了泰加地带(多指西伯利亚的丛林沼泽地区)。[⑥] 蒙古人面对环境特别是面对土地的时候，同样表现得小心翼翼。由于挪开重物而产生的受压处，人们在离去时把它抹平。将小草连根拔起会被深深唾弃。如果需要，人们可以去采集那些干枯的。没有什么东西可以被埋藏起来，除非人们要进行一定的宗教仪式。在溪流和河水中洗衣服是被禁止的，因为脏物会污染它们。人们应该将所需要的舀出。[⑦]

另外，一些恶劣的违规行为如对老者和其他受尊敬者的不顺从、巫术、性失足(特别是乱伦)、偷盗、谋杀以及宗教犯罪，都会引起统治着这片土地、

---

① Povinelli 1993：32.

② Povinelli 1993：31，167. Helbling 1977：288.

③ Carmichael et al. 1994：6.

④ Hubert 1994：18.

⑤ Hultkrantz 1982：173.

⑥ Taksami 1976：204 f.

⑦ Humphrey 1995：141.

统治着这些源泉、河流、湖泊、植物、动物、森林和山脉的祖先及神灵们的恼怒。这些行为会导致惩罚性的后果，如水源干涸、猎物迁走、土壤失去承受力，或者人类遭遇暴风雨侵袭，屋舍和庄稼被毁。那么，为了平息天堂里人们的怒气，使动摇了的关系重新恢复正常，就必须采取各种各样的净化措施：忏悔、赎罪、祭祀。总而言之，每一次——不必要的——对大自然的侵犯，每一次对创世的伤害，都是禁忌。

不过，如果这种关系没有遭到重大的损害，感觉和嗅觉同样摆动，理解也没有受到干扰，那么人类就不仅可以直接进入自然，还可以更清晰地听见它的语言，理解仿佛"更轻的"、惩戒性的或带有吉兆的暗示，理解对可能面临的危险的警告和它所给出的一些其他符号。这可能是一根树枝从一个人的左边（或者右边）落到地面，可能是午夜屋旁一只小号鸟不断的鸣叫声，可能是森林里某个奔跑的动物，或者一眼泉水突然枯竭。要是有一锅食物在肯尼亚吉库尤人的旁边沸溢了，人们就知道，有人在屋中打破了禁忌——该立刻赎罪了。[①]

群落的生存区域是该群落自身的一部分。它构成了一个"庞大的机构"，使该群落的肉身在宽阔的空间里过度延伸。就好像装满了大量附加的感觉器官，使人们能够继续看见事件的流逝，看到"梦一样的时期"，与天堂的神灵们"对视"。于是，理解毫无阻力地通过"附加的感知力"传播开来——假定一切都井然有序。符号直接触及人类。群落和环境构成一个无与伦比的、交替摆动的交流系统。[②]

如果这个符号在一个神圣的地点，也许还在一个神圣的时间——比如交替的时间（夜晚、子夜、换季时分、新年）——发生在它所针对的人身上，一条信息的意义就增加了。而在其他情况下则相应减少。根据这个原则，人们越是能准确地使用该地区神圣地形的结构和时空坐标来解读大自然的语汇，就越能更好地理解它。这种语言，正如人们可以和古代史历史学家胡贝特·钱契奇（Hubert Cancik）说的那样，在一定程度上可以被理解为"文本"。"它是由其结构规则可以决定视角、观点和行为的自然的、人为的和宗教的符号组成的。"[③]前提是具备相应知识。[④] 如果具备了这些知识，误解和不受欢迎的后果就几乎不会产生。"我们认识"，西部阿巴契人基思·巴索解释

① Pettazzoni 1954：52. 参看 Hultkrantz 1982：163.

② 参看 Berndt 1970：6. Morphy 1995：186，190.

③ Cancik 1985-1986：260.

④ 参看 Downs&Stea 1973：16 f.，22. Lee 1973：99.

道，“所有事件发生地点的名称。通过这种方法，我们使自己远离不幸”。[1]

环境因居于其中的人们的过去和历史而变得生动。它是人类文化的一部分并影响其特性。[2]“这种认为所有这些地标和地方曾由人类或祖先形成、保持、占有、守护、利用或居住的意识，决定了人们对该地区意义及他们自己是谁的想象。”[3]女人种学家克里斯蒂娜·特伦（Christina Toren）参照斐济恩高岛上的居民，总结出这个如此典型的对原始社会的理解。

---

① Basso 1984：21.

② Søftestad 1988：169. Lynch 1973：300.

③ Toren 1995：171.

第三章 过去的特征

在创世的末期,无论是在广阔领域中还是在细节上,世界已经赢得她最终的外形。人们已不必再亲自动手。然而,人类和他们之前的原始生物一样生活着,遭受着困苦,爱慕和闹翻,争斗和相互杀戮。这也留下了痕迹,至少在戏剧性事件中——这些痕迹不再或者说只是最小限度地留在这个地区,却留在了人类的脑海里。

人们相互讲述着较有意义的事件。这些事件被赋予的份量越重,就越是能持续不断地、一代代地流传下去。它们总是和一定的人甚至还和所发生的地方相关联。当人们经过这些地方的时候,这样的记忆——比如为生火而劈了一次柴——就被激活了。20世纪60年代,美国人种学家克里斯托弗·贝姆(Christopher Boehm)为所进行的地域研究曾多次在门的内哥罗逗留。一次他在中断数月后重新返回,正要徒步踏上艰难行程的最后一段攀登进入山区的时候,遇见一位年轻女子正和一匹背驼行囊的马匹下山。他认出了她。他们在他上次逗留时曾经见过。那次,她帮他把行囊拿上马背。他说:"我感激地接受了她友善的帮助——为了给我接下来的四个小时里将缺少的塞尔维亚—克罗地亚语交际能力做一个艰难的试验。每一条道路的弯曲处都开启了进入一段崭新历史的机会。那儿,曾有一个男人被谋杀,被洗劫一空;这儿,另外一个人坠落。没人知道这些是怎么发生的,也许'另一部落的某个人'与此有关。在另一个地方,又有一名士兵连人带马滚落下来,摔下岩石跌进深谷。"①

类似的例子绝对常见。澳大利亚的土著居民在他们每天的采集和狩猎行进过程中,到处都能碰到有"故事"的地方。他们来到这样一个地方,一个

① Boehm 1984:21 f.

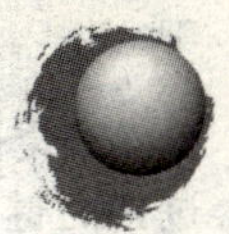

死去的男人在木块上放置了五个浅色的鹅卵石，为的是让他到那儿寻找蜂蜜的妻子明白，他想让她和五个孩子呆在那儿的附近。[①] 人们每当经过此处，就会讲述这个故事或者回忆起它。并非少见的是，地名也由具有这样历史背景的缩略形式构成，或在一定程度上以“大标题”形式再现这些历史。“它跌落水中”，比如西部阿巴契人描绘了这样一个地方，在那儿——根据历史——曾有一位年轻女子在采摘仙人掌归来的路上，不慎让她的马儿距离山崖边缘过近，而失去平衡跌入水中。马儿幸存下来，女子却失去了生命。[②]

事件始终只能发生在某处，发生在一定的地方。没有地点的事件是不可想象的。如亚利桑那和新墨西哥的那伐鹤人所认为的那样，这样的事件也根本不会被讲述。[③] 它们缺乏“与世界的关联”。他们习惯哪怕复述最小的细节时都联系具体的地点。因为按照他们的信念，所讲述的事件不能“固定于某处”(spatially anchored)，就失去了说服力，也就不能被正确地评价。[④]

就像曾经在那些地方“留下永久痕迹的”原始生物一样，人们也许也会用一些值得称赞或众所周知的个体行为、值得纪念的神圣或不够神圣的冒险活动，在该地区留下自己的痕迹：那边悬崖的下方，曾发现过珍宝；不远处一片鹅卵石地的始端，曾有一个人被砸死。在上面森林的边缘处，浮有漂砾的河流旁，多年前宗族里的最年长者曾做过一个梦，让他把村庄沿斜坡向下迁至今天所在的盆地。

这些满是事件的地方，或浅或深地、斑驳地分布在领土上。它们发生过不同寻常的事情之后，就拥有了一种气息，弥漫在整个周边地区。有一些让人厌恶或非常危险，另外的则被视作神圣的或能带来好运，因为它们散发出神圣的、令人精神振作的力量。[⑤] 那些某个人曾产生过有意义的幻景或者经历过破冰溺死之类动人心魄事件的地方，被西伯利亚北部的居民视作圣地。他们竖起上帝像来祭祀。[⑥] 带着同样谦卑的羞涩，人们也可能碰到“奇迹”发生的地方，比如马达加斯加古老的王室陵墓。[⑦] 害怕遭遇不孕的蒙古女子，寻找珠沃斯高尔(萨彦)一个前面竖有石头的洞穴。根据传说，这是成吉思汗(Dschingis Khan)时代一个很有胆量的士兵，他极其勇敢地劫持了一名女

① Povinelli 1993：33.

② Basso 1984：30 ff.

③ Basso 1988：110.

④ Basso1984：26.

⑤ Povinelli 1993：153.

⑥ Ovsyannikov & Terebinkhin 1994：58.

⑦ Radimilahy 1994：85.

子或者说伟大可汗的女儿。在逃离的路上，他到达这个洞穴，化为石头以躲避可汗致命的打击。女子则藏身于洞穴之内——直至今日她还生活在那儿，用她的胸脯献出特别促进生育的圣水。[①] 另一个某人被谋杀致死的地方，"不完全阴森可怖"，很久以后仍然"难以解释"。转瞬即逝的人可以有令人不安的表现。[②] 所有这样的地方都拥有"生命"。

近一点儿的时期中，人们把汽车事故的发生地也补写进去。当人们经过这些地方的时候，就回忆并讲述这个故事——好像他们认识每一个人。有时，也会发生更多的事情。1989 年，美国人种学家伊丽莎白·波维内利(Elizabeth Povinelli)在澳大利亚北部进行的一次汽车旅行中，也经过了这样一个地方。二十年前在那儿曾发生过一起因魔力导致的事故，一名年轻男子因此丧生。人们把这个故事告诉了她。不过，一个稍长的妇女看见那个牺牲者就坐在当时汽车撞去的树旁——很快又消失了。[③]

一些地区布满当地传说的褶皱。[④] 这类自然的记忆垃圾堆等于中世纪"记忆术"(ars memorativa)中的"记忆轨迹"(loci)。因为它们就在附近，看得见而且易于到达，历史也常常与之关联。[⑤] 每一次人们穿过田野、森林或者其他什么地方，记忆都再一次被唤醒，赋予过往事件已黯淡了的生动性以新的形象。不仅是神话事件，不久前发生于山谷里、河流旁或瀑布边某些地方的世俗事件，在人们不断的拜访和反复的讲述后，也继续留在该群落的记忆中。

随着时间的推移，环境被越来越多类似的"记忆轨迹"——法国历史学家皮埃尔·诺拉(Pierre Nora)称之为"lieux de mémoire"("记忆轨迹"的法语表达)[⑥]——填满。它们不仅构成不断涌流、不断增长的信息源泉[⑦]，也成为从社会上将人类固定于这片地区，固定于他们所共同拥有的过去的不断变深变广的根系。一些地方通过某些更紧密的事件联系关联在一起，构成该群落神秘而富于历史事件的时空世界所形成的广阔整体更高度分化的密度岛。[⑧]

---

① Humphrey 1955：135 ff.，157.

② 参看 Povinelli 1993：162 f.

③ Provinelli 1993：163.

④ Basso 1988：102.

⑤ 参看 Bolzoni 1993：147. Burke 1993：292 f. Gomille 1993：219. Rossi 1995：187.

⑥ Nora 1984-1992.

⑦ Downs & Stea 1973：9.

⑧ 参看 Keesing 1982：76.

一个种族的地域环境对于人类而言，不仅具有深刻而重要的意义[①]，而且相当于一个历史指南，带有许多相互叠加、仿佛透明的卡片。足够坚持传说的人，如尤拉克—萨莫耶登的俄罗斯人种学家奥夫相尼科夫（Ovsjannikov）和捷列比奇（Terebichin），相信自己能够像读一本展示民族历史和命运的圣书一般阅读大自然。[②]

最小的努力做成最上面一张“卡片”的读本。它像是用粗体字描摹了本土人种较新的行动和行为。过去茅屋基石的剩余部分、被遗弃村庄的废墟、石头砌成的陵墓以及塌落的露台都是不久前移民历史时期的标记。[③] 它们在村庄里密集地成为家庭和居民群体呈地形分布的居住地在今天最新的发展阶段巨大而固定的形象。在移民区的心脏位置、社区集会和节日场所的四周，聚集着最年长者、“创始氏族”核心家庭的茅舍。族长往往担任世俗首领一职，以“土地之主”的身份被委以领导祭拜祖先和土地的重任。这意味着，他要对这片土地的繁荣负主要责任。[④] 按照神话，他们的祖先要么是从造物主手里获得生命来到地球，要么是在长途跋涉之后和家人在这个地点建立了村庄。第二代、第三代以及同一家系后裔的茅屋，围绕着最古老家庭构成的内环依次密集起来。而在村庄的转接处，则挤满了被排挤者和“边缘人物”——独自生活的寡妇、贫穷者和被唾弃者、音乐家、编筐人、补锅匠或铁匠以及移民、难民。人们视这些后来者为危险的、“不纯净的”陌生者，常常长达几代之久拒绝他们在该地区的内部安家落户。[⑤] 因为那里有最优等的空间纯净度，必须被保护起来不被触及。在这里，居民点和群落的历史达到最深处。最先定居此地的氏族成员连续不断而又可靠地将这段历史传诵下去，并相应地作最广泛的积累。而那些背井离乡之人失去了与故土的联系，只还有些断裂和破碎的记忆。他们不再拥有被严肃对待的传说，因此不知道什么是“正确的”。他们不值得信赖，因为他们很轻率地用杜撰的东西来掩盖无知——用一句话形容，是“骗人的无赖”。

如果人们选择纵向视角，那么一个地区最古老的中心部分就应该占据最高点。这样，边缘地区就相应处在最深处，在一定程度上处在“零级”

① Søftestad 1988：169.

② Ovsyannikov & Terebikhin 1994：59

③ 参看 Gow 1995：53 f.，59. Toren 1995：166 ff.

④ 参看 Müller 1987：79，178.

⑤ Müller 1987：20 ff. 1992：55 f. 1997：84 ff.

上——像阿萨姆邦的阿沃—那加人①,或者马达加斯加的查非美乐利人那样。② 不过,这种特殊的坡度结构还更多地体现在人们在相应的地理条件前提下以几个由其居民的亲缘关系而相互联系的地区的创建顺序为基础而构成的图景中。因首领继承而引起的争端、氏族及辈份间的冲突(通常还有人口过密),一再导致较年轻居民中的一部分在事实上或者根据传说在从天堂来的先祖曾经登过的丘陵圆顶或山坡上离开"母村庄",继续在下方建立"子居住点"以及"下级村庄"——就像马拉维的契瓦族给出的典型称谓那样。③ 通常,积极主动地以领导者和新地区的创建者面目出现的是被排除在直接继承权之外的主人,即创建者氏族"最年长者"的儿子(或侄子),或者那儿的世俗首领的儿子(或侄子)。尽管存在可能引发分裂的纷争,各地区的联系还继续存在。就像家庭里和亲属间年轻者依赖年长者,所有人依赖最长者、依赖社区首领那样,"年轻的村落"也仍然依赖于最初的村庄,只是这可能更多的是一种由尊重和敬意决定的关系,而不是政治关系。这一点有世界各地的许多例子为证。④ 总体原则是从社会和历史的角度全等地描摹血统关系,通过仿佛是几何上的形式化和与土地相固定,让这些关系看起来与创世相关并具有更高的精准度。一个人的岁数越大,一个氏族或定居点的历史越悠久,其级别就越高,就越应该得到更多的权威和越有资格得到恭敬。"如果我们用插图来说明村庄的不同高度",就像莫里斯·布洛赫(Maurice Bloch)不仅在已经提到过的查非美乐利人处得到的证实那样,"不同的年龄分层(seniority)和合法的政治权威,是整个马达加斯加不可分割地相互联系在一起的两个纲领"。⑤

最年长者(特别是土地之主)首先被委派以在已经提到的主要事务中维护先祖祭祀和土地祭祀的宗教任务。类似地,那些起源村落也具有非常高的宗教意义——即使它们已经无人居住,已经没落⑥,或者人们还只知道它们曾经的位置。因此,联系社区所有居住点利益的所有重要的仪式和祭礼,都在每年的高潮节日期间在时间上结构合理地在这儿举行。它们是感谢丰收以及求雨的仪式。通过这些仪式,人们试图将土地、牲畜、人类、传统的生

---

① Mills 1926: 80 f.

② Bloch 1995: 70.

③ Ntara 1973: XV. 参看 Buxton 1958: 70. 1963: 19 f., 32. Schuster 1985: 86 f.

④ 参看 Buxton 1963: 21. Oritz 1969: 3, 16. Harwood 1970: 14. Ntara 1973: XV. Howell 1991: 227. Hoskins 1993: 120.

⑤ Bloch 1995: 70.

⑥ 参看 Schuster 1985: 89.

活秩序(即所有的创始秩序)从淤积的污染里魔法般地净化出来并加以修复。通过确保与起源点的关联和关系的连续性保障未来。因此,构成整个联盟的所有居住点的居民都会到来。[1]

原始社会里,不仅地区自身,从属于它们的群落,通常为个别的亲缘联盟(血统、氏族),也包括家庭,都有自己的圣地。在拥有持续高度文明的区域,比如那些长期受到印度教影响的区域,人们会建造一些寺庙作为祭拜祖先和保护神的场所。当然,视群落大小和社会意义的不同,这些寺庙在设施、范围及财产上也有所不同。如果历史上发生了人口迁移和社会变动,也应该可以从位置、建筑和布置的变化、寺庙的建筑结构及等级上看出来。

德国女人种学家布丽吉塔·豪泽—朔伊布林(Brigitta Hauser-Schäublin)在巴厘南部的一处居民点及其周边地区做了调查,找到了明确的证明。在一些设施中,甚至还保存有曾经为氏族拥有的古老祭坛。它们今天不再发挥任何作用。许多寺庙仿佛具有"亲缘"关系:部分是因为它们宗教上的接近(亲戚在地形上往往居住在一个封闭区域);部分是因为它们所崇拜的神十分类似;部分则像起源村落与"年轻村落"之间的关系那样,它们以"起源"为基础,构成更古老寺庙的"子寺庙"。有些寺庙具有明确的、与它们今天位置相偏离的地区关系。这意味着,它们被用于祭拜神灵,但它们最初的统治范围却在别处——在寺庙祭祀共同体以前所在的位置。描绘了今天寺庙地形的彩色马赛克,显而易见"不可分离地"与不同群落"以及它们的历史相连"。[2] 它是对"多次指出迁移运动而成为历史里程碑"的"各种关系所构成的网络"所进行的一次描摹。[3]

比起文献证明,一段历史更需要人类以各种方式扎根于土壤。为此,新几内亚南部高原的胡里人使用了蝴蝶结图案。人们想象可以将祖先曾经逗留或发生过重大事件的所有地点连接起来。今天,他们按照神秘性将大大小小的圣地标出。这些圣地在地底下通过树根构成的网络相互联系,外边被一条神秘的蛇环绕。位于整体中央的是主要圣地,它被形象而省略地比作"世界中心起支撑作用的树"。它支撑住宇宙,将胡里人的故乡深深固定

---

① 参看 Buxton 1963：64（曼达利族，苏丹）. Baumann 1987：87 f.（努巴人，苏丹）. Behrend 1987：14（图根族，肯尼亚）. Traube 1989：328 f.（曼姆拜族，东帝汶）. Howell 1991：227（里欧族，弗洛雷斯）.

② Hauser-Schäublin 1997：7；参看 7 f.，13.

③ Hauser-Schäublin 1997：111；参看 148，158，184，197.

于泥土，固定于史前时代。[①] 在西伯利亚北部的尤拉克—萨莫耶登，大陆与新地岛之间的喀拉街区有一个名叫瓦加奇的岛具有类似的意义。它位于世界的心脏，同样也构成创世的起始点，被视作地球最古老的部分。在那里形成了第一个人。直到今天，还有一个人神同形的上帝石像如“纪念碑”般令人回忆起一切。整个民族的人们都到那儿朝圣，取一小块雕像作为遗物带回家。岛屿是该地区最重要的圣地。所有其他的圣地与之相对，和中心在落差上保持距离，等级越来越低。它们的等级被理解为“瓦加奇岛上的庇护地伸展得很开的分支”。这样，它们在一起构成了“一个独一无二的宗教意义越来越弱的祭拜地系统”[②]。在特罗布里恩群岛上，有一部分人口的祖先传说是通过神圣的洞穴来到地球上的。其中，最先让群岛的四个主要氏族的祖先脱离出来的那个洞穴，意义最大也最主要。不过，年长具有优先权。“一系列具有贵族血统或古老的亚氏族”要求将这个洞穴作为他们的起源地。[③] 相应地，其他在等级上处于下属地位的攀越地被留给“年轻群落”。然而，按照地球上人类家谱上的亲缘关系，一切都仿佛被世界神秘原始土壤上的遗传性“深层结构”联系在了一起。

在位于所罗门岛马莱塔心脏的槐欧族居住地，人们至今还看得见无数上有圣地(*shrines*)的丘陵圆顶。其中历史最为久远的那些被高耸的树木遮蔽起来。人们相信，它们和那些扎根更深的圣地就“像支脉和枝条那样交错”。它们的等级只是再次描摹了使用它们作祭拜地的“群落的家族血缘关系和侧面群落分叉过程所构成的复杂网络结构”[④]。古希腊有关某些风俗、祭拜和政治集体如何起源的神秘而传奇般的传说，描述了一个“获得承认的‘关联体系’”，“从中，一个城市的非法等级制度得以建立”。按照历史学家露特·林德纳(Ruth Lindner)的理解，这个制度并不建立在“事实”的基础上，而是比如出于经济的考虑，只是建立于“神秘的创建者和祖先的声望之上”[⑤]。当时，正是神秘的深度关联、家族的年长分量更重些，在西方文明的创建者那儿也是这样。

当然，谁拥有权力，谁就可以修正图片，就可以在一定程度上用更宽的

① Goldman 1983：113，118 f.

② Ovsyannikov & Terebikhin 1994：57 f.

③ Malinowski 1981：378 f.

④ Keesing 1982：76 f.

⑤ Lindner 1994：17.

笔触更有力地在底层刷上个别点和线。新主人在中心建起自己较大的寺庙[①]，也许还会继续在土地的外面开辟一个祭坛网络。这些祭坛好像插枝一样代表了主要圣地。[②] 徒步穿越瑞士弗莱堡格赖耶策的人，经常会在那儿碰到小型玛丽娅圣地。它们往往位于汇聚了山间小溪或泉水的岩洞内，或者位于一个从该处飞溅而下的瀑布之下。在山上的牧场，它们也会以简洁的、与一个十字相联的雕像盒形式出现。这些彩绘石膏像全部都是对路德(Lourde)的上帝之母的描摹。对她的崇拜在"后代"中一直伸展到信仰天主教的瑞士，就像一张看不见的用信仰联系起来的网将其包裹起来。固定其土壤的遥远的主要圣地，位于放置着路德圣母的、泉水具有疗效的洞穴内。

某些点——特别是一个地区所呈现的画面中的特别之处——对生活在该环境内以及与该环境密切相关的人而言，始终是历史的"信息承载者"，是产生传说的宝藏。这些点讲述了事件，并说明其意义是直到永远的，也包括对今天和所遇到问题的理解。[③] 它们具有定位功能。俄国著名的文学批评家和历史学家米哈伊尔·巴赫京(Mikhail Bakhtin，1895～1975)将它们视作"时空"：空间(tópos)与时间(chrónos)相互影响、相互啮合的切点。时间明显赢得事件的形态，而空间则以其动态的塑造力对历史产生影响。他将它们理解为社会自身的"纪念碑"(monuments)，"其成员从中创造出用于塑造自我形象的力量和指南的符号"[④]。

这些"纪念碑"不仅必须归属当地的大自然，对它们的回忆和历史还可以与一定的风俗、圣人遗物、宗教仪式、祭礼、宗教服饰和特殊服饰、纪念活动、周年日、艺术品、法律传统、技术、名称及更多类似的东西联系在一起。[⑤] 事实上，整个文化连同赋予其物质和形态框架并对其产生明显影响的环境一起，构成了一个独一无二的记忆系统。[⑥]

不过，人们不仅从文化上解释性地破译它的符号。每一个以行动、感觉和反应来遵循其文化规范的人，也通过他所做的事来"告诉"别人。所有人总是共同确认他们源远流长的传统，往往通过日常活动而不是昨日的语言相互"叙述"，并以这种形式持续证实传统秩序对今天和未来的有效性，从而

---

① Hauser-Schäublin 1997：148.

② Hauser-Schäublin 1997：13.

③ Basso 1984：44.

④ Bakhtin 1981：7.

⑤ 参看 Timpe 1996：282. Cancik 1985-86：253，258.

⑥ 参看 Lynch 1973：303. Gehlen 1995：126.

对文化的保持和身份的巩固作出贡献。①

人们也许可以和扬·阿斯曼(Jan Assmann)②谈论“文化记忆”,而不是与莫里斯·哈尔布瓦克斯(Maurice Halbwachs)谈论“集体记忆”(*mémoire collective*)。根据后一种理解,个体总是只令人回忆起局部,而忘记许多东西。然而,在与他人的交谈中,或者在一定经历的基础上,被遗忘的东西又重新被揭示出来,“被唤醒”。即回忆是对社会环境中的脉动的一种反射,它擦出各种各样的火光。在交谈中,碎片连成一块块较大的填充物。个别的碎片只有作为自己回忆的一部分被“重新认识”才能被其他人理解。如哈尔布瓦克斯所言,这只要个别的记忆“和谐地”相互取得一致,就像原始社会的通常情况那样:对传统价值的交替证实让它在意识里仿佛“闪了一下”,虽然保持一定的间隔,但总在重新进行。不过,就像个别人那样,亚群落也总是只看到社会传说整体的部分截面。个体仿佛外壳一般包裹住最近发生的事件、家庭、亲属圈、邻居、朋友圈等构成的记忆地平线,一直进入一切事物最远端的集体记忆圆球形成的外壳。③

这立刻就被考虑用于原始社会——这个设想只需要被扩展到“集体”记忆,只要洞穴和泉水、岩群和丘陵圆顶、废墟、宗教仪式、节日服装和典礼用饮品可以成为火花般唤起记忆的因素。通过盘根错节的根系,历史被固定在土地和文化中,在“神经原”里仿佛被触觉连接到“链”和“弧”上,深深地进入人们的记忆。不过这需要脉动来产生刺激,形成联系并点燃火花。当一个人进入了童年时代的教堂,拿起一位已故朋友的礼物,或者聆听一首被遗忘了的曲子的时候,这一切就会发生。

在尚未受干扰的存在条件下,共同体成员间以及人与环境间都存在一种紧密的共生关系。④ 它创造了一种感应的单元意识。这种意识激发了回忆和想象力,也决定了感觉和行为。按照西部阿巴契人的理解,土地“促使人类正确地生活”⑤。即使有的地方多些,有的地方少些,总体上它被视作神圣的,“因为它是人们自身的一部分”⑥。

因此,只有那些从前就居住在这儿的人才能合法而有效地拥有利用这

① Müller 1984: 354 ff. 参看 Gehlen 1995: 126.

② Assmann 1992.

③ Halbwachs 1967: 12. 参看 Weinrich 1998: 13 f.

④ 参看 Povinelli 1993: 166 f.

⑤ Basso 1984: 44.

⑥ Sims 1978: 167; 参看 165 ff.

些资源的要求。这通常意味着，他们知道所有发生在故乡的事情，知道泉水、洼地、岩群、山脉的准确含义。因而，就像澳大利亚土著居民做过的那样，当个别群落之间出现分歧时，人们会用公开的测试程序检验敌对双方对所在地区的神话、歌曲、礼仪和故事了解多少。[①] 精准而无懈可击的知识无异于一份“拥有权证书”。[②]

物品也能具有这样的意义。院子里古老的木爬犁或饮水容器曾为故去的祖父所拥有。母亲戴在脖子上的护身符是她最喜欢的叔叔送的。屋子入口处上方的头盖骨令人回忆起父亲第一次成功割取猎物首级的经历。屋里的家具越多，家庭的“历史文化”就越发浓厚。就像法国女人种学家弗朗索瓦斯丝·索纳本德(Françoise Zonabend)在一个勃艮第人的村庄获得的确认那样，人们还确切地知道欧洲农舍里的餐桌、卧室用柜、五斗橱或挂钟是从何人何处得到的，知道是谁制造了它们。持有人的项链能追溯到几代以前，也不是件稀奇的事。[③] 我们大多数人对类似的东西都很熟悉。您的目光常会停留在面前写字台镶银的照片上。那里面，您的父亲穿着制服。他死于战争。他最后寄出的战地明信片可能被您保留在一个特别的首饰盒内，和一枚戒指、自来水笔以及他的其他小型个人物品放在一起。您同样小心翼翼地对待所继承的旧首饰。您的夫人或母亲只在特殊情况下(如家庭节日上)才配戴它。

一些东西仿佛充满经历，一些则与整个历史相关。即使“简单的日常用品”也常和“不计其数的对生平的回忆相连”[④]。在前面提到的勃艮第村，“每一个物件和家具都有一段历史。对此，人们准确的复述是：‘这张桌子来自费尔伯特(Velbret)的诗歌吟咏者。它上面的雏菊图案是这样对我说的。’”[⑤]我们回忆起，有一天一个几乎被认为失踪了的朋友是如何令人吃惊地到访，为我们带来那个神秘的上帝像。现在，这尊上帝像被光荣地放在书架上的书籍间。每当我们的目光落在上面的时候，都会想起他获得这个雕像的冒险故事。人们不会“总是在头脑中思考”这一切，“而是当使用它的时候，这样东西就与之攀谈了”。[⑥]

---

① Povinelli 1993：33，43. 参看 Schott 1968：176. 1990：299. Cunnison 1951：1，6 f. Traube 1989：326 f.

② Helbling 1997：287 f. 参看 Malinowski 1981：378（特罗布里恩群岛）.

③ Zonabend 1984：16 f.

④ Kuntz 1990：64.

⑤ Zonabend 1984：16.

⑥ Kuntz 1990：65.

人生中的驿站(甚至整个阶段)通过物质被稳定化和“客观化”,在物品中继续存活下去,形成由勾勒已逝生命阶段的点与线段构成的痕迹。[①] 它们经常是生命中戏剧性断面上一些很有影响的经历。这些经历被不可磨灭地深深埋藏于记忆:原始社会里的成年式、婚礼、一场大病或一位成员的死亡、战争、表彰、驱逐、排空。令人回忆起这些事情的是一些礼物、衣服、证书、纪念物、一个人们当时拎过的箱子,以及对一个人特别有价值、重要和贵重的东西:文书、首饰、家用圣经、一个玩偶、照片、一捆信件、一个放在褪了色的信封里的发卷。[②]

五彩缤纷而又令人熟悉的东西所构成的整个回忆世界,包围了私人起居室或工作室里的某个人、屋子里的家庭以及村庄里的群落:“这是我住过的房间,它是我在家时所拥有的一切。里面有属于我的所有东西。它们对我而言意味着过去。不多:几本书、图片、收音机、旗子、旧信件,这个,还有这个。在它们身上寄托了我所有的回忆。”[③]每个人都生活在他个人的情感博物馆里[④],和他的成员一起生活在一种家庭档案馆内[⑤]。在那里,自己及家庭的连续性被显而易见地具体化。它让人觉得安全,并为行为界定了一个可靠的定位范围。它是值得生活和保护生活的东西:就像加拿大布西亚半岛上的因纽特—爱斯基摩人所说的那样,“被私人物品的气味包裹”[⑥]。

在原始社会,人们可以从字面上理解这一点。每个人除了拥有不依赖于肉体的“自由灵魂”,还拥有一种视年龄、状态和情况而有所变化的活力,即“生命的灵魂”。它的任务是维持有机体的功能(呼吸、血液循环、消化等)。这种活力仿佛总是“辐射”出少量东西,使得自身能在剧烈的感情活动或体力劳动时更清晰地让他人觉察到:通过皮肤表面的热量、日光的强度和断断续续的呼吸,特别是通过眼泪和汗水(气味)。每样做过的事情或长期使用过的东西,人们都能通过接触感觉到一些。欧戈特梅利(Ogotemmêli),法国人种学家马塞尔·格瑞欧(Marcel Griaule)在马里多贡族的著名交谈伙伴和主要信息提供者,坦率地说:“每样人类制作的物品,都有些东西从生命力变成这个人双手的作品。”[⑦]再理解得普通些,人们也可以和厄瓜多尔的吉

① Kuntz 1990:64.
② Kuntz 1990:74.
③ 源于一部小说,引自 Kuntz 1990:63 f.
④ Kuntz 1990:74.
⑤ Zonabend 1984:16 f.
⑥ Lynch 1973:304.
⑦ Griaule 1948:241.

班人说,“在人和他正在做以及已经做了的事情之间,有一种直接关系。他自己的行为质量……将具体地转变成物体或者活动结果。”[①]这种按照澳大利亚土著的理解通过汗水而存在于人与土地间的特殊关系,人们早就谈论过。与日用品一样,同样的道理也针对睡觉的垫子、特殊服装的某些部件、护身符、首饰、发夹、世俗和宗教的象征物等。[②] 就这点而言,这类继承下来的东西的回忆价值总有直接的心理因素。它们还有“生命”,因为它们还带有先前拥有者的活力。这种活力不仅被强化并一起进入家庭或较近亲属圈的交互感应场,而且从流逝的几代深处流向这个感应场,赋予其跨越时间的稳定性。

带有更高活力浓度和特殊回忆价值的物品,其意义相应地更加重要。比如,为了保持直接并且似乎“轴状”的连续性,它们会被从父亲传给长子。这个长子一般接过屋子或庭院,也就是说留在原处,然后一代代传下去。一般是家族祖先的骨骼、某些圣物,一个护身符,家用圣经,一块金制怀表。如果涉及贵族家庭遗产中的物品,比如某个“物神”、鞍褥、酒碗、戒指、轻武器、一件加冕穿的外套、王冠、花环、权杖和其他象征物,就会增加一种特别的象征价值。在书面文化中,它们有时还具有物证的作用。爱德华一世(Edward I.,1272~1306)执政期间,厄尔·瓦伦(Earle Warenne)就是这样强调他对土地的合法要求的。他在法庭前没有出示相关文件,而是高举起“一把古老生锈的剑”,作为其祖先曾随征服者威廉(Wilhelm,1066~1087)来到英国并用之争得财富的证明。[③]

这类具有历史意义和象征意义的东西好比圣人的遗物。它们被小心翼翼地保管起来,经常被放在特别的地方或者专放遗物的匣子里——贵重的盒子、有特殊回忆价值的匣子,雪茄烟盒、箱子等。[④] 已故父亲一本临终前还读过的书,一直放在他习惯坐的单人沙发旁的小桌子上。上面划有阅读标记,直到他最后读到的地方。一个用过的香烟盒放在烟几上。[⑤]

这些纪念品越是珍贵,就越要考虑保管它们的地点。在原始社会里,它们连同其他珍贵饰物、家庭祭祀器具及家庭保护神的神像(“圣像”),被存放在茅屋专为男子保留的右半部分。这部分被赋予宗教意义。在这里,人们

---

① Karsten 1935：142. 参看 Müller 1987：204.

② Müller 1987：175 f.，218.

③ Ong 1982：97.

④ 参看 Kuntz 1990：74.

⑤ Kuntz 1990：64.

举行重要的仪式，接待客人，也留人住宿。[①] 在许多社会里，人们都习惯将群落的圣物储藏在男人的屋内。这些屋子仿佛是该地区所有茅屋超越家庭浓缩成一体的重要的男人部分。它们可能是重要的用于全社会节日和祭礼的头盖骨或下颌（特别是创建时期祖先的）[②]、服饰、日用品、首饰和武器、战利品和抢劫所得，以及神像、徽章、祭祀用刀、笛子、鼓和其他宗教仪式用具。[③] 其中的一些也和历史相关。它们讲述了祖先或神灵的一个梦——在梦中，一个祖先被要求制作这些物品；讲述了制作过程中特殊而不同寻常的情况，以及找到它们的符号或“奇迹”。

男人的屋子既是存放圣物的场所，也是用来交流的纪念地、藏宝屋和庇护地。通常，只有家族和亲属圈中的男性发起人以及最年长者才能进入。世俗和宗教事务都是他们份内的事。后原始时期“具有历史价值的”被用作回忆过去的财物，一般被直接放在居民点正中举行集会和节日仪式的地方。它们被入库堆放起来：通过在那里被特别严格看护的传统源远流长的土壤，直接深深扎进神秘的起源时期。就像新西兰的毛利人那样，人们也常常用重要祖先的形象来装饰屋子的外立面，让它清楚易见。[④]

在高度文明中，它们的功能被转移到市政厅、行会的房子、官邸和教堂。[⑤] 显而易见，宫殿和圣地长期以来就拥有自己的珍宝馆。它们在一定程度上是“储藏珍品的陈列室”。在巴比伦的尼布甲尼撒二世（Nebukadnezzar，前 605～前 562 年）华丽的宫殿，在附近西巴尔的太阳神沙马什（Schamasch）庙宇，以及东北伊拉姆的首都苏塞，都发现了相邻帝国的古老艺术品、石柱、浮雕以及装有其他古董和珍品的陈列室，其中有些东西的历史达到一两千年。显而易见，它们在那儿是被用来观赏的。它们可能并不是礼物或贡物，而是抢劫所得。至少人们习惯将珍贵的战利品送到寺庙以感谢神帮助他们在战争中获胜。[⑥]

它们像宫殿那样构成中心纪念物。作为天主及其人间代表的官邸，他们只是同一机构两个“不同的方面”。[⑦] 它们代表着合法秩序“永恒的”有效性。这种有效性将微观世界与宏观世界不可分割地连成一个互补的整体。

---

① Müller 1992：49.

② 参看 Müller 1994：164 f.

③ Müller 1987：18 ff.

④ Salmond 1975：47.

⑤ Müller 1992：56.

⑥ Renger 1996：40. Bernbeck 1996：90 ff.

⑦ Hauser-Schäublin 1997：11.

为此，人们尽可能不离开伟大建筑自古以来的位置，以保证帝国、统治及神灵世界根据要求自起源之日起就不曾中断的连续性。另外，拥有建筑的王侯们在复原和修缮工作中感觉到自己不得不面对祖先在创建时期留下的碑文。这些碑文有的可以追溯到一千多年前，它们让人们意识到自己处在一个长长的直线性统治者序列的顶端。如果他们自己认真履行义务，这个序列在将来还会同样继续下去：对于他们自己藏在地基及被修缮或彻底翻新的建筑物墙体某些地方的创建时期的碑文，他们有时也会直接求助未来遥远的继承人。这些人将在未来掌握他们的语言并回顾性地将之烧进陶器。[①]

当古阿肯国[②]的统治者们讨论宫殿卷宗时，他们得到一个类似的印象。即在那里按照职务陈列过前人具有代表性的凳子。展览由一位精准知道编年顺序的高官负责。他必须注意让这个顺序保持不变。在特定场合下，人们按照凳子的顺序诵读那些统治者的姓名。[③] 当然，这"只是""博物馆里的东西"，但却浸渍了使用过它们的人的活力。与此相反，当欧洲贵族和统治者家族的后人踏进埋有祖先的教堂时，他们的祖先——即便已经死去——仍以石雕形式仿佛有血有肉地面对着他们。与此类似的是，毛利人的祖先也在专供男人使用的房屋外立面上以浮雕或立式雕像形式"得到永恒"。在贵族的纪念地，转瞬即逝得以制止。这种短暂性对那些希望死后仍然留在历史之光里的贵族的后裔损害较小。

圣地是"记忆的存储器"。[④] 它们吸收古老的传统财富和传说，收集并将它们捆扎起来保存在室内的陈设、教士的服装、风俗习惯、诵读、歌曲和礼拜语言中——短期内甚至放在许多不知姓名者的生平残片里：一些庙宇就像今天许多圣地教堂那样拥有大量圣品，这不仅仅是在古地中海世界。这些圣品是神的信徒为感谢从严重的疾病中痊愈、一个孩子幸运的诞生、成功地完成了一次贸易之旅、被从危险中解救出来和其他一些恩赐而馈赠的。在饰物、玩具、乐器、(有时是)书的旁边，人们发现了劳动工具、武器和花环。[⑤] 它们见证了发生在历史瞬间的一件事。这件事虽然可能对社会和后世无足轻重，但却对被涉及者意义重大。

这一点在一些曾经并在较长一段时间内具有重大宗教和政治意义，从

---

① Renger 1996：38.

② 在今西非国家加纳和科特迪瓦境内。——译者注

③ Müller 1995：12 f.

④ Hansen 1996：262.

⑤ Wilke 1996：263 ff.

而没有成为特大毁灭牺牲品的城市，如亚历山大、雅典、拉萨、伊斯坦布尔、佛罗伦萨、(特别是)罗马，有十分明显的表现，它仿佛在这些地方得到浓缩和聚集。在这些地方，经常可以发现不同朝代的许多祭祀地、庙宇、宫殿、官邸、贵族别墅、修道院、竞技场、剧院、胜利柱、桥梁和立式雕像。它们部分已成废墟，部分尚在，被一个挨一个地多次修缮或新建——到处是名称、历史、回忆，整个城市就是一个无与伦比而又负荷很重的"露天博物馆"。[①] 比如在古罗马，除了不计其数的纪念碑之外，游客还可以对无花果树惊羡不已。小罗慕路斯(Romulus)曾躺在下面[②]，将脚伸进那些曾有的意义已经褪去的神灵的庙宇，看见在盛大的地方性节日和游行中地方历史的片段得以复活。[③]

这类城市符合人工构造的宗教地区。[④] 一块块建筑用地被紧紧压在一起，互挪位置，上面是形态各异的石雕。另外，在这片地区稀稀疏疏地分布着山谷、河谷草地、洼地、陡峭的沟壑和洞穴。随着时间的推移，浮雕发生变化，但特性不变。曼努埃尔·克里梭罗拉(Mannuel Chrysoloras，约1350～1415)曾在罗马生活过许多年。他一开始是皇帝派往拜占庭(Byzantin)的使节。在改信天主教以后，他担任精神方面的高官(最后的身份是红衣主教)。可以感觉到，眼前的景象给他留下了深刻印象。于是，他描述了那个时候还保留在历史景点上的一切。人们到处都可以看见国家为表彰那些古代著名男子的功绩而建的纪念碑，另外还有用来纪念凯旋的队伍而建的胜利符号和凯旋门。上面的浮雕描绘了战争本身、被俘者、战利品、城市的攻克，还有无辜牺牲者、圣坛、祭祀活动和圣品。此外，还描绘了海战、骑兵战和步兵战。简而言之，是各种各样的战争以及攻城用的设备和武器。浮雕也显示了被征服的统治者、米提亚人或波斯人、伊比利亚人、凯尔特人或亚述人，每个人都穿着本国服装；以及被征服的人民、战胜他们的统帅、四马双轮战车、驾车人、侍从执法者，后面是主人公，前面则是被缴获的装备。人们在浮雕上可以看到一切是这般栩栩如生，以致可以相信，它们是活着的。人们从附带的碑文则可以了解每一个雕塑作品所描绘的内容。人们能准确观察到古时候人们使用什么武器、穿什么服装、高官的标志看上去是怎样的、战役的顺序、战争方式、攻城技术以及营地的构造。按照普遍观点，希罗多德(Herodot)和其他几位历史学家获得了巨大的功绩。但是从这些画面上，人

① 参看 Lynch 1973：301.

② Cancik 1985-1986：251.

③ Cancik 1985-1986：250 ff.

④ Cancik 1985-1986：252，258.

们可以生动具体地看到古时候的情况以及不同民族发生的事情。通过这种方式，他们可以毫不费力地来到某一个具体的历史源头，或者根本就不是历史源头，而是——这样表达吧——历史通过它们成为可以看见的今天。[①]

原始社会中的情况基本如此，只是回忆更直接地继续留在本地风景的轮廓中和人们的日用品中。人们通过不断相互交谈，意识到过去。澳大利亚的土著“相互检验原始时期事件的具体名称和发生地点”。他们将这种方式的对话视作“‘建设’土地不可或缺的，目的是让土地听见人们在谈论它……让回忆变得生动起来，并通过回忆将土地毫发不损地留给下一代”[②]。伊丽莎白向科克斯半岛上的贝尔云社区居民解释道，“故事‘揭露’了原始时期”(stories“pull” the dreaming into view)[③]，使这段时期在想象的地平线上仿佛浮雕般可见。这些故事特别关涉紧接着的下几代的命运，关涉所有时代存在的连续性[④]，关涉确保国家、社会和文化的一体化[⑤]。要是人们抢走它们的根，这种一体化就会分裂枯萎。

---

① Manuel Chrysoloras：Epistola ad Joannem Imperatorem，引自：P. G. Migne (ed.)：Patrologiae cursus completus. Series Graeca；Bd. CLVI，col. 28，根据 Müller 1972-1980：II，12.

② Povinelli 1993：47.

③ Povinelli 1993：147.

④ 参看 Baker 1993：125.

⑤ 参看 Lynch 1973：300.

图 5-1　为在黑湖遭遇不幸的人而树立的纪念牌，瑞士伯尔尼高地

图 5-2　瑞士伯尔尼高地格朗维拉尔的玛丽娅圣地，地点位于一个深谷末端，雕像左边（图上不可见）有一个由洞穴中飞溅而下的瀑布蓄积而成的天然水库

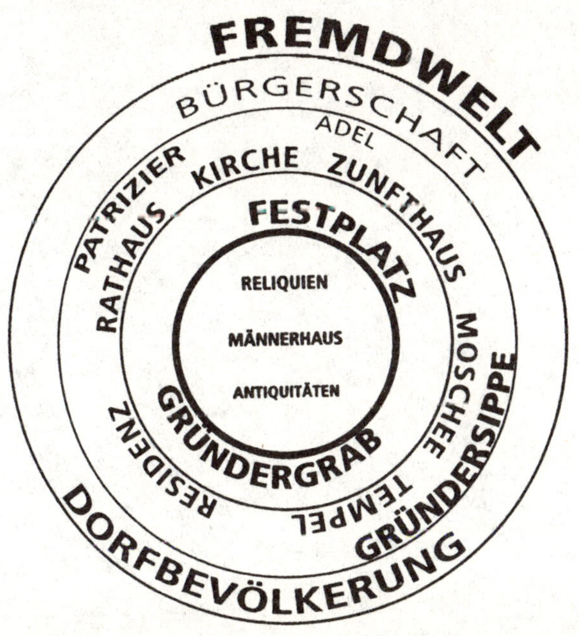

图 5-3　历史地貌

Fremdwelt	陌生世界	Moschee	清真寺
Bürgerschaft	市民	Tempel	寺庙
Dorfbevölkerung	村民	Residenz	官邸
Patrizier, Adel	贵族	Festplatz	庆祝会会场
Gründersippe	创建民族	Gründergrab	创建者坟墓
Rathaus	市政厅	Reliquien	圣人遗骨或遗物
Kirche	教堂	Männerhaus	男人的屋子
Zunfthaus	行会房子	Antiquitäten	文物

第四章　痕迹的解读

没人能回忆起全部事情。我们所经历的大多数事情迟早都会被遗忘。纪念对所经历的事情进行了筛选。[①] 此外，每个人、家庭、社会群体和社会都拥有自己的传说财富，其他人只能部分地参与。有一些事件触及了相关者最为关切的事情或价值——威胁了他们、认可了他们或者加强了他们的作用，比如一场因为破坏禁忌而导致的旱灾。这些事件具有特别的影响力。

回忆反正不是每个人的事情。就像重要的、会导致很多后果的事件和一定的神圣场所相关联一样，对它们的记忆也只能由以精神事务为义务的社会地位较高者或最高者负责。因此，有关某些非常神圣的神话、歌曲以及宗教仪式的文章只能由（发起该仪式的）成年男子、最长者、神甫或受委托的专门人员保护在宫廷之中（也就是统治者的屋内），或者由他们在这些地方口头传播。如果上述东西到了大众那儿，很快就会被改变、改造和不可靠地扩展，以致丢失它们的实质、它们的"真理内容"；将人类联系于这个地区的根和所有的定位，也包括到将来的定位，就会被破坏。所以，关于起源的重要神话由社会最高层来保密，并不是件奇事。知道它们的人，拥有"真理"——一项绝对是最高地位者才拥有的特权。[②]

对此，有一个非常理智而明白的理由：创建宗族的最长者、贵族家庭的首领，还有国王，一般具有可追溯到原始时代神灵的血统。这个血统被有意识地、小心翼翼地予以纪念，因为一个家族的起源和年岁宣布了其具有优先要求的合法性。[③] 不过，没有空隙的、连续不断的代代相传，也最有力地保障

---

① Straub 1997：170.

② Müller 1977：136 ff. 参看 Baker 1933：125，129. Povinelli 1933：2.

③ 参看 Cunnison 1951：VI，8. Westermann 1952：16 f.，406. Goody & Watt 1963：308. Vansina 1965：48，153. Sturtevant 1966：29.

了传统得以直线形非交错式地传达——较高阶层者的"真实性"给予了它保证。在中世纪的英国，法庭前"成熟而睿智的老者"给出的证词比书面证明的信用度更高。"这是从我祖先那儿流传下来的……"在有争议的场合，他们习惯用这样的话作为有力的论据来施加压力。[①]

家族史与一定数量依次排列的"路段"吻合。为保持这种关系，这些"路段"必须被小心地与结合点(死亡、出生)"连接起来"。较长者由下一代接替是一个"断面"。人们在职务轮替或加冕庆典时通过吟咏向公众重现这种顺序链，将逐段顺序的原则转录到视觉"数据载体"上并利用它回忆其他的可比关系。这以两种方式进行，全世界都一致。人们常用相互排列带有结点的绳子或带有划痕的棍子。两者都是人们记录旅行日子或一定年月日以及交易过程中物品数量的重要工具。印度焦达讷格布尔高原北部的比勒尔人将代表同类型或同时所获物品的绳结紧密排列，而用与第一组绳结保持一段距离的其他组绳结标识他们其他时间给出或获得的东西。[②] 西伯利亚东部的猎人将刻有划痕的木头用作"债物登记簿"和"遗产文件"。[③] 这两个过程在某种程度上常常被用作"罪孽索引"。对于难产，大多数人认为是不忠造成的。为了"放松"和减轻痛苦，人们不得不用她们(真正或虚构的)情人的名字来呼唤她们，或者用棍子上的划痕或绳子上的结点来给出他们的数量。只是这一点很少对男子作出要求。[④] 众所周知，这个过程在基督教中也被用来辅助回忆——同样在佛教和伊斯兰教中——一开始是在《大主教的主祷文》中用作回忆所讲祈祷的形式与数量，稍后出现在念珠祷告中。只是在这儿，果实的种子和石头(以及宝石)做成的珠子取代了最初的绳结。

种子、珠子或绳结让手指在触摸着的滑移中，感受到重大历史事件。这些事件让人们中断下来唱一首赞美歌，或者对一个具体相关的神祇说一段祈祷。其间的路段建立了关联——就像卡片上的路一样，将一个个用大大小小圆点表示出来的地方相互联系起来。原始社会的人们不需要用卡片来描绘自己的地貌，因为人们充分了解自己的地区。不过那些有关神秘路线网络的知识可能还是重要的，因为它们描述了祖先迁移和曾停留过的地点。

---

① Ong 1982：96.

② Roy 1925：500. 参看 Klaproth 1814：604，und Merzbacher 1901：754 f.（高加索族）. Schafarik 1843：146（后裔）. Parry 1932：199（拉赫族，印度阿萨姆邦）. Fenton 1950：1 f.（北美印第安人）.

③ Finisch 1879：421.

④ 参看 Krestinin 1826：91，以及 Schrenk 1848：480. Pettazzoni 1954：50（惠乔尔族，墨西哥）.

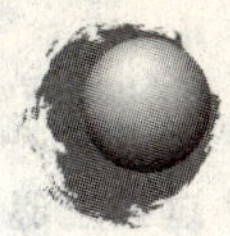

一些人定居下来，其他人则继续迁移，直到找到适合的移居地——因为他们使从此存在于世的“今天的”地区所拥有的关系变得合法。此外，人们还必须在给定的时机在听觉上公开它们。

这样的事情以特别没有价值的方式发生在新几内亚塞皮克河中部的伊阿特姆群落。在那儿，每个部落都有自己有关那种传说的句子——其中描述了他们的祖先在离开最初共同生活的原始时期居住地之后是如何漫游、在何处逗留、如何与原始时期生物（图腾）相遇、经历了什么样的冒险、发生了什么样的故事以及如何最后建立了一个个下属族群的移居地的。“准确的”特别是完整的知识总是只被少数所谓的“大人物”（Big Men）拥有。不过，其中一部分被严格保密；而那些给耳朵听的段落则在特别有意义和典礼性的场合——比如一个有名望的人的葬礼上或者一栋男人房屋的落成典礼上——被演唱出来，方式是数小时周而复始地歌唱，其中的单曲多达500首——帮助他们记忆的是长度在7～8米、上面间隔着大小不一结点的木槿纤维绳子。一个个间隔标识了移民的阶段，大绳结表示停留点、“图腾”意义重大的神秘行为和发生其他值得回忆事件的位置，以及其故事会在相应“绳结”处被演唱出来的居民点的建设，小绳结则代表了当时本地“图腾”隐秘的名字。这些名字不能缺少，但却不可被听见，它们只停留在歌唱者的大脑中。相应地，所有这些歌唱循环的数量构成了整个种族的创世史和起源史，只是很少有人熟知它的全部。①

成为活结的绳子上的结点，人们可以用诸如让结点沿着绳子滑动等多种方式使它变形。要是把结点解开，就破坏了它。这个结点，用数学语言表达，是一个“拓扑上确定位置的单元”。

这也就涉及由时间和空间上人口移民的过程、家族史、“历史”、故事以及古老传说中的存在次序正在合法化的“证明”构成的一次成功并且好像完全重合的组合。

直呼那时优势者的姓名，可能会伤及对他们的尊敬，某些情况下可能还会导致可怕的后果。按照古老的普遍观点，名字具有“本质”的特点，即特别具有“熟人”及“被标记”的特点。通过使之具有名字，人们使它与“某一样东西捆绑在一起”，可供使用，可以操纵。因此，认识以及称呼一个人、一件事、一首歌、一种魔法等名字的人，不仅能与“被呼喊者”之间建立一种关系，还能对之施加影响。因而，称呼较高地位者（尤其是神灵）始终被认为是有失

① Wassmann 1982：52 ff.，65 ff.，102，254. 1984：120 ff. Stagl 1986：27.

体统的。后一种情况更被视作一种渎圣行为，可能会为犯罪之人召来杀身之祸：他所遭受的力量，将其毁灭。[①] 下面的话普遍适用："你不应该罪恶地说出主，你的上帝的名字，因为主将不会轻饶滥用他名字的人。"在古埃及用纸莎草撰写的文稿中，神舒(Schu)这样解释道："我是那个姓名不详的人。如果有人在河岸上说出它的名字，河流就会干涸；如果有人在土壤中[在下面的世界里]说出它的名字，土壤就会产生火焰。"[②]因此，人们选择了尊称，称神为"主"、"上帝"、"万物所有者"、"万能的人"。类似地，称社会地位较高者为"主人"、"高超之人"或者"尊贵的人"、"殿下"等等。他们明智地提防称呼恶毒神灵的名字，而用另一种说法替代，比如"鬼怪"、"有角的东西"或者"恶魔"——因为："如果人们称呼'魔鬼'的名字，它就会飞奔过来。"[③]

所以，人类特别是已故者的名字，特别是神灵的"真"名，在交谈中是被避免的。后者的名字只有极少数熟悉他们的人(比如神甫)知悉。[④] 那些伊阿特姆的大人物遵循同样的原则，在此期间更倾向于一些浅显的目的：

> 没有原始时期活动家及事件发生地的名称，神话就无效了；只有附加的知识才使它可供用于诸如巫术或被用作因拥有名字而引发的争论中的斗争工具。从关于神话、人名、地名关系的知识中，可以引导出对原始时期事件的支配权力。这种权力为"大人物"占有，这使他拥有凌驾于部落其他成员的权力。[⑤]

如果"图腾"、本土的精灵和神仙与此无关，那么传说中和固定地点相连的地名——它们保证"历史"关系的结合力——在唤起记忆方面无论如何都有不容变更的意义。仅仅是称呼一下这些名字，就可以"唤起"过去。阿巴契人感觉自己好像从鬼怪的手上被放到这个地方，同时进入一种白日梦状态(daydreaming)。在梦中，曾经在那儿发生过的事件十分清晰而生动地浮现在眼前。[⑥] 名称出现在图片上，故事"像箭一样"飞向他们。[⑦] 如果有人因为一次痛苦的经历而震惊，人们就给他列举发生了很多故事的地方的名字。这使他重新回到远古时代。他感觉自己在先祖之中出神，看他们那时在那

① Müller 1997：36 ff.
② Hornung 1996：182.
③ Müller 1997：38 f.
④ Müller 1997：39.
⑤ Wassmann 1982：103 (强调，甘马挽人).
⑥ Basso 1988：112 f.
⑦ Basso 1984：21.

儿如何生活，听他们交谈，从他们威严和睿智的举动中获得鼓励[①]——通过这种方式得到镇静。

一些地名也是当地事件的曲柄。“它跌落水中”，如前所述，影射一名女子的事故。她在回家的路上让马儿距离山谷边缘太近，以致失去平衡，双双掉入深处的河水。[②] 其他和命中注定的事件相关联的地名，只要被列举，就能让事件——连同其今天还具备的告诫或惩戒的意义——完全而鲜活地进入到意识里。《圣经》提供了一个事例。何西阿通过称呼基比亚这座城市的名字，而招来使以色列人发生持续不断邪恶变化的危险——这位士师书中第19～21章所提到的这个故事，就不需要再讲述了。故事和故事导致的严重后果已经足够出名了。[③] 按照人们(也包括阿巴契人)的理解，只是一个地方的名字就能取代神话、传说或者描述了过去事件的故事：“它象征着所讲述的事情以及这件事情所包含的智慧。”[④]较近的例子可能是“敦刻尔克”或者“斯大林格勒”。

地名，对谁都一样，总有一个回忆的方面，即口头上人们常说的唤起记忆的功能。[⑤] 认出该原理的人，可以将其移植于其他目的。著名的罗马雄辩师昆体良(Quintilian，约35～100年)在他的作品《雄辩术原理》中推荐通过尝试将一定场所中的一个个部分与引人注目的物件在内容上重要的点归类，来影响一段演说。在记忆这段演说时，人们应该相应地使空间、物体与讲话同步，字面上的意义是“先行”(*De institutione oratoria XI* 2，17)。

地名宝藏的全部多于所有部分的数量：它为口头传说的正确定位构成了一个理想的坐标系统。[⑥] 单纯地列举地名，这一点为欧洲人的耳朵所不熟悉。有时不只是符合一份“清单”，即纯粹的线性排列，而是在一定程度上“划定了”一个地区的范围，构建了它并通过名字上的先后顺序赋予它时间上的尺度。这一点，人种学家詹姆斯·巴克(James Baker)在东印度尼西亚北摩鹿加群岛一个名叫蒂多雷的小岛上曾经历过。当时他向一个村民询问岛屿的地理、社会组织或者历史。让他吃惊的是，同他攀谈的这个人谈话时断断续续，并机械般地吟咏起名字的全部系列，有时是丘陵、泉水、河流、礁

---

① Basso 1988：110.

② Basso 1984：31 f.

③ 参看 Crüsemann 1996：114 f.

④ Basso 1988：112 f.

⑤ 参看 A. Baker 1993：118.

⑥ 参看 Basso 1984：32.

石和岩石群,有时则是地区、省份、当地统治者("苏丹")和行政长官。"其效果是,不仅记忆被唤起,集体记忆(collective memory)与东西的有效顺序相吻合的印象也被加强了。"[①]"反过来",旅游者——如在美利坚合众国西南部那伐鹤族地区旅游的人们,重复地背诵将要经过地区的名字,借助不断的回忆使卡片和道路如投影般而不是荒诞地出现在眼前。[②]

如果这些人休息一下,他们就会想起与该地点相关的故事,就会一个个地讲述这些故事。这在原始社会当然不是人们唯一爱做的事。将一个地区故事化的形式,决定了叙述的样式。如果人们把家安在一个其传说可以追溯到原始时期的圣地,他们就只能相应地用神话来讲述它的故事。如果安家地是一个城市的市场,情况就不同了。不同种族的成员——如从遥远国家来的商人——汇聚在一起,在不拘礼节的谈话中交换信息和消息——特别是最近发生的,讲述在本国或邻国发生的最新事件。当中的许多内容听过不久就被遗忘。有一些对某一个人或者另外一个人重要的内容,或者只是显得轻松愉快的内容,在记忆中保持一段时间,而后可能在某个很随意的机会被复述出来——其重点已经根据情况和讲述者修辞的需要发生了变化。整个故事是一个易逝的、能被随意塑造的材料。

神话只和为数不多的点相关,也可能只和一个点——一个中心圣地(以及男人的屋子)相关。只有年长的、担当发起人的男人(通常也可以是某些神甫)才完整地了解这些神话,因而可以"正确地"即不歪曲地复述它们。但这也只在极少的时机才会发生,多数情况下一年只在新年以及丰收的时候发生一次。人们用太古时期的宗教仪式语言在臆想中复述这些神话。复述的过程自其起始起就没发生过变化。

已经被广泛控制的是那些发生在后原始时期、然而依然久远的重要事件的发生地:半人半神的英雄们创造文化的行为,祖先遇到史前生物("图腾")和保护神时突然的醒悟,种族早期在迁移过程中具有决定性的战役,大的战争中的英雄行为或牺牲者的死亡,将人们从危险中拯救出来或帮助他们建立一个地方的幻景、奇迹和"符号"。这里更多地涉及到死亡者的"行为"。传说和传奇讲述了这些故事。每个足够了解它们的人,即使是非事件发生地的人,都可以讲述,一定限度内还可以改编它们。因为涉及的不再是"神圣的"即文字上不可侵犯的神的故事。就这点而言,它们变得更加灵活。

---

① Baker 1993:118. 参看 Lynch 1973:300.

② Reichard 1944:26.

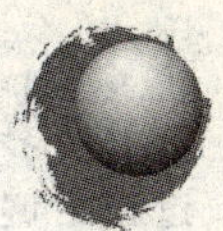

但在复述时人们也并不完全自由：大多数情况下，它们由年长者或者专业的“歌者”——英雄诗歌吟唱者等用一种受束缚、有韵律的语言在乐器的伴奏下以诗歌的形式吟咏出来。比如在阿萨姆邦的阿沃—那加族，重大节日期间向集会者反复吟咏关于种族起源、部落形成以及祖先英雄事迹的传说，是被挑选出来的老年男子们的事情。[①] 这些传说至少在种类上是特别的，它们已经有了一个“历史”的核心。也出于所有这些理由，它们中只有很少一部分讲述的故事是可靠的：太多人随着时间的推移对此产生过影响。这和神话不同。后者的篇章轮廓未曾改变，有意义的内容多与神灵有关，因此单单故事本身就让人觉得可信，或者说“真实”。[②] 另一方面，这些传说也涉及伟大的、似乎非常典型的祖先、领袖和英雄的形象[③]，涉及古老的或者说较高等级的氏族及家族的创建者和祖宗。这些人为使其优先要求合法化，必须对爱护传说及让其忠诚地继续下去怀有特别的兴趣。尤其在有争议的问题上，被认可的口头传统财富了解人要完成这样一项任务，即借助调整相关的文本仿佛进行鉴定、得到决定性的发现。王公贵族和国王也经常雇佣自己的“档案保管员”——群众中因为口头传统方面的知识而特别出名的最年长者或者特别委任的高官。其任务是小心地照管这些传说财富，在一定的时机公开吟咏当中的一个或者另外的，并在更新换代出现争议时借助知识给予决定性的帮助。[④]

在某种程度上，“世俗的”事件故事与之有着清楚的区别，多数时候在概念上也有所区分。每个人在任意的地点可以这样遇到它们：一个幸运的发现，一次结果重要的——有利或没利的——惊奇相遇，一场事故，一个谋杀。它们一般不是太远。每个人在经过相关地点时，都可以以任意方式讲述发生了什么。[⑤]

最终，叙述进入完全的自由随意状态。它构成交谈的一部分，就像它在工作期间、村里见面时、夜晚的灶火旁或随意的集会上经常显现的那样。人们互相讲述不久前、昨天或者也许就在刚刚发生的事情，交换其价值仿佛转瞬即逝的信息。流言蜚语混杂其中，没有什么东西是禁忌，被讲述事件所针对的那个人，可能就是在场者中的一员。所涉及的是最近发生的事情，它可

---

① Mills 1926：307.

② Müller 1995：11 f.

③ 参看 Ong 1982：70 f.

④ Westermann 1952：16. Vansina 1965：32 f.

⑤ 参看 Basso 1984：34 f.

以随处、随时、以所有可能的方式——极其逼真的方式、隐喻的方式、带有阐释性手势的缩略方式或者草率地——被讲述。易逝并且可供自由使用，许多事件就像被唤起那样被快速地遗忘。① 它的真实性相对神话而言，位于刻度标的另一端。

口头传说的所有形式满足了一定功能。它们支撑并促成联盟（会话、流言蜚语）；它们记忆值得回忆的东西并将其变为集体的记忆财富（传说、传奇、故事）；它们通过讲述模仿性与榜样性（exampla）的行为和事件，完成说教目的（病源学、童话、传说、传奇）；它们复述世界以及史前时期有效的神、英雄和祖先的存在顺序是怎样形成的（神话）。一个传说追溯的时代越是久远，就越是传统，复述的形式就越格式化：因为为了保证陈述“真实性”，为了让在“历史上”确保时代真实要求的不间断连续性能够可信地出现，任何东西都不能被改变，任何东西都不能被忽视或有意识地忽略。

为了更深入和持久地产生影响，重要的事件被多次重复。吟咏神话时，在场者（至少根据理想）始终获得同样的东西。传说（和传奇）至少保留着核心，而与邻人们交谈时所有的一切则仿佛都在进行中，都是可能的。原始社会广为流传的信念是，在前提条件可比的假设下事件可以一直重复发生。不过以此为基础，流传的示范性具有了意义。美国女人种学家格拉迪丝·理查德（Gladys Reichard），这些事件的最知情者之一报道说：“那个那伐鹤人将所有时期视为一个唯一的整体。发生过的事可以再次发生；以相同方式在同样情况下所做的事情，会产生同样结果。”②

因此，有时对历史的维护也可以存在特别的教育兴趣。在波利尼西亚的部分地区，比如夏威夷、马克萨斯群岛和新西兰，在社会已有差异的前提条件下，一个愿望是特意用“历史”给孩子上课的父亲，建造了一栋大房子，聘用英雄诗歌吟唱者作为老师。通常，孩子们也有其他兴趣。这样，学生圈扩充至三十个年轻女子和男子。他们搬进“学校的房子”，在学期期间“隐居”在那儿。课程被分成块，分别在上午和下午讲授。口头传说的各种形式构成教学内容，只要诗歌的吟唱者熟悉它们，而且对它们的复述不会触犯任何禁忌。这个课程总共可以持续数月。在这种情况下，每四周插入十五天假期。如果学生们没有令人满意的进步，教师就结束课程，关闭学校。③

不过，著名的、能保证连续性的对回忆的维护方式，不只具有外形，或具

---

① 参看 Basso 1984：35. Weinrich 1998：15.

② Reichard 1944：28. 参看 Basso 1984：39. Zonabend 1984：138.

③ Vansina 1965：31 f.

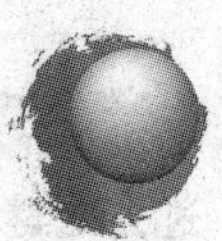

体地确保了合法性，而是常常也充满活力。定居下来的原始社会往往和已故者保持着一种非常紧密而“生动”的关系。人们纪念他们，向他们祷告，定期给他们上供并在梦中寻求他们的建议。人们在收获的节日（万灵节）邀请他们来作客，用游戏为之助兴，用最慷慨的方式款待和馈赠他们。按照普遍的有约束力的关系，他们将带来肥沃的土地、子孙满堂、丰收、成功以及幸福安康——只要他们的后代忠实地按照传统生活，没有什么过失；不然，先祖们旋即会用疾病、事故、失败，有时用死亡以示惩罚。两者构成一个唯一而超越时空的社会组织的互补的两半。这正意味着，两者在存在上紧密地相互依赖：没有亡者，人世间就没有生命；没有活着的人的回忆和经常的纪念，就没有死者。按照通行的观点，如果没有人再纪念他们，再向他们祈祷和进贡，再对他们狂热地崇拜，祖先就会消失在地下。[①]

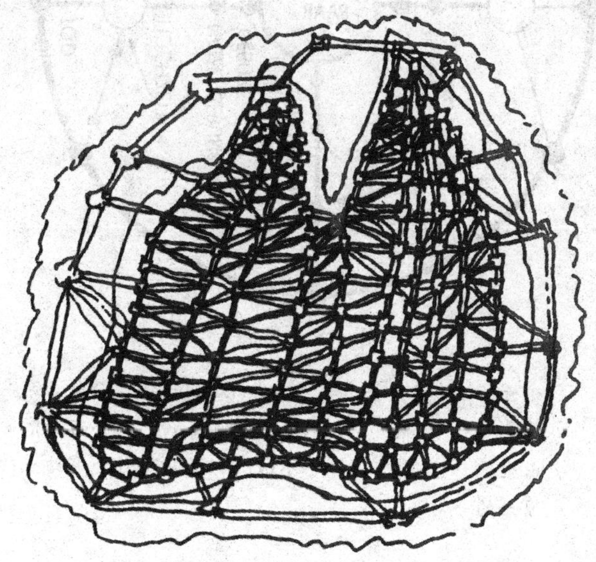

图 5-4 澳大利亚神秘的路线网络图，结点标识了原始时期的事件和历史，连接线则标识了相邻种群之间的关系

① 参看 Thiel 1990：143. Stöhr 1992：61.

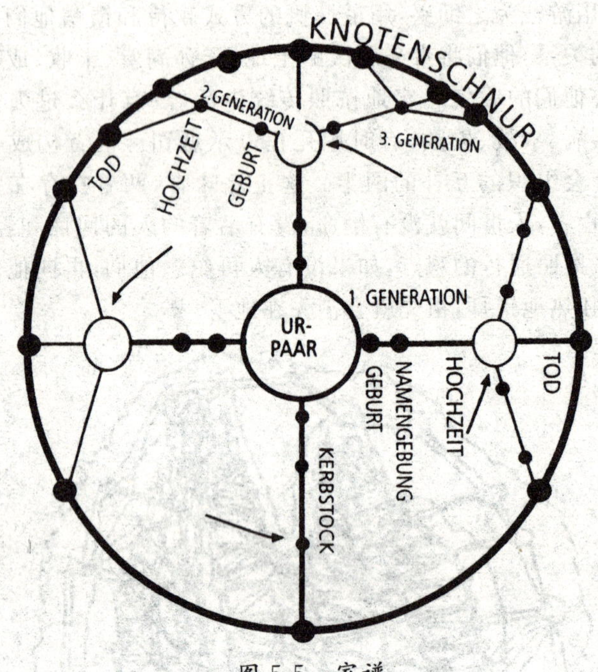

图 5-5　家谱

Tod	死亡	Namengebung	命名
Hochzeit	婚礼	Kerbstock	有刻痕的棍子
Geburt	出生	KOTENSCHNUR	有结点的绳子
URPAAR	原始的一对		

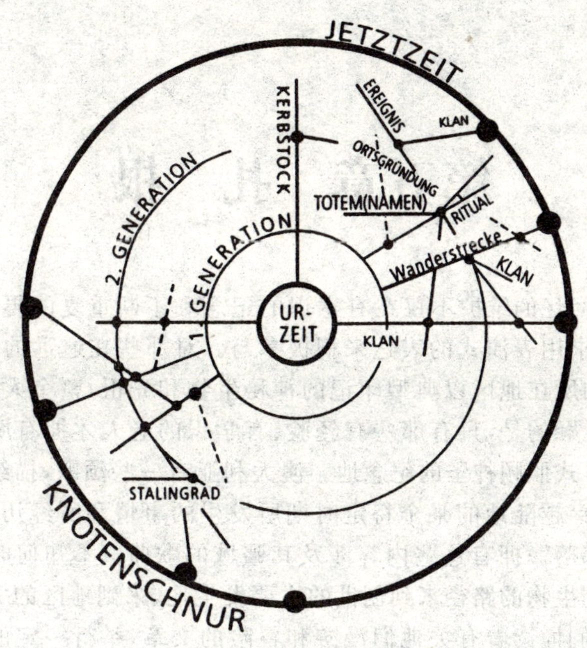

图 5-6 漫游的传说

JETZTZEIT	现在	Ortsgründung	地方的建立
KNOTENSCHNUR	有结点的绳子	Totem（Namen）	图腾（名称）
URZEIT	原始时期	RITUAL	宗教仪式
Kerbstock	有划痕的棍子	Wanderstrecke	漫游的路段
Klan	部落	STALINGRAD	斯大林格勒
Ereignis	事件		

第五章　扎　根

因此，对回忆的维护不仅在有意识的纪念和不断重复的再述中消耗殆尽，它也总要求用表演式的表达来积极参与。对那些在遥远的"梦样时期"给一个群落的所在地区以典型印记的神秘生物和先祖，整个人类感到责任重大。毋庸置疑的是，只有那些有经验、有学识的老人才拥有魔力和权威，可以用适当方式照顾神圣的纪念地。澳大利亚有一些颂歌，描绘了"梦样时期"的生物在穿越陆地的某个特定时期所发生的事情和所经历的冒险。当地的群落("部落")拥有这些内容涉及其疆域的歌曲。不知何时，人们开始沿着原始时期生物的路径来到创世的主要发生地，来到地区的"图腾中心"。在那儿，老人们诵读着有关他们漫游和冒险的文章，举行一定的仪式，目的是持续的复兴和获得，以及在可能的情况下增加占据这些地点的力量。在这里，上面用图解方式描述了这些地方和"梦样路径"的神圣木板也被小心地保存起来。[①] 为了使过去也使将来保持活力，人们用已经转化成宗教仪式的回忆，召来可获得植物、动物和人类并增强其活力的本地原始图腾之力。通过这种方式，词汇仿佛变成有血有肉。

在更紧密的圈子里以及表面的旁边，人们对亡者的祭礼进行模拟。[②] 比如一些家庭为死者在户外竖立墓石，有时是石碑(新石器时代的巨石)，就像在马达加斯加的查非美乐利族所做的那样，或者在农庄的一些地点建造祭坛。在这些地方，人们定期为祖先上供，"以在前人和后人之间建立持久的联系"[③]。那些姓名早被人遗忘的亡者，人们也通过回忆他们的作品来纪念——原始社会所创造的泉水、丘陵、洞穴和河谷，古代或由此转变而来的

---

① Helbling 1977：286 ff.

② Baker 1993：123 f.

③ Bloch 1995：71 ff.

第二代高度文明时期出现的庙宇、桥梁、雕像、宫殿以及他们当时建造及引入的设施。在罗马，每年 12 月 11 日人们都要过“七丘节”(Septimontium)。虽然公开地是在同一时间，但其实七丘陵的居民是分别庆祝，为的是每年都能用创建群落最初的独立来唤起城市的形成和一体。[①] 除此之外，他们也总会为重大的创建、机构和节日的投入使用、重要的历史事件等举办大量其他的庆典。[②] 一年当中，像项链上的珍珠一样，排列着近千年历史中最重要的阶段用于回忆的仪式：“从青铜器时期松散的村落，到聚居的国家和一座毫无希望的人口过剩的城市。”[③]

因为回忆通常与一次事件有关，对事件形象化的跟踪就成了最合适的方式。在不同于古地中海和古希腊、罗马的其他高度文明国度里，统治者们也使用这个手段来尽可能吸引人地使历史（即他们的历史）形象起来，就像他们希望它被看见一样。比如在巴厘岛南部，通过移民和侵占而获得权力的群落，更多的是居于领导层的家族自己所在的群落。每年，他们都要举行仪式庆祝定居、决定性的胜利和王朝的建立，方式是让人将全部历史浓缩到一些重要事件，尽量忠于传说地表演出来。[④] 今天，在许多传统王国（如一些西非的王国）里，部分无聊且复杂的宗教仪式程序还一年一度地在一个重大节日期间，用一个个场景令人印象深刻地刻画着帝国历史上的重要时期和事件，以及最终的权力更替和当前朝代的建立。他们在戏台上“穿着戏服、戴着面具”，行为具有戏剧效果，伴随着音乐和舞蹈。[⑤]

尽管如此，空间中的运动扮演了一个非常重要的角色。它将时间上的距离、事件的次序和重大事件转化为直接可视的舞蹈形象，并让公众仿佛一起巡视了事件——就像每年基督徒在受难行列中又一次回想起基督的受难之路，他们在每一站都会停下来虔诚地祷告。

通过表演来领会回忆的原则显而易见是古老的。在澳大利亚，初创阶段的领袖和受洗者一起走完那些神秘路段。领袖们建立了一个圣地后，就向受洗者公开。他们通过“tjurunga”（原住民宗教中一个虚构的生物和仪式中的物件，通常用木头或石头制成，用以代表或显示这样一个生物）上的岩石绘画和装饰图案来熟悉在那儿发生的事情。同时，他们还教授受洗者当

---

① Cancik 1985-1986：250.

② Cancik 1985-1986：255.

③ Cancik 1985-1986：258.

④ Hauser-Schäublin 1997：105 ff.

⑤ 参看 Ritz-Müller 1998.

地歌曲、舞蹈和宗教礼仪。所有这一切，如同澳大利亚人种学界的巨匠阿道弗斯·彼得·埃尔金(Adolphus Peter Elkin，1891～1979)所概述的那样，有助于“不断重新激活过去，就像他们在神话中流传的那样”(ritual is a reenactment of the past)[①]。在北美东北部阿耳冈昆海滩的群落(阿布纳基族、密克马克族、佩诺布斯科特族等)中，人们在一年之始走遍文化英雄格卢斯卡贝原始时期走完的路，在他逗留和立下伟绩的地方(那些通过花岗岩石块、古怪的砂石柱子和岩层、孤零零的丘陵圆顶等成为明证的地方)停留、斋戒、祈祷并祭祀。[②] 在加利福尼亚中部的印第安人(尤罗克族、卡罗克族等)那里，牧师们每逢岁末年初都要沿着原始时期祖先的足迹进行大范围的旅行。在此过程中，他们代表和扮演这些祖先。八至十天，他们在所有对创世意义重大的地点停留、洗净自己、歌唱该地特有的圣曲、祷告、点燃宗教仪式之火，以使世界重新活跃起来，并给予它下一年度所必要的支持。“只有当宗教仪式发生在祖先当初举行它们的地方，其作用才是真实可靠的。”[③]

类似的“纪念性宗教仪式行列”也来自远古的高度文明，古罗马并不是最后一个。圣地和古城对此加以证明[④]：像一张情景化了的卡片所展示的那样，“宗教仪式行列的路线刻画了扩张和中心化的不同阶段”[⑤]。稍后，为了在足迹中改变耶稣，朝圣者到遥远的“迦南”朝拜。历史知情者来到古老的地中海国家旅行，特别是希腊。驱动他们的愿望是，亲眼看看西方思想史最初时期的创建地和留下的足迹，站在希罗多德和希波克拉底(Hippokrates)、苏格拉底(Sokrates)和奥古斯丁(Augustinus)可能曾经生活和发挥过作用的地方。今天，中学生为了更了解他们的历史，到“国家级纪念地”和历史博物馆郊游。是的，我们中的每一个人，当回忆所经历的岁月时，总希望回到童年、青少年、大学和开始职业生涯的地方，再次走一遍其中的一段或者另一段路，在值得回忆的地方再逗留一会儿。这样，在走遍生活之路时，我们可以让记忆中的生平和故事再次复活，评价什么可能是正确和好的，认识什么是错误和后果严重的。这样，我们就可以为所有的一切找出一个可用于将来的意义，重新给未来一个支撑和定位。

这就好像走过一条铺设在地上的有结点的绳子。在帝汶岛东部的曼姆

---

① Elkin1934：173（强调：甘马挽人）

② Gehlin 1995：186 ff.

③ Kroeber & Gifford 1949：105；参看 3 ff.

④ 参看 1985-1986：255.

⑤ Cancik：a. a. O.，258.

拜族那里，叙述被理解为在空间上将人们从一个出发点带到终点(across space and over time)的“漫游”(walks)。在形式上，吟咏者让自己被一个前置句领起，“沿着祖先足迹留下的路径”，以使被报道的事情看起来在一个框架中，像是紧跟在先前一个事件的后面。他提到叙述中的英雄开始旅程的地方时，就像用手指一个个触摸虚拟绳子上的绳结一样，按照顺序触及所有他拜访过和觉得值得回忆的地方，直到最后抵达终点。[①]

周、月、年就这样流逝，不可逆转。人类用一生穿越它们，而不能返回。美国西南部的普伟布洛印第安人将生命理解为一条唯一的“路”(*the road*)[②]。不仅是他们。比较不由使人产生想象。德语中的说法与此类似，为“生命之路”。虔诚的基督徒将生命理解为“朝圣者的行程”，到田野中去，到水边去，直到他们最后疲惫不堪地——如被巴洛克诗人约翰·克里斯蒂安·京特(Johann Christian Günther，1695～1723)凝成诗的画面一般——抵达命运的港湾：

我的耳朵听见了信号
唤我到船儿那边
让我把帆儿放下
我墓室的港口让我
不再失意
天堂成为我的家
好吧，我们到岸了
下来吧，疲惫的灵魂，下来吧

每一条较长的路程都有许多站，生命之路也是一样。在这些地方——人们要么因为麻烦而被迫，要么为了休息一下——停下来让时间中断片刻，回头看看，回忆，可能还尝试着解释，以将那些看起来有价值的经历从过去的日子里挖出来，然后把它作为剩余路段中能使人振作的干粮带在身上。

原始社会中，人们通过宗教的仪式化来确保值得获得的价值。这些仪式出现在事件进程的转折处、时节的更替点以及生命的截面处；出现在面临可能使事情误入歧途的危险时，以及确保存活的次序遭到威胁时。值出生、命名、进入青春期、婚礼、职位轮替、开始播种之际，或者丰收以后，以及其他许多在传记中或日历上固定的重大转折阶段期间，人们都要以约定俗成、流

---

① Traube 1989：331 f.

② Reichard 1944：28.

传久远的方式约束行为。这一方面是为了抵御有可能对传统造成的伤害，另一方面则是为了再一次加固与祖先及原始生物之间有时已经松动了的关系。固定时刻，人们在圣地和陵墓祷告和祭祀。[①] 成年式期间，年轻人被群落中戴面具的老年男子代表的祖先用宗教仪式的方式杀死，然后重生并学习他们文化的中心意义。安葬仪式的目的是将死亡的人安全地护送到亡者的国度。“新年”，即成功收获之后，人们和被邀请为客人的祖先共同进餐，为的是再次保证与他们的家庭和亲戚的联系。这是得以存活的先决条件。

上个年末，仪式内容涉及地区和群落的获得，方式是巩固主要圣地以使其现实化。[②] 按照传说，自远古时代被投入使用起就没再改变过的重要宗教仪式，将所有的人——活着的和死去的——包括在内，仿佛强健了将该群落深深固定于泥土、历史、创世过程的根系。以前，澳大利亚北部的土著曾在小池沼或池塘里沐浴，以使自己的汗水与原始圣地的水混合在一起。[③]

因此，具有重要意义的仪式只允许由这片土地的本地人自己来进行。所有人都必须到场。[④] 在后原始社会才变得必要、时间确定的、属于生活“表面”的工作必须停下来：节日期间，世界开启，仪式就是原始时期与现代的直接联系。它们仿佛和周而复始的类似性一起进入表面事件，创造出永恒的岛屿地区。在这些地区，原始社会的次序结构不再被可变的迷雾弄得模糊不清，而是比外表显得更加清晰可见。通过回顾创世事件以及英雄和祖先中的典范人物，这些神圣行为确保了未来。因此，特别是新年——偶尔也在野蛮文化和农耕文化中——被理解为“革新世界的仪式”。[⑤] 通过时间的流逝，这些仪式将行为、生活和事件中的个别片段“连接”成一个有效的整体。它让所经历的一定时刻像不太亮的点一样出现在描绘宇宙的带结点的绳子闪亮圆周的两侧。如果这些表面易逝的点开始不断增加，其影响力开始不安地波动，威胁性地加强，人们就动身前往圣地，重新打结将绳子绷紧。在那儿，人们获得力量[⑥]，在危急情况下获得安全[⑦]。就像在村落中央的集会广场和祭礼广场上老人们裁决的那样，传统中被弯曲的部分重新被扳直，从深处涌进生活的永恒的那部分化为虚无。在那儿，超验直接触及死去的人，不

---

① 参看 Hubert 1994：15 f. Ovsyannikov & Terebikhin 1994：58.

② 参看 Cancik 1985-1986：260.

③ Povinelli 1993：153 f.

④ 参看 Malinowski 1981：385. Gehlen 1995：149. Helbling 1997：287 f.

⑤ 比如加利福利亚西北部的印第安人：Kroeber & Gifford 1949：passim.

⑥ Theodoratus & LaPena 1994：24.

⑦ Stagl 1997：94.

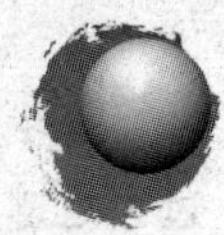

管过去还是将来。他注视祖先的眼睛，听见永恒的神灵的声音，如同赫尔德林在说："从那边将有神到来，他知道过去的一切。"[①]

一般而言，圣地的任何东西都不允许被改变，被用来吟咏的文字也一样。否则，会伤害其永远有效的要求。因此，原始社会的生活世界被分为四种空间形式，与此对应的是时间上的四种形式——时间、人群及具有某一地位的群体、叙述方式、格式化的戏剧性方式和度。

(1)最神圣的地方可追溯到远古。在这些地方，关于创世的神话由地位最高者用古老传说的方式及严格形式化的语言吟咏出来。内容关于神灵。人们用顶礼膜拜的方式举行纪念活动。

(2)一些地方，一般数量不多地分布在区域各处，让人想起较远过去值得回忆的事件。来描述这些事件的是仍然格式化了的但方式的强迫程度已有所减弱的传说、传奇和范例故事。其内容是重要的任命仪式、榜样性行为、冒险、觉醒的经历、战役以及伟大的后远古时代神人、祖先、创建者、英雄和国王生活中的转折点。一般由较年长的成年男子或者专门的英雄赞歌诗人来吟咏。为了纪念这些事件，人们在相应的地点举行宗教仪式。

(3)那些较近年代发生的非常事件，则用"故事"(stories)来描绘。这些故事任何人都可以讲述，它只包括不完全的格式化要素(开始和结束时使用的惯用语、复述期间大概在高潮时使用的特殊短语)。戏剧化处理则是任意的，它取决于讲述人的才能。

(4)最后，到处都可以进行自发而不受强迫的会话，传播"流言蜚语"，交流信息及不久前和现在出现的"新闻"。每个人都可以自由参与，就像讲话可以涉及任何人一样。描述再一次取决于谈话伙伴的任意性和模仿的可能性，而且不断出现自由的手势语言或者漫画模仿。

一个群落的传说以多种方式扎根于过去，使查明了种族成长起来的一致性的回忆能够对这些根脉作一探究：从中间神秘的根部开始，到表面普遍存在的会话不断伸展的细小分叉。分叉中的一部分进入传统的泥土里，大多数则被折断或者践踏、枯死以及再次丢失。

---

① 面包和葡萄酒 III 18.

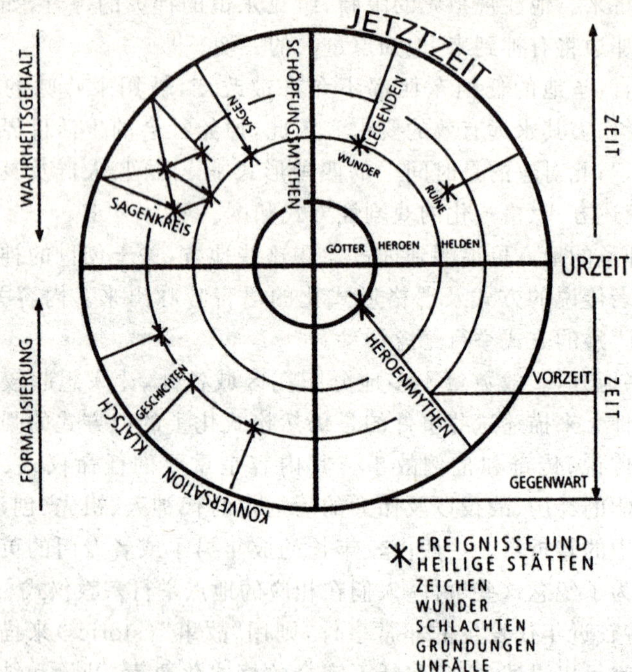

图 5-7 叙述方式

Wahrheitsgehalt	真实内容	Heroen	神人
Formalisierung	形式化	Helden	英雄
Zeit	时间	Heroenmythen	神人的神话
Urzeit	原始时代	Geschichten	故事
Vorzeit	史前时代	Konversation	会话
Gegenwart	现在	Klatsch	流言蜚语
Sagenkreis	传说循环	Ereignisse und Heilige Stätten	
Sagen	传说		事件和圣地
Schöpfungsmythen	创世神话	Zeichen	符号
Legenden	传奇	Wunder	奇迹
Wunder	奇迹	Schlachten	战役
Ruine	废墟	Gründungen	建立
Götter	神	Unfälle	事故

第六章 调 整

人们可以将原始社会看作一片具有危险不确定性的海洋中的次序岛屿。它们对世界的知觉由种族中心主义决定:每个群落都视自己为宇宙的中心。在那儿,造物主——自己种族最高的神——从创造地球的一开始就投身其中,直到完成这个作品。他赋予生命的第一个人,就是该种族的祖先。他直接由上帝的手捏出形状,拥有最高的资历,其群落作为第一个群落开始享受文化。这种文化后来能够被发展得尽善尽美,归功于它理想的先决条件和神学机构给予的直接支持。它看上去简直就是人类可能的存在形态的顶峰。由此导致的是,所有与之不同的东西不得不被看作塑造或发展不足的,不够正确、美丽和优秀的——从风景和气候条件到植物、动物、人和文化。在内部具有清晰结构和直线轮廓的东西,在外太空的外部世界似乎只能被扭曲、弯曲,以极端的方式杂乱无章地出现。

为了维护自身次序的存在,这个群落必须被可靠地保护起来。他们通过与外部划分界限和内部严格忠于传统信条来实现这点。通过广泛的一致行为,人们相互证实这种次序的有效性。神话认可它并使之合法化、教条化。对个人而言,可信的理由、特别重要的机构、风俗、行文规范和传说加强了它的可信度。通过持续的、本质上相同的经验来查实的过程,则促使人们形成具有罕见坚固性和稳定性的同一性意识。[①]

根据创世故事,原始的"岛屿世界"有一个仿佛水晶般的内核。中心机构、权威人士和官员、财富和传说直接积聚在那儿。在这里,原点和中点相重合。它们以"创建者氏族"的家谱为轴,在最深处和祖先一起牢固地扎根于神秘时期的土壤中,被图案原样表现出来,相互关联并在土壤表面被它们

① 我在不同的出版物中指出了这些联系,最详细的请见 Müller 1987.

最古老家庭围绕村庄构成的保护圈在一定程度上“密封”起来。时空结构的心脏部分，被看成是家谱的中轴、群落的命脉。这片区域不折不扣地构成了共同体的神圣地区，并始终在地形上距离外部世界及其不稳定的活跃性最为遥远，始终脱离世俗的可侵犯性。

相反，距离中心越远，坚固力就越弱，形状就越软，变成模糊不清的透明。将一个个圣地通过传说深深固定于土壤的直线，以及“故事”中所讲到的与经验相关的被播撒在各处而又相互关联的点，开始变得更像绳子，并且越来越多地相互交错。符合它们的事件，越来越具有误导人的波动性和个性，越来越接近最近事件故事的表层、日常交流和会话的主题。

在地区边界的另一边，所有的轮廓最后无规则地灵活变化，变得不可估算，从而具有威胁性。在那儿，野蛮民族在不可靠的、造物主没有完全塑造成形的基础上，艰难地生活着。这些野蛮民族大都在原始时期就已经因为一次严重的违法行为误入歧途，从而陷入不完全的外部世界。他们直到开始使用一种人类的语言才变得强大，才开始只具有不完全文化形态的生活，而且仍然与动物相似。与他们接触要承担不纯的危险，即内部的损伤。因为质上的不同形式，两个世界一般不太容易相处。因此，人们总以严格的宗教仪式承受不可避免的接触，以控制风险和减少可能的危害。

可是没有哪一种保护措施能够确保绝对的保护。接触随时都可能发生。如果它以不可预见的形式发生，那么陌生质地的东西侵入内部自身世界的常规领域只会造成危害性影响，只会发生令人惊奇的事件。这就是说，在一定程度上“发生”一次真正的“事件”，从事件的结构起就是一种罕见的现象，该现象会导致带有危险的变化潜能的危机状态。社会边缘的接触领域提供了使忠诚于传统的牢固度有所减少、使注意力有所减弱的合适土壤。

原始社会对此不仅做好了准备：为了存活，它们必须这样。产生的缺口被填补上，再次产生损伤——通过净化和赎罪仪式、祭祀以及其他弥补行为，来彻底恢复被干扰的次序。通过将作用混乱的点定位于传统时空事件的坐标系统中，即将其放入轨道并与熟悉的定位形象对应。目的是防止社会规则手册里可能的不正常运动扩展。

真相的自然力本身已发出邀请：点或事件总是有区别的。从来不可能有两个或多个点共同在空间上共同以及同时占据一个位置。这不仅符合粒子物理学的“保利原理”（根据沃尔夫冈·保利，1900～1958）；乔治·西梅尔（Georg Simmel，1858～1918）也已对历史进行了模拟：“每个事件都只能有

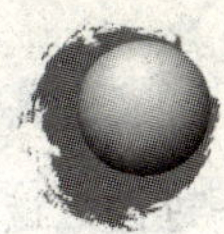

一个和它者不可交换的位置……这个位置只能是唯一的。”[①]

那么,有所区别的、被不同“事件”占据的时空圆点通过“线形”连接被带入一种关系。这种关系使个别事件失去其似乎“反常的”、作用危险的独特性。因为事件总是逐步进行的,即在不同地点、不同时间发生。它们也只能逐步地、在一定的空间和时间发生[②]——从“从前”到“以后”以及“现在”,从“那里”到“这里”,从年轻人到成年仪式范围内的成年人。不过因为人类主动或被动地参与其中,这同时也一直涉及到社会进程,以致个别的向前发展不是以中性的随意性,而是有指向地、按照一定的社会分类标准和意义标准进行。这基本上是普遍情况下的古代原理和特殊情况下的优先及年长原理:早期的放置发生在最古老的时空地点;对此,神话中有所涉及。传说中描述的事件,则从一些仿佛距今更近、更高、“更晚”的起点出发,以时空上不断继承的方式运动到各自的生活领域和现今。这两种情况下起决定性积极作用的是年纪最长的那些人——创世者、先祖、建立者。值得回忆的伴随性事件总是在最初的实施之后才发生,并由较年轻的人开始进行——神、神人、最早诞生的儿孙。特定的空间、时间和生命阶段以这种方式进入对等关系,并共同构成社会时空历史的核心轮廓。

为了使这个方案保持必要的确保安全定位的支撑物,它自古以来就不仅需要具有被保证的连续性,而且也需要现在稳定的措施,特别是当“事件”发生强烈接触不断增加、看起来像在疯狂地加速[③]以及轮廓模糊不清的时候。在原始社会中(不过不只在那时),这主要以五种方式发生:

(1)事件呈直线排列,即一维排列。一个接着另一个,以致让人产生因果相连的印象。为了不使这些线条不致仿佛无穷无尽,人们将其连接成将事件嵌入在内的二维平面。

(2)为了避免这些向前的发展出现差错,人们让事件顺序循环往复。线段在一定程度上被理解为圆弧平坦的部分,被理解为封闭整体的一部分。可以这样说,平面被“旋转”,结果是出现三维“立方体”。用更正确的说法——因为这涉及到事件——是产生了四维时空系统:损坏的工具被修好或被新工具代替,赠予他人礼物会得到回礼,做出成绩会得到回报,违法行为被赎罪和不断的善行一笔勾销。年复一年,农耕劳作的节奏不断地重复。人类获得生命,茁壮成长,渐渐老去,死亡,然后在几代之后得以重生。事件

① Simmel 1957:48,49.

② 参看 Toren 1995:163(斐济). Morphy 1995:188.

③ Müller 1995:16.

的进程与自然的生命及时节的循环相切合。它们曾是创世的一部分,并受此约束,通过对神的确立而获得认可。

(3)时空历史的线段之间最重要的节点,通过仪式化仿佛被"钉牢"在那些据称是神圣、超验的地方。在这些地方,空间浓缩为零维度而时间变为永恒。

(4)通过将其与一定的人,诸如祖先、一个村庄或王朝的创建者、伟大的国王、统帅或先知,与家族、迁移、征战、一定的部落和阶层,与该民族历史上的重大事件和剧烈变革相联系,人们从社会层面透视事件、次序、分组和循环。四维时空扩展出第五维:社会之维度。

(5)为了让这个体系更接近生活、更清晰可见,并通过回忆让过去的事可以获悉,人们回到事件出发点,一段段地、一个接一个事件发生地地步测曾走过的路:澳大利亚发起者和长者一起沿着神秘的"梦幻时期路径"拜访圣地;西非莫西国国王每年在一个持续数天的较大节日期间,骑马或步行沿着他们"占领史"的路线走一遍,并在祖先的坟墓处逗留祭祀;信徒则到耶路撒冷或麦加朝拜。[1]

人们也许认为,空间对所构想的历史图景具有基本意义。运动标记出在记忆中受一定事件影响并与事件经过融为一体的线段、点和面。[2] 但事实并非如此。历史时空的构建在意识中首先是和记忆联系在一起的。这种关联,从特殊角度来说,遵循该群落的文化传统;从一般角度而言,则遵循思想意识形态的规范。前者将空间区别开,赋予一个个点、线和面以含义,一种对人类而言总是有着历史象征价值的特殊的质。[3] 后者则意味着空间、时间以及通过事件进程而形成的两者的联系,是种族中心表象的机能:历史在运动着,一定程度上在向上运动,一直运动到自己所在的那个群落,并在该群落的经历中达到最大价值。在那儿,它获得意义,因为它是理解世界不可缺少的一个组成部分。在这里,在现在和空间上的附近,只要是连续不断地遵循自古相传的传统的事物,就都是正确的、真实的和好的:这些价值是等值的,它们构成一个互补的整体——终极世界的理想次序。形成强烈对比的是,"在外部","在远处",有一些"不正确的"、"虚伪的"和"糟糕的"东西以一种极端一致的方式在世界的尽头与之呼应。[4] 对此有一个例证(这个例子可

① 参看 Leed 1993:160.

② Morphy 1995:188.

③ 参看 Durkheim 1968:23 f. Simmel 1922:474. Treinen 1965:77 ff.

④ 参看 Müller 1996:160 ff.

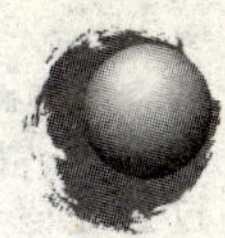

以通过其他许多任意的例证得以补充)：美国人种学家加里·戈森(Gary Gossen)在墨西哥的恰帕斯州不止一次被恰姆拉人询问，他们国家的人是否相互撕咬吞噬。加里·戈森惊奇地否定了这种说法，并反问道：这种情况在恰姆拉族普遍吗？这使得后者狂笑不已。戈森在几次谈话以后渐渐明白，这种设想是完全有其依据的。恰姆拉人假想，合众国位于遥远的世界终端，那儿的境况只可能完全不同于他们高度发展和高度文明的社会状况。他从人种学的角度慢条斯理地作出令人惊异的总结："好的社会局面，以其最纯净的形式，只存在于包含了恰姆拉人风俗习惯的道德宇宙的中心。"[①]

自身世界接触到外在陌生世界时，不可容忍的东西不期而至，虚伪恶劣的东西与正确优秀的东西混合起来。这在最有利的情况下，使人开心、遭人嘲讽，不过在一般情况下更多的是受到玷污和破坏。因此，特别是在它们接触的领域存在这样一种广为流传的设想，即从前存在"纯净的"、没有被混合的情况，"一切都更好"。[②] 如果没有不可预见及模糊了纯净和次序的情况发生，所发生的事情看起来在"唯一再生"的循环轨道上有规律地运动着。从近现代的意义上，没有发展历史意识的需求。

原始社会也可以被理解为系统。描述这些系统最为基础的是：(1)对该系统的定义；(2)系统状态；(3)系统状态的改变。前两个前提条件已经决定下来，最后一种情况在"传统"条件下只有短期意义：突变和损害，通过所谓的修复措施"被取消"。相应地，在一个五维度系统里，就像社会的时空历史所描述的那样，所有的时间和进程都通过它们在所属的五维度坐标系里的位置被充分确定下来——比如一项革新，一般会由创始氏族的最年长者于新年公开征求意见的集会期间在聚居处中心的村落广场上以庆典和正式的方式加以宣布。

每一个人——定居该处的活着的人——原始社会往往这样看待。没有两个同样的人，但所有人原则上都遵循同样的行为规范和观念准则：每个人都按照种族中心的表象对他们在世界上的优先地位深信不疑。这让他们从一个高地位观察者的角度，显得极其相对。但就像已经说过的那样，这实际不会导致一个绝对岛屿的存在。接触不断出现，而且它们在许多情况下由于生存的原因(婚姻关系和贸易关系、联盟以及更多其他原因)是不可免除的。最迟从公元前 4、5 世纪之交诞生了太古代高度文明的铜器和青铜器时

① Gossen 1974：29；参看 249 f.

② 参看 Müller 1995：15 f. 1996：157.

期起，这些接触就开始渐渐增多，并带来大量后果。起初是军事分歧，很快就扩展为强盗与掠夺行径、侵占和相互的排挤。随之而来的是某些部分地在广阔空间内进行的人口迁移（特别是在青铜器时代）——一步步深入到原始社会的生活空间。这些原始社会的历史圆圈虽然因此得以扩展，但同时它们自身原本的范围也在变革过程中变得模糊不清。多兴趣点、分散的系统轮番替代岛屿—人种中心化的唯一性。①“永恒的”相对状态瓦解了。具有人种上多个地位群体的分等级、不平衡的力量对比形成了。求同意识中受到的刺激还要尖锐：结果是导致人种中心的自我认识发生震荡。人们开始为优先地位、为是否能获得现实的成功机会而竞争。每个群落在寻求理由，确认合法性方面的需求因而提高。这种需求不再仅通过回顾自己的神话就可以满足，而是要求提供共同接触史中形成的令人信服的论据。结果有三点：

(1)因为优先和年长构成了社会级别顺序等级化的普遍标准，更精确地确定时间距离就显得愈为重要。要求的差别越是细微，对事件和次序的编年定位过程就越是要准确可靠。

(2)传说“具体化”为历史。在原始时代和现代之间最初的黑暗时期，“较近”的事件关联的轮廓、人种差异及变动进程的映像开始变得清晰可见。为了能够持久，它们需要历史的证明。大且耗费时间的循环从前的圆弧仿佛伸展开来，越来越多地被直线化——通过家族史和事件序列仿佛变成直线，然后通过重大事件的节点和交点交织在一起。

(3)增长的竞争压力急迫地要求被证明它是具有抵抗力的，要求历史的“客观化”。为此，将“事实”文献化特别受到欢迎。对“有证明力”的回忆片断（个人收藏的重要历史人物的遗物、世俗及宗教象征物、供品、战利品）的收集和存放、在历史重要地点树立“纪念碑”以及将流传至今的口头传说“文学化”，成为经检验而行之有效的辅助手段，并变得越来越重要。虽然被这样文献化了的东西的持久性得到巩固，但它同时也失去了“生命”。因为它脱离了原本的情境而变得“枯萎”。历史“事实”被僵化成“客观”信息化石般的数据承载体。它们讲得更多的是事件，而很少涉及引起、经历以及赋予其意义的人。

在较大的军事变革期间，就像在青铜器时期可能发生的那样，平静时期交替出现。当一个群落成功地占据他人上风并重新巩固这种局势的时候，

① Müller 1987：376 ff.

后者就出现了:一个"帝国"诞生了。从此,由获胜者决定如何对流传至今的传统进行选择、复述以及评估,即由他们来确定占据统治地位的世界观和历史观。而他们在其中扮演领导者的角色。他们在一定程度上自然生发的种族中心思想提升为绝对的优越性思想。由此在胜利者和失败者之间滋生出多数时候潜在的有关身份确认的矛盾。这些矛盾在下列典型的表达方式中成为最主要的事:

(1)伴随新统治者领导角色而来的是尖锐化了的合法性问题,因为他们想持久地维护自己的地位。解决办法只能在他们自己获得的预先规定范围内进行,为的是在被统治者那儿显得更有说服力。但出于优先原则,又必须进行追溯。这存在多种可能性:

(a)人们将统治者的家族史追溯到本地神秘传说中的一个类猿神人或者神灵身上。

(b)人们创造出一系列起源神话:因为创建者的氏族成员作为这片区域最古老的定居者,通常要承担让土地、牲畜和人类欣欣向荣的责任,而占领者也对这种魔力有所依赖,因此神话往往如此扩展——古老居民的祖先从土壤里钻出来,或由泥土变来,而统治王朝的祖先则来自天上,即为某一个神灵的直系后裔。这往往构成由国王来负责丰沛雨水的理由:两个群落相辅相成,共同为这片土壤上人类生命的获得而努力。

(c)人们使那些传奇故事广为流传。在这些故事中,统治王朝的祖先或常胜部落的首领由当地土人的神派遣而来,或受其委托将当地人民从一场恐怖的灾难中拯救出来,或是将他们从忘却传统、腐败的统治层手中解放出来。在这两种情况下,权力交替都意味着一个全新救世纪元的开始。

(d)人们利用著名的"国王传奇"。根据这个传奇,统治王朝的创建者源于当地的一个统治家族,在王位继承上拥有法定权利。与之相竞争的群落却将他流放至荒郊野岭,认定他在那儿不久就会死去,试图以此来夺取王位。然而,出现了一个"奇迹"——动物(动物形象的神力)给予其关怀,抚育其成长,并赋予其不同寻常的智慧和巨大影响力。就这样,成长起来的他带着这些装备回来了,将与之作对的人统统除掉,然后作为按照古老的本地法律而存在的唯一合法统治者继承王位。

无论什么情况下,戏剧性的转变都是符合神的意志的。这个转折是从一个昏暗的没落阶段到一个明亮而充满希望的觉醒阶段的过渡——就像从前救世主在一片混乱中创造了世界一样。扮演将救世主的作品逐个继续的文化英雄的,是这些新主人。这些变化不过使自古使用的法则重新生效,是必要的修正，绝对符合一种明确的前进式发展。神派来的人类使世界焕然一新，随之历史才开始得以积累。对统治者而言，将历史保护起来因而变得十分重要。在古老的以及较近的传统国王文化中，经常有一些自己的专家即所谓的“宫廷编年者”受到官方委托。他们要么在设定的典型时刻诵读统治者家庭的家族史——有时用个别祖先的光荣业绩及其统治期间的事件稍微粉饰一下，要么将其用书面方式记录下来。①

(2)被征服的人们还想知道他们的身份，却失去了表达这种意识的可能和权利。为了保证他们在未来也能生存，就必须为失败准备好一个有意义的理由。按照通行的观点，只能将具有一定规模的传统断层和少数尚正派的责任承担者不再有能力取消这种断层视为失败。看来，从现在开始，还只有那个准备性世界里的“最年长者”能够找到解决办法：先祖们，有时是神，有这种能力。事实上，他们已经树立了巨大的符号。按照遗留下来的他们自己的信仰，“野蛮人”的入侵和胜利因社会风俗的没落和破裂而愈加容易。这是他们的行为，最后一次告诫性惩罚。目的是不会引起任何误解地指出，他们已经逾越了许可的范围。如果再不改过自新，就要没落了。可能会出现如下反应：

(a)最后一批不屈服者加强忏悔和赎罪的活动，更加争取一种不受责难、严格符合传统的“纯净”生活，希望以此重新得到祖先(以及神灵)的宠爱。这样，就有指望让祖先或神灵给他们派遣一个“救星”——通常是本民族里某一个本想躲避占领者而现在重新归来打击敌人并将其驱逐出去或灭绝的人。

(b)先知们站起来，督促人们忏悔和改过自新，放弃所有与传统相违背的革新，并通过预告即将到来的情况的转变给予其希望。祖先们将回来，让被压迫者变为主人，现在的主人变成奴隶。最后面的人将成为最前面的人。原始时代起就存在的人际关系将重新归来。一个全新并将永远存在下去的救世纪元即将来临——这是排外的“救世运动”通常的消息。

(c)被压迫人民中的较年轻者接受了这个消息，并同样积极地致力于重建古老的传统关系，但不乐意等到所谓的“世界末日”。他们拿起武器，试图用武力直接推翻现在的一切。他们组织“地下”斗争，组建“反抗群体”，宣传“解放运动”——这是基于“原教旨主义”的革新和变革性意识形态通常的消息。

---

① 参看 Westermann 1952：16. Vansina 1965：32 f.，48.

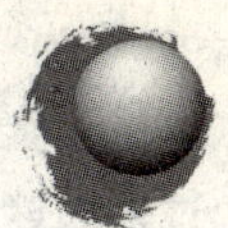

(d)被压迫者挣脱主人的枷锁。不过，还有屈辱感以及因为狂妄自大地认为本民族无与伦比和非常优越而带来的创伤。如果发生这些情况，可能会在既定条件下出现一种截然不同的反应：事实上，自己的民族总是第一个从所有民族中“被挑选出来”的那个。被奴役是祖先或神进行的一次测验，目的是在艰难的条件下更加清晰地当众提供证据。在被迫害的日子里，基督教徒们比日后更加坚信他们是地球上所有人当中一流的。[①] 尤斯蒂努斯·马蒂雷尔(Justinus “der Märtyrer”，2世纪)说：“我们不仅只是一个民族，而是一个神圣的民族。我们不是被人轻视的牧区，也不是野蛮人的后代……而是神的选择。”[②]第一次世界大战中阿塔图尔克(Atatürk，1881～1938)在奥斯曼帝国失败后，成功地将希腊人及其西方同盟赶出小亚细亚，并建立了现代的土耳其国。这之后，他在许多改革中也设计了一幅全新的历史图景。根据这幅图景，土耳其人的祖先从原始时代起就居住在安纳托利亚，公元前7世纪就在那儿创建了最古老的文明。然后，因为一次气候的变化被迫成辐射状地迁往欧洲、希腊和意大利，迁往美索不达米亚、埃及、印度和中亚。在那些地方，他们对远古高度文明的形成作出了决定性贡献。不过，他们的家乡却临时安置在了亚洲内部，并在那儿实现了所有的民主理想，度过了一个“黄金时代”，为的是在中世纪某种程度上“重返”安纳托利亚。[③] 在伊朗，抗议者提出申请，让本土皮克腾人的嫡系后裔进来，将文明及基督教带到岛上来。[④]

(3)敌人的入侵遭到顽强的抵抗。局势稳定不下来，因为不断有暴动，可能还有来自外部的干涉。国家越来越陷入到战争的旋涡中。村庄火光四起，田地变成荒野，不计其数的人失去生命；饥荒和瘟疫爆发；幸存者在混乱的人群中毫无目的地、掠夺似地四处游荡，或者企图逃避灾难。亲属纽带解体，社会道德败坏，传统不再具有分量，混乱居于统治地位。

这些情况下总是发生同样的事情。个别机敏又果敢的武士带着积极性、充沛的活力和一定程度上确保其不断胜利的超凡能力，磁铁般地吸引了越来越多的背井离乡之人。这造就了中心有着卓越首领形象的武士群体。他们起初规模较小，很快便发展壮大。“服从”所连接的不再是亲属，而是责令他们特别是面对首领时至死都要团结一致的“效忠誓言”。一种“原始共

---

① Jüthner 1923：94 f.

② Dialogus cum Tryphone Judaeo，c. 119. 参看 Müller 1972-1980：II，258；参看 251 ff.

③ Isaacs 1975：123 f. Berktay 1991：107 ff.

④ Buckley 1989：183 f.，187；参看 189.

同体”形成了。希望平等、共有和(准亲属关系的)博爱的理想决定了它的特点。首领独一无二地拥有至高无上的地位、无条件的权威和绝对的命令权。不过,他有义务“父亲般”地照顾和保护跟随他的人。

如果这样一个群落持续获得胜利,局势就会渐渐变得平静,人们会要求占有所掠夺的地方,继而要求这块地方变成他的财产。接着,就有必要建立一种新的社会次序。“公爵”用土地和官职奖励忠于他的人——采邑制度形成了,并于稍后在局势持续稳定的条件下过渡为一种封建制度。

出现创造性转折点的时代继续存留在人们的记忆中,而帝国的缔造者和忠于他的人则成功地在混乱中创造了一个全新的世界。曾经的一切,全都消失了。大地好像得到了洗涤:土壤重新回到了“原始状态”。讲述其诞生和形成的古老神话,栖身于泉水、河流、洞穴和森林深处的精灵,地下的祖先连同他们的坟墓,都被这些事件冲刷掉了。取代原始时期神仙和神人地位的是转折时期的英雄们。传奇、叙事诗和歌曲讲述着他们的故事。桥梁、河谷、沟壑和山口在一定程度上作为困难时刻具有决定意义的战役、光荣行为、牺牲者、象征或奇迹的“历史”纪念地而获得全新的含义。其他地方则让人回忆起在此地示范性地被初次授予的特别的美德、头衔或者缔结的条约。官邸珍宝馆里的服装、首饰、酒具、武器和战利品令人回忆起创建时期的英雄和胜利。国家慢慢形成后,零星的传说就连成“王朝历史”的全部。历史的开始是讲述了半传说半历史的传奇式起源的“源头”。

所有这一切更新的只是措词。叙述的基本特征保持不变:一个英雄用严厉的手段(在神的支援下)创造了一种新秩序。然而,这些关系现在不能完全翻滚到过去“岛屿”文化古老的循环轨道上去了。四周埋伏的潜在威胁随时会变为战争。太古代的高度文明国家不仅必须保持警惕,始终武装好自己,其统治者还得首先使自己的臣民坚信他们是“优秀的牧羊人”,是可以信赖的保护者。站在他们后面的是神,有权力的人应该将必要的效力归功于他们,而他们能够保证未来的成功。

就像一个个前现代国家的形成过程那样:它使自己凌驾于别国之上。胜利者的种族中心主义演变成为绝对的至上意识,正是由天堂的“上帝”亲自使之合法化。人们用行政处罚,有时则用血腥的暴力,使由于尖锐的利益矛盾而进一步加深的种族间及社会的敌对关系得到控制。通过各种各样的传说,王朝占据统治地位的“官方”历史传统开始被重笔画出。它为权力金字塔的等级制度提供了理由。回忆继续存留在传说和传奇中,直到它按照一直存在至今的看法在位于世界边缘的遥远的荒芜之地彻底灭亡。在那儿，按照利奥波德·冯·兰克(Leopold von Ranke)和其他许多人的观点，栖息着“一个永恒静止的世界的人民”。[①]

在中间区域，特别是在帝国边缘附近的地区，“野蛮人”始终是潜在的危险。因为这个原因及一系列其他原因，在“中心”形成了帝国主义学说。内部经济上掠夺似的开采，唤醒了不断增长外部资源的需求。这驱使帝国主人发动范围越来越大的以剥削和占领为目的的战争。[②] 这些行为的合理性来自他们认为自己绝对至上和“野蛮人”低劣的意识。如果被征服者想获得种族独立性，就必须渐渐融入帝国居民中。这样，他们自己的口头传统才更加接近官方历史“主要河流走向”的轨迹——他们被认可为历史伟人。据中国史书记载，越南古老的居民在公元前111年被“中国”纳入统治下后才被载入史册。[③] 对塔西佗(Tacitus，约55～120)来说，英国人值得记录的历史是从划归罗马帝国开始的。[④] 穆斯林历史的编纂者“只有当……非穆斯林与穆斯林世界直接接触时，才会讲述关于他们的事情”[⑤]。非洲及其他国家的历史始于成为殖民地。如同中国、马来西亚和印度的历史书写者所理解的那样，这些野蛮人从“野蛮”变得“顺从”。[⑥] 优秀者已将剩余世界完全纳入视野。越来越少的“与历史无关的地区”留了下来，它们仿佛是古老岛屿文化化石般的见证人。

---

① Ranke 1866：VIII.

② Müller 1983：294 ff.

③ DeFrancis 1977：3.

④ 参看 Tacitus：Agricola，c. 13-17. 参看 Müller 1972-1980：II，60，192.

⑤ Spuler 1955：130.

⑥ Müller 1996：183 f.

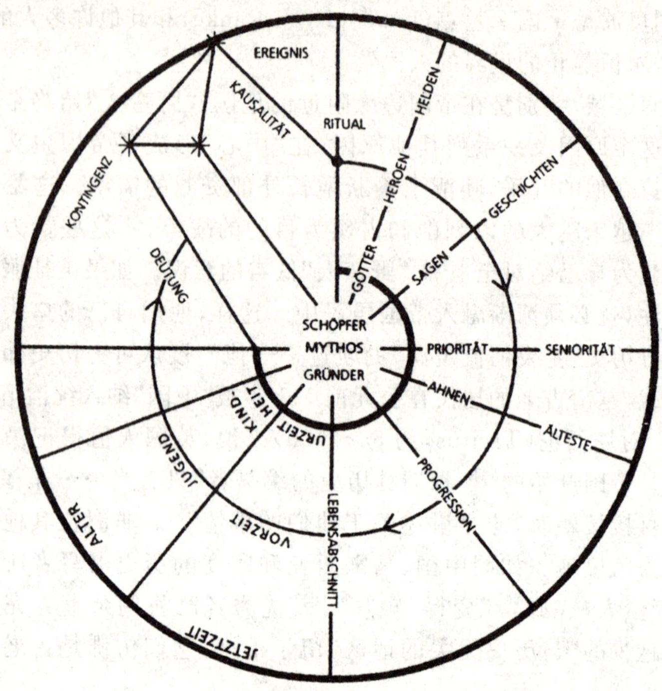

图 5-8　事件的捆扎

Schöpfer	创始者	Progression	向前发展
Mythos	神话	Lebensabschnitt	生命阶段
Gründer	建立者	Urzeit	原始时代
Ritual	宗教仪式	Vorzeit	史前时代
Götter	神	Jetztzeit	现在
Heroen	神人	Kindheit	童年
Helden	英雄	Jugend	青年时代
Sagen	传说	Alter	老年
Geschichten	故事	Deutung	解释说明
Priorität	优先性	Kontingenz	份额
Seniorität	年长性	Kausalität	因果关系
Ahnen	祖先	Ereignis	事件
Älterste	最长者		

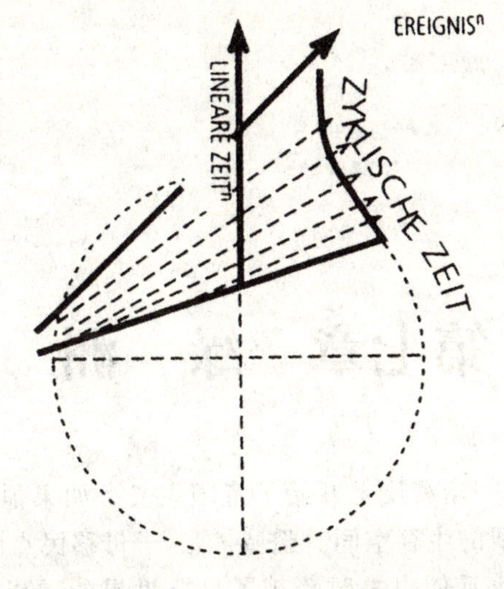

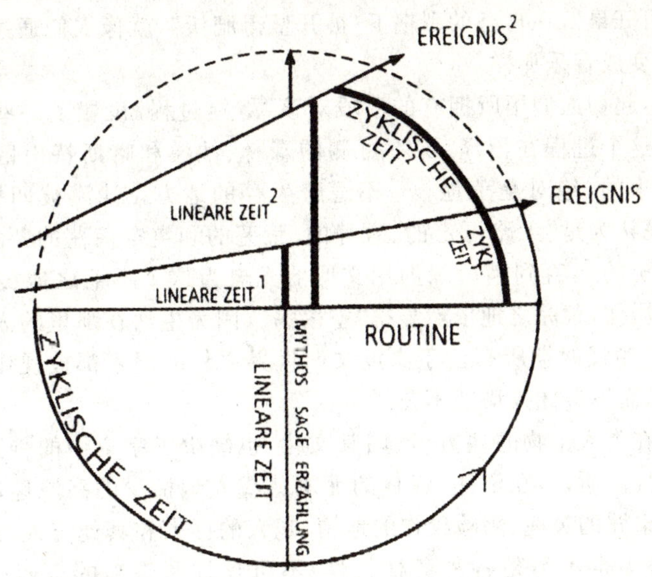

图 5-9　传说的线性图

Lineare Zeit	直线时间	Mythos	神话
Zyklische Zeit	循环时间	Sage	传说
Ereignis	事件	Erzählung	讲述
Routine	例行程序		

第七章 绿 洲

人类本来已经在一定程度上开始了帝国主义。如果他们觉得岛屿世界太狭促，就必须赢得新的生存空间。疆域扩张，子母移民点围绕成“群岛”。

不过，这样的步伐延伸出去时跨越了自己世界的边界。那里的土地必须变得“可开垦”，在自己的犁耙下“被开垦得肥沃”，就像人们通过作曲将纯粹的噪音变成音乐那样。

不过，起初人们用所拥有的手段对该“嫁接过程”设置了一些不可克服的障碍。这个过程在沼泽、深不可测的森林、沙漠和喀斯特山区前停了下来。留下来的，绝对是荒地——不适合生存的地方。沙漠被四周“文化国家”的居民认为是“无路可走的、寂静的、荒芜的和空空荡荡的”[①]。因此，它是没有历史的[②]，直到稍后绿洲用文明的光斑为这个不毛之地披上外衣[③]。即使有人居住，荒芜之地依然显得“空荡荡”，因为生活在那里的人根本就无足轻重。[④] 殖民时期所有位于高度文明世界之外的国家都被视作如此。它们被占有，而不会让人遭遇不公。[⑤]

只存在类人生物的地方，连同其文化，也缺少了宇宙中的神圣地点，缺少了神圣性。所以，在沼泽、森林的灌木丛或人烟稀少的高原地区，不仅栖息着遭人诅咒的灵魂、阴险狡诈的地精、吃人的巨人和其他与人类为敌的神力，人们还不得不清楚各种各样古怪、不可预计和恐怖的东西。[⑥] 对托马

---

① Deeg u. a. 1997：159.

② Deeg u. a. 1997：173.

③ Hasenfratz 1997：19.

④ 参看 Beidelman 1986：78（卡古鲁族，坦桑尼亚）.

⑤ Köbner 1908：15，196. Hirsch 1995：4. Gow 1995：45.

⑥ 参看 Bongard 1992：147. Graeser-Isele 1997：275.

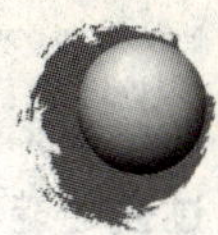

斯·冯·阿坎(Thomas von Aquin)而言,伊斯兰教只能是在这样一个非世界的无宇宙区域,"在沙漠中生活的野兽般人群中赢得最初的追随者。在这些人对上帝的教义一无所知的情况下,他(穆罕默德)用武力将其他人纳于他的规范之下"[①]。在荒凉之地,事情不可能无次序地发生。历史不会让自认为有意义的事件占据上风。

世界在本义上是由造物主完全独立创造的宇宙中心区域。在那儿生活着由他亲自创造的真实的人类。在一片旁边就是沙漠和荒芜之地的祥和繁荣的绿洲里,世界赐予人类以文化作为礼物。就像造物主从前让宇宙在混乱中胜出那样,他所创造的生命也必须遵循这个榜样,努力在一片荒芜中营造他们生存的环境,并避免遭遇不幸。在古印度语里,"世界"这个词的原意是一个被人类包裹进原始森林的、可开垦可居住的"林中空地"。[②] 德语中"空间"这个词可以追溯到动词"使空出",它的意思是"开垦"。通过这种方式,不毛之地变成开阔地,变成可供居住、开垦以及文明生活的地方。[③] 人们用手工使原材料具有形状,强迫无规律的东西具有固定形状,并将其纳于控制之下。这样,无论是回顾性还是展望性的对事件发生过程的估计,都有了可能性。那伐鹤人所理解的"好"就是"纳于控制之下"。[④]

耕种以其规律性往返的工作进程,为定居下来在土地上耕种的人们提供了理想模式——特别是靠近沙漠的地方。科然把信徒比作可以让杆长出并强壮的"种子"。[⑤] 杆接着隆起变成穗,立在杆上。这样是为了让播种者高兴,并"使非信徒因愤怒而激动"(比如像托马斯·冯·阿坎说的那样)。文化区域的标志是水源充足、土地肥沃、万物生长以及人民正统。这种景象只有在期盼其信徒无论何时都正直诚实的天堂才会出现。[⑥] 按照广为流传的观点,就像前面提到的墨西哥的恰姆拉人(恰帕斯州)那样,这片区域被划分为三大块,位于中间的核心区域是四周被耕地包围的村庄。这片耕地最终连同所有"以非正常方式被人类居住"的区域,被"森林"围住。[⑦] 文明国家(即文明地区)如同古希腊、罗马语及中世纪表达中的解释那样,就像宇宙自

---

① 根据 Deeg u. a. 1997: 163. 此处原作者意在通过引述一种对伊斯兰教的偏颇认识,说明人类学上常见的一种错误观点。——编者注

② Hasenfratz 1997: 17.

③ Gehlen 1995: 19.

④ Reichard 1944: 5.

⑤ Koran, 48, 30.

⑥ Deeg u. a. 1997: 162, 171.

⑦ Gossen 1974: 19 f.

身那样，早就变得可以耕种，仿佛已被“驯化”。[①] 它变得有秩序，变得美丽，如婆罗洲的那嘎丢—达雅人所说，通过创造者的手使自己变成“美好而神圣的国家”[②]——一片会带来死亡的混乱环境中孕育生命的绿洲。

谁离开这片绿洲，就意味着将自己交给了死亡。在闪米特语中，“死亡”(halaka)这个词的本义是“离开”。[③] 如果有人为了赢得那边的世界而放弃“这边的世界”，这一切就绝对有可能发生。过去，在沙漠里、山上或尚未开发的森林里，会优先建造僻静的住处和修道院。动身前往那里的人，有意识地“为这个世界”死去；对他们的接纳带有墓葬礼仪的特征。“死亡”使他们离神更近。[④] 奖赏是让他们获得永恒的生命。

童话里描述的英雄们也常常动身前往不毛之地，抵抗住诱惑(“考验”)，通过各种各样的危险，死了多次但总能以神奇的方式复活，为的是得到国王女儿的手和王冠、财宝、一道能带来好运的魔咒，或者“仅仅”是一种有见识的认识。

---

① Berges 1972：399. Müller 1996：136.

② Sell 1955：144.

③ Hasenfratz 1997：18.

④ Hasenfratz 1997：20 f. 参看 Deeg et al. 1997：200.

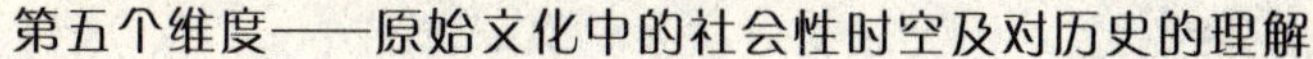

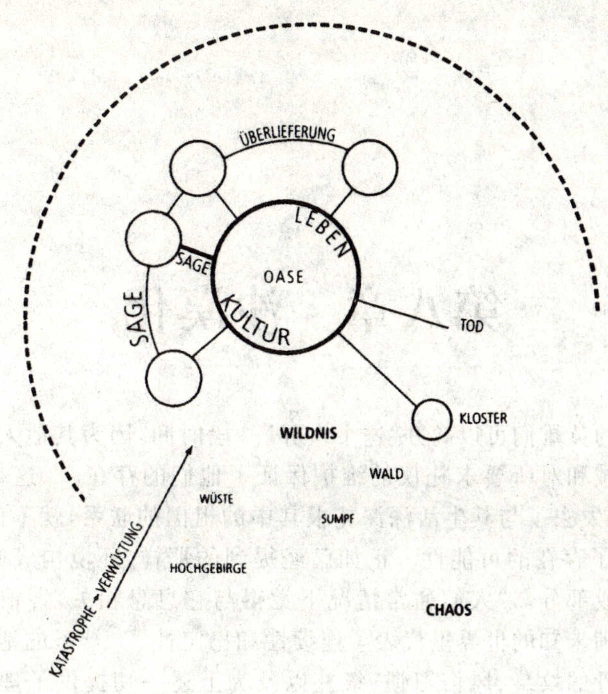

图 5-10　世界与环境

Überlieferung	传说	Wald	森林
Sage	传说	Wüste	沙漠
Leben	生命	Sumpf	沼泽
Oase	绿洲	Hochgebirge	高山
Kultur	文化	Katastrophe	灾难
Tod	死亡	Verwüstung	沙漠化
Kloster	修道院	Chaos	混乱
Wildnis	不毛之地		

第八章　沙漠化

童话里的英雄们可以离开“这个世界”一段时间，因为其他人留了下来，对传统的忠诚和对所要求礼仪的维护保证了他们的存在。[①] 这是不可商量的，因为如果失去了与其生活深深扎根其中的祖国的联系，就不仅失去了定位[②]，也失去了存在的可能性。正如已经提到的那样，环境构成原始文化一个完整的组成部分。“人们通常情况下觉得与它息息相关，害怕离它而去。它在一个充满未知的世界里代表了连续性和稳定性。”[③]神圣的地点和传说、带有死者遗骨的坟墓、风俗习惯、祭礼以及为上述一切提供了理由的信仰，构成了这个宇宙。身处其中，只有存在才显得具有意义。在那儿，只可能重现祖先的魂灵，不再有人具备接纳这些魂灵的肉身。在那儿，这些魂灵仿佛渐渐消失，在地狱中死去。[④] 正如他们的后代，只要他们还生活在某个陌生的地方，就必须保持贫瘠，或者所得到的孩子带有与其父母所在的世界无关的陌生灵魂且举止“病态”。故乡的泥土是神圣的，充满了原始生物和祖先的活力，由先辈的“行为”塑造和描绘出来，构成人类自身的一部分。[⑤] 因此，与土地之间的关系对人类的存在具有重大意义，也是人们试图保持联系的一种努力。

不过，除了忠于传统和维护风俗，回忆——经常将过去的东西现代化——也扮演了一个重要的角色。按照东印度尼西亚蒂多雷岛卡劳迪人的

---

① Hubert 1994：15 f.

② Hart & Moore 1973：275.

③ Lynch 1973：300.

④ 参看 Sims 1978：165. Povinelli 1993：166.

⑤ Sims 1978：167. Søftestad 1988：169 f. Carmicheael et al. 1994：5. Hubert 1994：18. Theodoratur & LaPena 1994：22.

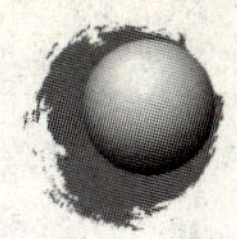

信念，健康和繁荣依赖于对祖先的怀念和对他遗留下来的宗教义务的遵循。[①] 美国西南地区的那伐鹤人认为，当今许多困难都起因于不负责任地对待过去或甚至对之毫不了解。[②] 阿帕切人看到他们的孩子们将面临重大危险，因为他们不再能辨识出那些承载了传说的地名，也就不知道"人们是怎样赢得的力量"。相应地，他们也几乎不知道"在那些地方发生的事件背后的故事"。这是"他们中的一些人陷入困境的原因"。时间一长，他们就有"失去土地"的危险[③]——这是澳大利亚土著也赞同的观点：任何对以仪式方式进行纪念的忽视，都会对生命造成危害。雍古族人解释道，谁要是对此漫不经心，"谁就失去土地"。[④] 在昆士兰州的部分地区，州政府拒绝土著群落与生俱来的利用土地的要求，结果自杀数很快就达到世界最高值。澳大利亚人种学家詹姆斯·科万(James Cowan)这样评价发生的灾难："酗酒、疾病以及幻想的破灭是本土文化自我破坏的典型征兆，是当地人长时间在一些情况下永远离开他们由神话决定的存在所造成的。"[⑤]土地、人和传说，还有"历史"，形成唯一而互补的关联，构成一个五维度的社会时空。有一个部分被解除，整体就会陷入摇晃——如果它还没有彻底破碎的话。

如果人类所犯的罪行显得太过分，有时上帝也会插手。《圣经》中，人们用惩罚来威胁耶路撒冷："我将把你变成沙漠。"以色列蔓延着偶像崇拜，因此"所有的城市都应变成不毛之地，所有的高山都应变为荒野"。在耶和华(Jahrwe)之前，约埃尔写道："是灭绝一切的烈火，在他之后是燃烧的火焰。他之前的国家好像一个可供人游乐散步的大花园，但在他之后却好像一个从未开发过的荒野之地，没有人会与他对着干。"[⑥]

对传统的放弃和遗忘，松动了与土壤及环境的纽带。如果人类不静下心来反省并"悔过自新"，这个纽带将最终断开。这片土地将再也不会有人用手触摸，将再感觉不到他们的热量，不会吸收他们的汗水，也听不到有人呼唤他们的名字。生气消失，一切死去。只剩下一个荒凉的地方。就像当初风儿拂过，将过去留下的最后痕迹擦去一样。[⑦]

---

① Baker 1993：125.

② Reichard 1944：17.

③ Basso 1984：21，44.

④ Layton 1995：223. 参看 Baker 1993：127.

⑤ Cowan 1992：80 f.

⑥ 参看 a. Deeg et al. 1997：161.

⑦ 参看 1. Mose 1：2.

第九章　进　步

但是必须如此吗？太古高度文明形成以来的发展难道没有也带来好的东西吗？人们已经学会用另一种方法对待大自然，将它视作造物主亲手送来的允许人们或者说人们应该利用的礼物，而不是在任何情况下都小心翼翼地保护着它，像面对一个奇迹那样惊奇地注视着它。如果这也包括人类自身的才能和可能性的话，这些才能和可能性在早期好像被搁弃不用，从现在起却有必要充分利用了。

结果证实了觉醒乐观主义。在被掂量分析了一番之后，大自然让人们自由地看到了大量不可预知、几乎不会枯竭的财富。科学开始获胜般不间断地发掘这些财富，回报是被赐予一个又一个的成功——在医学、农业、科技等领域。迄今为止还无人居住、“偏僻荒凉”的地区可以被开辟，干旱地区可以通过人工灌溉变成可用之地，可以通过有目的的培育和更高效的施肥方法使产量翻倍。对生活的期待增加了。一切看起来都是可能的，只是一个何时决心投入使用的问题。一种要求进步的亢奋侵袭着人类，为他们的期望插上翅膀。他们将土壤和过去全都抛到了身后。唯一作数的是未来。进步成为其领军人物为了未来的完美无缺已经准备将过去已存在的东西供奉出去的“祭坛”。它成为热门词语，它的王朝被认为是不可阻挡的。[①] 人们将它视作对自然固有规律的实现。比如法国历史学家和政治学家亚历克西·德·托克维尔(Alexis de Tocqueville,1805～1859)这样表达这种普遍的信念：“它是无处不在的，它向前推进，禁得住所有人类的侵犯。”[②]但是又有谁会打算阻止这种进步呢？回顾显得是多余的。美国人种学家刘易斯·

① Koch 1973：19.

② 根据 Koch 1973：20.

亨利·摩根(Lewis Henry Morgan,1818～1881)的观点和她这个时代大多数人能得出的结论一样:“人类知识和经验的所有事实指出,人类作为一个整体不断从较低级的状态前进到较高级的状态。”[①]发展被直线化为进化,在此范围内的“事件”所具有的活动空间受到限制。历史编纂学升级为对带有明确进步趋势的成功事件的总结——从那些书写者的角度:从最底层的野蛮人到最上层的“高度文明者”。

人类不仅获得进步,也从进步中有所收获。伟大的英国国民经济学家托马斯·罗伯特·马尔萨斯(Thomas Robert Malthus,1766～1834)预言,人类的体格和智慧将不可预料地被优化,永恒的和平以及对生活无止境的期待即将出现。[②] 大约一百年之后,他的同胞赫伯特·斯潘塞(Herbert Spencer,1820～1903)作出判断:“发展成理想的人类在逻辑上是确定无疑的,就像我们可以将自己不受限制的信念赠予之的每个符合逻辑的推论那样。”[③]莱奥·特洛茨基(Leo Trotzkij,1879～1940)感觉到,因为科学,人在形成时将比今天的人“更强、更聪明、更能干”。即使一个平均水平的人也能达到亚里士多德(Aristoteles)、歌德(Goethe)和马克思(Marx)的水平。[④]

在原始社会,没有幻想完美的需求:人——几乎在任何情况下——都完全是上帝的作品,并始终是上帝的作品,只要他是自己群落的一分子,没有偏离流传下来的传统路径。一天,他毫发无损地走到祖先中间,为的是数代之后毫发无损地重新回到家庭。梦寐以求一个比已给予的世界更好的世界,显得十分荒谬。更多的是应该避免人和世界忍受不了的会损害其完美性的伤害。如果这种情况从内部发生,可以通过已经提到的修复措施消除。

高度文明里的这种节奏却已失去。迅猛的发展已无法让时间来弥补所有过错:账户里所欠的债越来越多。有一种观点因此很早的时候就开始明晰,即促成文明的进步不得不以伦理道德的不断沦丧为代价。

在古老东方的城市文化中有相应的怨言。古希腊、罗马时期诗人赫西奥多(Hesiod,前8世纪)作为第一个人表达了这种对文明的批判。在《工作和时日》中,他设计了一个文化历史发展过程的对立画面。该画面将科技和日用品文化中的进步与不停止的风尚败坏相对照,并将两者以因果关系联系起来:在第一个时代,也就是“黄金时代”,人类生活得还很幸福,“就像神

---

① Morgan 1976: 50.

② 根据 Koch 1973: 27 f.

③ 根据 Koch 1973: 20.

④ Trotzkij 1968: 215.

一样没有苦恼，远离忧愁和不幸……喜欢铺张浪费地大摆筵席，没有任何痛苦，感觉一阵困意袭来，就死去了”。在接下来的“银色时代”，人们已经开始对信仰和祭拜漫不经心。这一点直到“青铜时代”人们用带有致命杀伤力的冶金武器相互厮杀才得以恢复。结果是道德沦丧，最后达到“铁器时代”，即赫西奥多所在的现代的最低点：“没有人对别人友好，无论父亲对儿子，儿子对父亲，主人对客人，还是伴侣之间……适用的是动用武力的权力，一个人破坏另一个人的住所；没有人受到重视，得到真正的誓言；没有人公正而善良。人们更加重视作恶者，存在动用武力的权力，而没有敬畏感和羞耻感。”[①]后来应该还有许多在文化史上更具说服力的理论，诸如“进化论”接踵而至——一直到新时期，因为问题只是越来越尖锐。

① 参看 Müller 1972-1980：1，59 ff.

傍晚的爆发

眩晕的经历，不能再面对没落。或者由于统治者落入坏人之手可能被取消优越性，在一些人的心中唤起一种希望，即在自己已经没落的世界之外还有一片未被玷污的“未开发的”土壤，还能发现一片“全新的”土地。在那儿，一切没有历史的负累，可以从头开始，而且这次可以发展得更好。

为此，在任何情况下都必须容忍一条更远的路，都必须跨越一条看似不可克服的界限。上帝帮助了古老的以色列人。在他们从埃及人那儿迁走抵达红海之后，上帝将水分开形成一条狭路，这样他们不用湿脚就能通过。此后，他们不得不在沙漠中极其痛苦地徒步行走数十年之久，直到最后抵达约旦。在此期间，摩西(Moses)死去，约祖亚(Josua)顶替了他的位置。上帝又一次让水停滞不前，为了使它在流向下方的时向上聚集起来。“以色列的孩子们”能够通过干燥地面上的这张床来到杰里科进入迦南。

全世界有很多地方流传这样的例子。西苏丹洛比人的祖先(布基纳法索)犯下了严重的罪行，被上帝以辛劳和食物的匮乏惩罚。在力量全部耗尽之时，他们开始希望能在某个地方发现更好的生活条件。他们到达了黑色的沃尔特河，跨过它，在另一面进入一块物产丰富的福地。上帝继续摆出和解的姿态，教给他们许多有用的技能(如制陶)，“这样他们重新生活得更好”。[①] 根据传说，卢旺达一个早期的国王也是渡过一条河后，为他的人民赢得了一片更富饶的土地，并建立起一个新帝国。[②] 佩迪卡卡斯(Perdikkas)第一次将马其顿统一成一个帝国并成为后来诞生了亚历山大大帝(Alexander der Große)的宗族的祖先。他的征服队伍也在渡过一条河之后开始，就像希

---

① Schneider 1986：210.

② Heusch 1991：116. 参看 Beidelman 1986：72，77.

罗多德描述的那样。这条河在他渡过去之后就上涨，从而截断了追踪者的路。他伟大的后裔在打算渡河进入一个“新世界”之前，也习惯在大的分水岭——如多瑙河、达达尼尔海峡及印度河举行祭祀活动。[①]

无论是对自身社会和文明的堕落感到厌倦，还是令人喘不过气来的被奴役，或者想去占领别人的意图：总之都关于创造一个全新的世界。在这个世界中，一切都应有所不同、更好或者还要“美妙”。在后一种情况下，觉醒被理解为一段有目的且成功的历史的顺其自然的继续，占领土地是为了将自己的土地再扩展得大些。前几种动因都以与过去彻底决裂为目的。离开故乡的人准备好了在必要的情况下继续走向“荒野”，走向“世界的尽头”。在那儿，土壤尚未被文明蹂躏，他们看到了可以从头开始的可能性。他们仍然满怀希望，内心满是“充当先锋的精神”。

16 世纪躲过“欧洲地狱”的清教徒渡过大海。他们在“新英格兰”的实际想法是，他们已经找到“人间天堂”，那个预言中的“迦南”。这是上帝“为了赞美一个被选中的民族所付出的辛劳”而准备赠予他们的，而不是他们自己看见的。[②] 在这儿，他们感到“获得重生”，并深信通过苦行僧般的虔诚、自律及艰苦而不知疲倦的工作“能开始一种全新的生活”。[③] 其目的是表明能够胜任并配得上上帝的指令。而在遥远的罗马，居于统治地位的是“反基督徒”，他们试图将那个腐烂的“旧世界”完全置于控制之下。[④] “美国，你的日子过得更好”，歌德还这样向他们的后人喊道，并以此认为他们已经摆脱了历史的负累，现在可以自由地重建一个新世界。然而，众所周知，这种尝试失败了。这并没有持续多长时间，文明和进步就在美国也开始了毛骨悚然的景象。

类似的经验，人们看来在古代就已有过。不愿接受现实的人，只能看到最后一种可能性：他将希望寄予天堂，那个非人间的、永远神圣和没有历史的世界。那里没有辛劳也没有年岁，只有持续快乐的幸福感。它位于地球的边缘或者环绕地球的海洋的彼岸，赫西奥多也知道那个地方。它是史前时期那些不受指责的英雄们的所在地。这些英雄因为行为正直而被宙斯(Zeus)带到那儿。“从此内心摆脱所有苦恼，居住在极乐岛屿上或海洋的旋涡旁。他们是非常幸福的英雄，因为甜美的果实像蜜一样让他们奉献出食

---

① Arrian：Anabasis Ⅰ 4，5；11，7. Ⅴ 3，6；8，2. Ⅵ 3，1.

② Eliade 1981：133.

③ Eliade 1981：138.

④ Müller 1996：285 f.

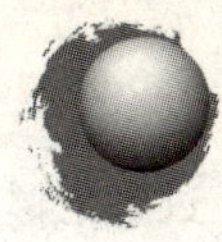

物的土地成熟三次。”

这种设想在一些特别勇敢的人心中唤起了一种希望，即可能在有生之年找到通往天堂的路。他们不愿意再等待，不愿承受死后是否会被带到那里的风险。但是按照传统的世界观，他必须穿越无尽的沙漠和不毛之地及充满危险和恐怖、荒草丛生、无路可走的密林，渡过湍急的河流和沼泽，或者翻过冰冷的山地。这种勇气只有不同寻常之人才能拥有。但是，那些童话传说中的英雄——有名或无名的——继续活了下来。他们迁移到世界尽头，在经历了无数险象环生的冒险之后，越过七座——有时是九座山，渡过环绕地球的湍急的河流，最终来到一片极乐之地或一个天堂般的岛上。在那里，动物和人类和平地生活在一起，不必承受辛劳，也不会老去。那个“相反的世界”没有时间概念，因此也就不存在变化，也没有历史。在它的中间通常还高耸着一棵巨大的树，或者涌动着一眼不会枯竭的泉水。果实(比如金苹果)和泉水让那儿的居民永葆青春，长生不老。童话中的英雄成功地盗取了小样品并将它带回自己的世界。然而在那儿，这些果实和水只具有更特别一点儿的疗效。病入膏肓的家人或国王尝过它们以后，重新恢复健康——但绝不可能获得永生，因为这儿没有和那个非人间世界相同的条件。长生不老的前提只能是放弃肉身。只有这样，如果一个人的一生过得非常完美，死后才能进入仙境般的极乐世界。

在大约五千年前的美索不达米亚高度文明的早期，传奇般的国王吉尔伽美什(Gilgamesch)统治着国家南部的苏美尔城邦乌鲁克。很久以后，还流传着不计其数关于他的故事——直到小亚细亚的胡里腾和赫梯。[①] 吉尔伽美什的一生并不完美，而是放纵毫无节制，因此几乎无法期盼在临死时被神灵超度至天堂。一天，吉尔伽美什遇到恩基都(Enkidu)，一个正直纯朴尚未开化的牧羊人。神灵特地派他到那儿，让吉尔伽美什明白这个道理。这两个人，一个是腐败浮华的城市文化的代表，一个则是朴实的乡下人，成为了莫逆之交。但是恩基都并不适应宫廷生活，很快患病死去。他的过早辞世使国王陷入了深深的危机。他意识到了所有人间财富的短暂性，意识到他会死亡，于是开始反省，并想起了活得比他好得多并为此得到报答的先祖乌特那庇什牟(Utnapischtim)。他决心去拜访他，以便学些东西，而且可能还可以了解到人们是怎样获得永生的。这条路却很漫长，物资匮乏，充满危险。最后，在穿过了一个位于世界边缘山脉底下的长而幽暗的隧洞之后，他

① Kramer 1959：141. Heidel 1963：132.

看见海洋和“死亡之水”出现在眼前。他渡了过去，“疲惫而憔悴地，头发长而蓬乱地，身上披着动物粗糙的皮毛”，最后来到乌特那庇什牟的身旁。一开始，乌特那庇什牟责备吉尔伽美什，神灵不再愿意在人类的有生之年赐予他们长生不老。这令后者感到沮丧。不过，最后乌特那庇什牟的妻子说服他向吉尔伽美什透露在哪儿可以找到使人长生不老的植物。它生长在海底。国王潜入海底，获得了这枚植物，踏上返乡之旅。但就像在童话里那样，这枚生命之草与尘世并不相容。在吉尔伽美什路上跳入一片水域洗澡时，一条蛇偷走了它。[①]

数百年后，一篇类似主题的短篇小说进行了一次穿越古代世界的真正的胜利征程。所谓的《亚历山大传》诞生于公元前4世纪，以散文及诗歌的形式，直到中世纪盛期都吸引着人们。这部传记流传的文本不计其数，其中一些在细节上有明显的偏离。它是那个时代传播最广泛、最受欢迎的世界文学作品。

在所有情况下，基本特征都极其一致。但是“传记”里的英雄与历史上的亚历山大大帝(前356～323)除了名字以外，没有什么相同。虽然作品中编录了亚历山大大帝冒险经历中的几个，但总的来说是虚构的(这在古巴比伦时期已有丰富的先例)。这种叙述方式再一次联系神话和传说，形成著名的主题，构成所谓的童话及吉尔伽美什史诗的核心。[②]

在征服了居住着人类的整个世界之后，亚历山大有了了解无人居住的世界的想法。他带着军队出发了。在这条路上，所有人都将经历困顿和辛劳，遭遇巨大的危险。直到他们又到达一条河流，跨越它，看见自己置身于一个真正的童话世界：那儿的“人类”形体矮小，森林里却栖息着巨人；他们偶然碰到树，这些树在一天之内长大，为了在这之后再次消失得无影无踪；必须战胜各种各样的巨兽。这支军队开始抱怨，但是亚历山大毫不留情地驱使他们向前。他们走得越远，四周就越发昏暗，直到白天只有一个小时能朦朦胧胧看见一丝光线。最后，他们穿越了一片通向大海的沙漠。忽然，一股香气包裹了他们。他们来到一眼发出耀眼光芒的泉水边。感觉饥肠辘辘的亚历山大命令厨师给他做饭。厨师将一条已经晒干的鱼拿到泉水边，准备洗一下。可是几乎都还没有碰到水，这条鱼就活了过来，从手中逃脱。厨师隐瞒了这个秘密，舀了一点儿泉水放进一个银制容器，然后将它藏于行李

① Kramer 1959：143 f. Wensinck 1921：1.

② Abbott 1903：281 f.

中。亚历山大对这股泉水的意义一无所知，指挥着他的队伍继续前进。他们来到一片没有日月星辰的地方，但这儿充满一种奇特的光芒。他们最终到达了世界的尽头。两只人形大鸟挡住了国王的去路，命令他返回。“你所进入的土地”，其中的一个喊道，“噢，亚历山大，只属于上帝。回去吧，埃伦德(Elender)，极乐世界的土地你不能踏入!”国王遵循了命令，掉头返回。他们重新回到家乡，厨师见到了国王的女儿，用让她饮用生命之水以长生不老的承诺引诱了她。一切像这样发生了。当亚历山大获悉这件事时，他非常嫉妒这两个人没把这样的命运给他。于是他将女儿驱逐出境，因为她现在已经变成神，不再属于人类；而对于厨师，亚历山大在他的颈部绑了一块石头，将他扔进大海。从此，他就以恶魔的形象生活在那里。[①]

过去，在原始文化里，死者的灵魂就像一些野蛮民族和农耕民族所信仰的那样，被解脱至天堂。活着的人每天晚上都可以看见他们以星星的形象在那儿闪闪发光。显而易见，人们相互保持联系。在农耕文化的社会里，人们希望在死后被召集到祖先之国的父辈那儿。有一天，他们会获得重生。与土壤的牢固关系及与环境的联系，构成了一个封闭的整体。因此，灵魂不灭。它只是在时间上变换了地点和形象。

白种人的到来为原始文化注入力量。土地被挖开，煤、矿和金的财富被抢走。从此，公路切开土地，祖茔陷入钢筋混凝土建筑之下。欧洲人，就像肯尼亚图根族的年长者所抱怨的那样，“使事件的进程变得乱七八糟”。他们的预言不再实现，一切都以不可预见的方式加速发展，骗子和小偷的数量不断增加。[②] 尘世与天堂分开，直到无穷境。

在高度文化世界的文明中心，时间空间历史的坐标结构通过多次折射变得极为复杂。这使得人们无法看透。而曾经从背后发出光线、使之便于理解获得意义的清晰的轮廓，也几乎变得模糊不清。多网式的魔力变得令人沮丧，像一张钢网般不断抽紧。

数个世纪前，当这种发展趋势显露时，一些人就试图避开这种徐徐向前爬行的祸患，方法是将基督教的主张付诸实施：如果想获得永生，就必须断绝与家人、亲属和这个世界的所有联系。因为“什么帮助人类赢得整个世界，却在灵魂上受到损害?”[③]他们迁移到荒野，远离文明，建起修道院，它的

---

① Friedländer 1910：163 ff. 1913：4 ff.

② Behrend 1987：63.

③ Matthäus 16：24-26；参看 19：28-29. Markus 10：29-30.

高墙提供了一个抵御“这个世界”的保护之墙。[①] 那些人工小道，“仿佛是为了超越而发生的迁入行为的消毒区”[②]，为灵魂进入真正的天堂做好准备。

后来，这种渴望在“乌托邦”社会构想中得以体现，尤其在浪漫诗作中成为文学题材。[③] 最后，在遥远的“天堂般的”岛屿上过简单的生活被旅游业拙劣地营造成度假的希望。禁不起诱惑的人却知道，他就要返回这个“世界”。

其他人，特别是年轻人，有挣脱束缚的需求。他们“迁出”，以创造一个更好的“相反世界”。在那里，自由、平等和友情这些天堂里的理想再次变为现实。为了实现这一点，就像他们也许知道的那样，他们必须将历史抛到身后，“和所有的传统决裂”。于是，他们披着“共同生活和引人注目行为”的外衣，离开家庭，不要消费，不要事业，甚至蔑视最严格的禁忌，无视或“改变”被年长者视作神圣和值得保留的东西，受“狂飙突进运动”的驱动，像“候鸟一样”启程前往新的海岸，为的是不再来到社会的边缘。[④] 他们的“天堂”只持续了短暂的时间，没过几年，所有人都回到市民状态。随着社会时空的瓦解，人们失去了生活的意义和定位。天堂不是出现在人们面前，而是隐藏在人们身后。

他们离开森林，向下朝草地望去。它的尽头坐落着一个村庄，他们的客站就在那儿。天已黄昏。他们踌躇不前，感觉走向黑暗。

---

① 参看 Luhmann & Fuchs 1992：26 f.

② Luhmann & Fuchs 1992：30.

③ Pikulik 1997：43.

④ Müller 1996：238.

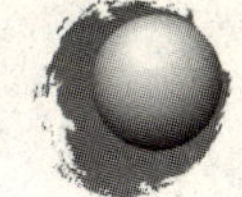

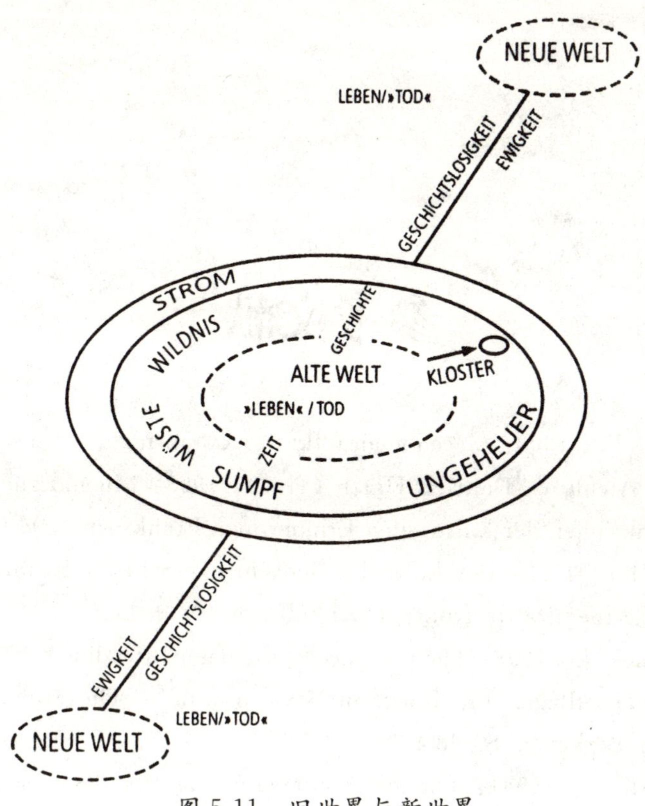

图 5-11　旧世界与新世界

Leben	生命	Kloster	修道院
Tod	死亡	Ungeheuer	魔鬼
Zeit	时间	Strom	河流
Sumpf	沼泽	Ewigkeit	永恒
Wüste	沙漠	Geschichslosigkeit	无历史性
Wildnis	不毛之地	Neue Welt	新世界
Geschichte	历史		

参考文献

Abbott，G. F.，1903：Macedonian folklore. Cambridge.

Assmann，Aleida & Dietrich Harth（Hg.），1993：Mnemoszne：Formen und Funktionen der kulturellen Erinnerung. Frankfurt a. M.

Assmann，Jan，1992：Das kultuelle Gedächtnis：Schrift，Erinnerung und politische Identität in frühen Hochkulturen. München.

Baker，James N.，1993：The presence of the name. Reading scripture in an Indonesian village. In：Jonathan Boyarin（ed.）：The ethnography of reading. Berkeley. S. 98-138.

Bakhtin，Mikhail，1981：The dialogic imagination：four essays. Austin.

Basso，Keith H.，1984：Stalking with stories. Names，places，and moral narrative among the Western Apache. In：Stuart Plattner & Edward B. Bruner（eds.）：Text，play，and story：the construction and reconstruction of self and society. Washington. S. 19-55.

—，1988：Speaking with names. Language and landscape among the Wdestern Apache. In：Cultural Anthropology 3：99-127.

Baumann，Gerd，1987：National integration and local integrity：the Miri of the Nuba Mountains in the Sudan. Oxford.

Behrend，Heike，1987：Die Zeit geht krumme Wege：Raum，Zeit und Ritual bei den Tugen in Kenia. Frankfurt a. M.

Beidelman，Thomas O.，1986：Moral imagination in Kaguru modes of thought. Bloomington.

Berktay，Halil，1991：Der Aufstieg und die gegenwärtige Krise der nationalistischen Geschichtsschreibung in der Türkei. In：Periplus 1：102-125.

Bernbeck, Reinhard, 1996: Ton, Steine, Permanenz. Erfahrungsraum und Erwartungshorizont in archäologischen Hinterlassenschaften des Alten Orients. In: Hans-Joachim Gehrke & Astrid Möller (Hg.): Vergangenheit und Lebenswelt: soziale Kommunikation, Traditionsbidung und historisches Bewußtsein. Tübingen. S. 79-107.

Berndt, Ronald M., 1970: The sacred site: the western Arnhem Land example. Canberra.

Bloch, Maurice, 1995: People into places. Zafimaniry concepts of clarity. In: Eric Hirsch & Michael O'Hanlon (eds.): The anthropology of landscape: perspectives on place and space. Oxford. S. 63-77.

Boehm, Christopher, 1984: Blood revenge: the anthropology of feuding in Montenegro and other tribal societies. Lawrence.

Bolzoni, Lina, 1933: Gedächtniskunst und allegorische Bilder. Theorie und Praxis der ars memorativa in Literatur und Bildender Kunst Italiens zwischen dem 14. und 16. Jahrhundert. In: Aleida Assmann & Dietrich Harth (Hg.): Mnemosyne: Formen und Funktionen der kulturellen Erinnerung. Frankfurt a. M. S. 147-176.

Bongard, P. Nikolaus, 1992: Sensler Sagen. Freiburg Schweiz.

Buckley, Anthony, 1989: We're trying to find our identity. Uses of history among Ulster Protstants. In: Elizabeth Tonkin et al. (eds.): History and ethnicity. London. S. 183-197.

Burke, Peter, 1993: Geschichte als soziales Gedächtnis. In: Aleida Assmann & Dietrich Harth (Hg.), S. 289-304.

Buxton, Jean C., 1958: The Mandari of the southern Sudan. In: John Middleton & David Tait (eds.): Tribes without rulers: studies in African segmentary systems. London. S. 67-96.

—, 1963: Chiefs and strangers: a study of political assimilation among the Mandari. Oxford.

Cancik, Hubert, 1985-86: Rome as sacred landscape. Varro and the end of republican religion in Rome. In: Approaches to iconology. Leiden. S. 250-265.

Carmichael, David L. et al. (eds.), 1994: Sacred sites, sacred places. London.

Carmichael, David L. et al., 1994: Introduction. In: David L. Carmichael et al. (eds), S. 1-8.

Cowan, James G., 1992: The Aborigine tradition. Shaftesbury.

Crüsemann, Frank, 1996: Hosea und die Entstehung des biblischen Geschichtsbildes. In: Hans-Joachim Gehrke & Astrid Möller (Hg.), S. 159-216.

Deeg, Stefan et al., 1997: Symbolik der Wüste. In: Paul Michel (Hg.), S. 159-216.

DeFrancis, John, 1977: Colonialism and language policy in Viet Nam. The Hague.

Downs, Roger M. & David Stea (eds.), 1973: Image and environment: cognitive mapping and spatial behavior Chicago.

Downs, Roger M. & David Stea, 1973: Cognitive maps and spatial behavior. Process and products. In: Roger M. Downs & David Stea (eds.), S. 8-26.

Durkheim, Emile, 1986: The elementary forms of the religious life. New York.

Eliade, Mircea, 1981: Die Sehnsucht nach dem Ursprung: von den Quellen der Humanität. Frankfurt a. M.

Elkin, Adolphus Peter, 1934: Cult-totemism and mythology in northern South Australia. In: Oceania 5, 2: 171-192.

Fenton, William N., 1950: The roll call of the Iroquois chiefs. A study of a mnemonic cane from Six Nations Reserve. In: Smithsonian Miscellaneous Collections 111: 1-73.

Finsch, O., 1879: Reise nach West-Sibirien im Jahre 1876. Berlin.

Friedländer, Israel, 1910: Alexanders Zug nach dem Lebensquell und die Chadhirlegende. In: Archiv für Religionswissenschaft 13: 161-246.

—, 1913: Die Chadhirlegende und der Alexanderroman: eine sagengeschichtliche und literaturhistorische Untersuchung. Leipzig.

Gehlen, Rolf, 1995: Welt und Ordnung: zur soziokulturellen Dimension von Raum in frühen Gesellschaften. Marburg.

Gehrke, Hans-Joachim & Astrid Möller (Hg.), 1996: Vergangenheit und Lebenswelt: soziale Kommunikation, Traditionsbildung und historisch-

es Bewußtsein. Tübingen.

Goldman, Laurence, 1983: Talk never dies: the language of Huli disputes. London.

Gomille, Monika, 1993: Gedächtnisbilder der Klugheit (Prudentia) in humanistischer Tradition. In: Aleida Assmann & Dietrich Harth (Hg.), S. 218-241.

Goody, Jack & I. Watt, 1963: The consequences of literacy. In: Comparative Studies in Society and History 5, 3: 304-345.

Gossen, Gary H., 1974: Chamulas in the world of the sun: time and space in a Maya oral tradition. Cambridge, Mass.

Gow, Peter, 1995: Land, people, and paper in western Amazonian. In: Eric Hirsch & Michael O'Hanlon (eds.), S. 43-62.

Graeser-Isele, Eva, 1997: Irrfahrtentopographie. Gedanken zu den Inselstationen in den Abenteuermärchen der Odysee. In: Paul Michel (Hg.), S. 269-280.

Griaule. Marcel, 1948: Dieu d'eau: entretiens avec Ogotemmêle. Paris.

Halbwachs, Maurice, 1967: Das kollektive Gedächtnis. Stuttgart.

Hansen, Svend, 1996: Weihegaben zwischen System und Lebenswelt. In: Hans-Joachim Gehrke & Astrid Mölser (Hg.), S. 257-276.

Hart, Roger A. & Gary T. Moore, 1973: The development of spatial cognition. A review. In: Roger M. Downs and David Stea (eds.), S. 246-288.

Harwood, Alan, 1970: Witchcraft, sorcery, and social categories among the Safwa. Glasgow.

Hasenfratz, Hans-Peter, 1997: Erscheinungsformen und Gestalten des Heiligen. In: Walter Kerber (Hg.): Personenkult und Heiligenverehrung. München. S. 15-27.

Hauser-Schäublin, Brigitta, 1997: Traces of gods and men: temples and rituals as landmarks of social events and processes in a South Bali village. Berlin.

Heidel, Alexander, 1963: The Babylonian genesis: the story of creation. Chicago.

Helbling, Jürg, 1996: Verwandtschaft, Macht und Produktion: die Alangan-Mangyan im Nordosten von Mindoro，Philippinen. Berlin.

—，1997：Die Organisation des sozialen und natürlichen Raumes bei den australischen Aborigines. In：Paul Michel（Hg.），S. 281-303.

Heusch，Luc de，1991：The king comes from elsewhere. In：Anita Jacobson-Widding（ed.）：Body and space：symbolic models of unity and division in African cosmology and experience. Uppsala. S. 109-117.

Hirsch，Eric，1995：Introduction. Landscape：between place and space. In：Eric Hirsch & Michael O'Hanlon（eds.），S. 1-30.

Hirsch，Eric & Michael O'Hanlon（eds.），1995：The anthropology of landscape：perspectives on place and space. Oxford.

Hornung，Erik，1996：Götterworte im alten Ägypten. In：Tilo Schabert & Rémi Brague（Hg.）：Die Macht des Wortes. München. S. 159-186.

Hoskins，Janet，1993：The play of time：Kodi perspectives on calendars，history，and exchange. Berkeley.

Howell，Signe，1991：Access to the ancestors. Re-constructions of the past in non-literate society. In：R. Gronhaug et al.（eds.）：The ecology of choice and symbol：essays in honour of Fredrik Barth. Bergen. S. 225-243.

Hubert，Jane，1994：Sacred beliefs and beliefs of sacredness In：David L. Carmichael et al.（eds.），S. 9-19.

Hultkrantz，Åke，1982：Religion and experience of nature among North American hunting Indians. In：Åke Hultkrantz & Ørnulf Vorren（eds.）：The hunters：their culture and way of life. Tromsø. S. 163-186.

Humphrey，Caroline，1995：Chiefly and shamanist landscapes in Mongolia. In：Eric Hirsch & Michael O'Hanlon（eds.），S. 135-162.

Illi，Dieter Walter，1991：Das Hindukush-Haus：zum symbolischen Prinzip der Sonderstellung von Raummitte und Raumhintergrund. Stuttgart.

Isaacs，Harold R.，1975：Idols of the tdribe：group identity and political change. New York.

Jüthner，J.，1923：Hellenen und Barbaren：aus der Geschichte des Nationalbewußtseins. Leipzig.

Karsten，Rafael，1935：The head-hunters of western Amazonas：the life and culture of the Jibaro Indians of eastern Ecuador and Peru. Helsing-

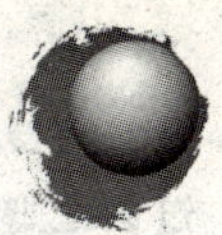

fors.

Keen, Ian, 1994: Knowledge and secrecy in an Aboriginal religion. Oxford.

Keesing, Roger M., 1982: Kwaio religion: the living and the dead in a Solomon island society, New York.

Klaproth, Julius von, 1814: Reise in den Kaukasus und nach Georgien, Bd. II. Halle.

Koch, Hannsjoachim, 1973: Der Sozialdarwinismus: Seine Genese una sein Einfluß auf das imperialistische Denken. München.

Köbner, Otto, 1908: Einführung in die Kolonialpolitik. Jena.

Kramer, Samuel Noah, 1959: Die Geschichte beginnt mit Sumer. Frankfurt a. M.

Krestinin, V., 1826: Notice sur les Samoyèdes. In: Magasin Asiatique 2.

Kroeber, Alfred Louis & Edward Winslow Gifford, 1949: World renewal: a cult system of native northwest California. Berkeley.

Kuntz, Andreas, 1990: Erinnerungsgegenstände. Ein Diskussionsbeitrag zur volkskundlichen Erforschung rezenter Sachkultur. In: Ethnologia Europaea 20: 61-80.

Layton, Robert, 1995: Relating to the country in the Western Desert. In: Eric Hirsch & Michael O'Hanlon (eds.), S. 210-231.

Lcc, Terence R., 1973: Psychology and living space. In: Roger M. Downs & David Stea (eds.), S. 87-108.

Leed, Eric J., 1993: Die Erfahrung der Ferne: Reisen von Gilgamesch bis zum Tourismus unserer Tage. Frankfurt a. M.

Lindner, Ruth, 1994: Mythos und Identität: Studien zur Selbstdarstellung kleinasiatischer städte in der römischen Kasiserzeit. Stuttgart.

Luhmann, Niklas & Peter Fuchs, 21992: Reden und Schweigen. Frankfurt a. M.

Lynch, Kevin, 1973: Some references to orientation. In: Roger M. Downs & David Stea (eds.), S. 300-315.

Malinowski, Bronislaw, 1981: Korallengärten und ihre Magie: Bodenbestellung und bäuerliche Riten auf den Trobriand-Inseln. Frankfurt a. M.

Merzbacher, Gottfried, 1901: Aus den Hochregionen des Kaukasus: Wanderungen, Erlebnisse, Beobachtungen Bd. I. Leipzig.

Michel, Paul (Hg.), 1997: Symbolik von Ort und Raum. Bern.

Mills, James Philip, 1926: The Ao Nagas. London.

Mohs, Gordon, 1994: Sto:lo sacrd ground. In: David L. Carmichael et al. (eds.), S. 184-208.

Morgan, Lewis H., 1976: Die Urgesellschaft. Ancient Society. Lollar.

Morphy, Howard, 1995: Landscape and the reproduction of the ancestral past. In: Eric Hirsch & Michael O'Hanlon (eds.), S. 184-209.

Müller, Klaus E., 1972-80: Geschichte der antiken Ethnographie und ethnologischen Theoriebildung: von den Anfängen bis auf die byzantinischen Historiographen. 2 Bde. Wiesbaden.

—, (Hg.), 1983: Menschenbilder früher Gesellschaften: ethnologische Studien zum Verhältnis von Mensch und Natur; Gedächtnisschrift für Hermann Baumann Fdreankfurt a. M.

—, 1984: Die bessere und die schlechtere Hälfte: Ethnologie des Geschlechterkonflikts. Frankfurt a. M.

—, 1987: Das magische Universum der Identität: Elementarformen sozialen Verhaltens; ein ethnologischer Grundriß. Frankfurt a. M.

—, 1992: Prinzipien der Haus-und Siedlungstopographie. In: Sociologus 42, 1: 43-58.

—, 1994: Der Teufel im Detail. Systemfragen der Anomalistik. In: Zeitschrift für Parapsychologie und Grenzgebiete der Psychologie 36, 3-4: 163-175.

—, 1995: Prähistorisches Geschichtsbewußtsein. Versuch einer ethnologischen Strukturbestimmung. In: ZiF-Mitteilungen 3: 3-17.

—, 1996: Der Krüppel: Ethnologia passionis humanae. München.

—, 1997: Der gesprungene Ring: wie man die Seele gewinnt und veliert. Frankfurt a. M.

—. 1998: Ereignisse. Eine Systemskizze. In: Horst Walter Blanke et al. (Hg.): Dimensionen der Histoik: Geschichtstheorie, Wissenschaftsgeschichte und Geschichtskultur heute; Jörn Rüsen zum 60. Geburtstag. Köln. S. 13-25.

Müller, Werner, 1956: Die Religionen der Waldlandindianer Nordameri-

kas. Berlin.

Nora, Pierre (ed.), 1984-92: Les lieux de mémoire. 7 Bde. Paris.

Ntara, Samuel Josia, 1973: The history of the Chewa (Mbiri ya Achewa). Wiesbaden.

Ong, Walter J., 1982: Orality and literary: the technologizing of the word. London.

Ong, Alfonso, 1969: The Tewa world: space, time, being, and becoming in a Pueblo society. Chicago.

Ovsyannikov, O. V. & N. M. Terebikhin, 1994: Sacred space in the culture of the Arctic regions. In: Daid L. Carmichael et al. (eds.), S. 44-81.

Parry, Nevill Edward, 1932: The Lakhers. London.

Pettazzoni, Raffaele, 1954: Confession of sins. An attempted general interpretation. In: Raffaele Pettazzoni: Essays on the history of religions. Leiden. S. 43-54.

Pikulik, Lothar, 1997: Warten, Erwartung: eine Lebensform in End-und übergangszeiten: an Beispielen aus der Geistesgeschichte, Literatur und Kunst. Göttingen.

Povinelli, Elizabeth A., 1993: Labor's lot: the power, history, and culture of Aboriginal action. Chicago.

Radimilahy, Chantal, 1994: Sacred sites in Madagascar. In: David L. Carmichael et al. (eds.), S. 82-88.

Ranke, Leopold von, 1886: Weltgeschichte. Bd. I1. Leipzig.

Reichard, Gladys A., 1944: Prayer: the compulsive word. New York.

Reimboled, Ernst Thomas, 1970: Die Nacht im Mythos, Kultus, Volksglauben und in der transpersonalen Erfahrung: eine religionsphänomenologische Untersuchung. Köln.

Renger, Johannes, 1996: Vergangenes Geschehen in der Textüberlieferung des alten Mesopotamien. In: Hans Joachim Gehrke & Astrid Möller (Hg.), S. 9-60.

Ritz-Müller, Ute, 1998: Afrikanisches Geschichtsdenken. Zur rituellen Nachstellung höfischer Geschichte. In: Jörn Rüsen et al. (Hg.): Die Vielfalt der Kulturen: Erinnerung, Geschichte, Identität 4. Frankfurt

a. M. S. 217-246.

Rossi, Massimiliano, 1993: Gedächtnis und Andacht. über die Mnemotechnik biblischer Texte im 15. Jahrhundert. In: Aleida Assmann & Dietrich Harth (Hg.), S. 177-199.

Roy, Sarat Chandra, 1925: The Birhors: a little known jungle tribe of Chota Nagpur. Ranchi.

Salmond, Anne, 1975: Mana makes the man. A look at Maori oratory and politics. In: Maurice Bloch (ed.): Political language and oratory in traditional society. London. S. 45-63.

Schafarik, P. J. 1843: Slawische Alterthümer. Bd. I. Leipzig.

Schneider, Klaus, 1986: Sakrale Töpferei der Lobi in Burkina Faso. In: Paideuma 32: 207-238.

Schott, Rüdiger. 1968: Das Geschichtsbewußtsein schriftloser Völker. In: Archiv für Begriffsgeschichte 12, 2: 166-205.

—, 1990: Die Macht des überlieferungswissens in schriftlosen Gesellschaften. In: Saeculum 41, 3-4: 273-316.

Schrenk, A. G., 1848: Reise nach dem Nordosten des europäischen Rußlands. Bd. I. Dorpat.

Schuster, Meinhard, 1985: Urzeit und Jenseits am mittleren Sepik. In: Berhard Mensen (Hg.): Jenseitsvorstellungen verschiedener Völker. St. Augustin. S. 83-110.

Sell, Hans Joachim, 1955: Der schlimme Tod bei den Völkern Indonesiens. 'S-Gravenhage.

Simmel, Georg, 1922: Soziologie. München.

—, 1957: Brücke und Tür: Essays des Philosophen zur Geschichte, Religion, Kunst und Gersellschaft. Stuttgart.

Sims, Michael, 1978: Tiwi cosmology. In: L. R. Hiatt (ed.): Australian Aboriginal concepts. Canberra. S. 164-167.

Søftestad, Lars T., 1988: Indigene Völker und Landrechte. Ein Überblick. In: Geographica Helvetica 43, 4: 164-176.

Speck, Frank G., 1935: Penobscot tales and religious beliefs. In: Journal of American Folk-Lore 48:1-107.

Spuler, Bertold, 1955: Islamische und abendländische Geschichtsschrei-

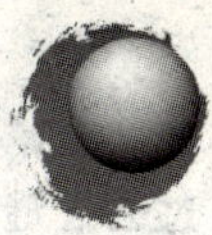

bung. Eine Grundsatz-Betrachtung. In: Saeculum 6, 2: 125-137.

Stagl, Justin, 1986: Theorie und Praxis in segmentären Gesellschaften. In: Handbuch pragmatischen Denkens. Bd. I. Hamburg. S. 24-37.

—, 1997: Grade der Fremdheit. In: Herfried Münkler & Bernd Ladwig (Hg.): Furcht und Faszination: Facetten der Fremdheit. Belin. S. 85-114.

Stöhr, Waldemar, 1992: Leben und Töten in der Vorstellung altindonesischer Völker. In: Bernhard Mensen (Hg.): Recht auf Leben-Recht auf Töten: ein Kulturvergleich. Nettetal. S. 59-78.

Straub, Jürgen, 1997: Geschichte, Identität und Lebensglück. Eine psychologische Lektüre unzeitgemäßer Betrachtungen. In: Klaus E. Müller & Jörn Rüsen (Hg.): Historische Sinnbildung: Problemstellungen, Zeitkonzepte, Wahrnehmungshorizonte. Darstellungsstrategien. Reinbek. S. 165-194.

Sturtevant, William C., 1966: Anthropology, history, and ethnohistory. In: Ethnohistory 13: 1-51.

Takasámi, Čuner Michajlovič, 1976: Predstavlenija o prirode i čeloveke u nivchov. In: Innokentij Stepanovič Vdovin (ed.): Priroda i čelovek v religioznych predstavlenijach narodov Sibiri i severa (vtoraja polovina XIX-načalo XX v.). Leningrad. S. 203-216.

Theodoratus, Dorothea J. & Frank LaPena, 1994: Wintu sacred geography of northern California. In: David L. Carmichael et al. (eds.), S. 20-31.

Thiel, Josef Franz, 1990: Der Inzest bei den Yansi. Eine Feldstudie. In: Karl-Heinz Kohl et al. (Hg.): Die Vielfalt der Kultur: ethnologische Aspekte von Verwandtschaft, Kunst und Weltauffassung; Ernst Wilhelm Müller zum 65. Geburtstag. Berlin. S. 129-143.

Timpe, Dieter, 1996: Memoria und Geschichtsschreibung bei den Römern. In: Hans-Joachim Gehrke & Astrid Möller (Hg.), S. 277-299.

Toren, Christina, 1995: Seeing the ancestral sites. Transformations in Fijian notion of the land. In: Eric Hirsch & Michael O'Hanlon (eds.), S. 163-183.

Traube, Elizabeth G., 1989: Obligations to the source. Complementarity and hierarchy in an eastern Indonesian society. In：David Maybury-Lewis & Uri Almagor (eds.)：The attraction of opposites：thought and society in the dualistic mode. Ann Arbor. S. 321-344.

Treinen, Heiner, 1965：Symbolische Ortsbezogenheit. Eine soziologische Untersuchung zum Heimatproblem. In：Kölner Zeitschrift für Soziologie und Sozialpsychologie 17：73-97 u. 254-297.

Trotzkij, Leo, 1968：Literatur und Revolution. Berlin.

Vansina, Jan, 1965：Oral tradition：a study in historical methodology. London.

Wassmann, Jürg, 1982：Der Gesang an den Fliegenden Hund：Untersuchungen zu den totemistischen Gesängen und geheimen Namen des Dorfes Kandingei am Mittelsepik (Papua New Guinea) anhand der kirugu-Knotenschnüre. Basel.

—, 1984：Die Vergangenheits-Konzeptiion der Nyaura (Papua Neuguinea). In：Diachronica：zum Verhältnis von Ethnologie, Geschichte und Geschichtswissenschaft. Bern. S. 117-135.

Weinrich, Harald, 1998：Privates und öffentliches Vergessen. In：ZiF-Mitteilungen 1：8-20.

Wensinck, A. J., 1921：Tree and bird as cosmological symbols in Western Asia. In：Verhandelingen der Koninklijke Akademie van Wetenschappen te Amsterdam, Afdeeling Letterkunde, Nieuwe Reeks 22

Westermann, Diedrich, 1952：Geschichte Afrikas：Staatenbildungen südlich der Saharea. Köln.

Wilke, Brigitte, 1996：De mortuis nihyl nisi bene. Elaborierte Mündlichkeit in den attischen Grabreden. In：Hans-Joachim Gehrke & Astrid Möller (Hg.), S. 235-255.

Zonabend, Francoise, 1984：The enduring memory：time and history in a French village. Manchester.

中外人名对照表

Adolphus Peter Elkin	阿道弗斯·彼得·埃尔金
Alexander der Große	亚历山大大帝
Alexis de Tocqueville	亚历克西·德·托克维尔
Aristoteles	亚里士多德
Atatürk	阿塔图尔克
Augustinus	奥古斯丁
Brigitta Hauser-Schäublin	布丽吉塔·豪泽—朔伊布林
Christina Toren	克里斯蒂娜·特伦
Christopher Boehm	克里斯托弗·贝姆
Dschingis Khan	成吉思汗
Earle Warenne	厄尔·瓦伦
Edward I	爱德华一世
Elender	埃伦德
Elizabeth Povinelli	伊丽莎白·波维内利
Enkidu	恩基都
Françoise Zonabend	弗朗索瓦斯丝·索纳本德
Frank Speck	法兰克·施佩克
Gary Gossen	加里·戈森
Georg Simmel	乔治·西梅尔
Gilgamesch	吉尔伽美什
Gladys Reichard	格拉迪丝·理查德
Gluskabe	格卢斯卡贝
Goethe	歌德

Herbert Spencer	赫伯特・斯潘塞
Herodot	希罗多德
Hesiod	赫西奥多
Hippokrates	希波克拉底
Hölderlin	赫尔德林
Hosea	何西阿
Hubert Cancik	胡贝特・钱契奇
Jahwe	耶和华
James Baker	詹姆斯・巴克
James Cowan	詹姆斯・科万
Jan Assmann	扬・阿斯曼
Joel	约埃尔
Johann Christian Günther	约翰・克里斯蒂安・京特
Josua	约祖亚
Justinus "der Märtyrer"	尤斯蒂努斯・马蒂雷尔
Keith Basso	基思・巴索
Koran	科然
Leo Trotzkij	莱奥・特洛茨基
Leopold von Ranke	利奥波德・冯・兰克
Lewis Henry Morgan	刘易斯・亨利・摩根
Lourde	路德
Mannuel Chrysoloras	曼努埃尔・克里梭罗拉
Marcel Griaule	马塞尔・格瑞欧
Marx	马克思
Maurice Bloch	莫里斯・布洛赫
Maurice Halbwachs	莫里斯・哈尔布瓦克斯
Mikhail Bakhtin	米哈伊尔・巴赫京
Moses	摩西
Muhammad	穆罕默德
Nebukadnezzar	尼布甲尼撒
Noah	挪亚
Ogotemmêli	欧戈特梅利
Ovsjannikov	奥夫相尼科夫

Perdikkas	佩迪卡卡斯
Pierre Nora	皮埃尔·诺拉
Quintilian	昆体良
Romulus	罗慕路斯
Ruth Lindner	露特·林德纳
Schamasch	沙马什
Schu	舒
Sokrates	苏格拉底
Tacitus	塔西佗
Terebichin	捷列比奇
Thomas Robert Malthus	托马斯·罗伯特·马尔萨斯
Thomas von Aquin	托马斯·冯·阿坎
Tschuner Taksami	楚纳·塔克萨米
Utnapischtim	乌特那庇什牟
Wilhelm	威廉
Wolfgang Pauli	沃尔夫冈·保利
Zeus	宙斯